国家自然科学基金青年科学基金项目（71603250）
中央社院统一战线高端智库课题（ZK20170124）资助出版

社会舆论传播、演化和引导

——网络建模与仿真视角

王光辉 著

科学出版社
北京

内 容 简 介

本书从网络建模和系统仿真的视角，全面分析了自媒体时代社会舆论传播、演化和引导的机理和规律。全书共分四篇：一是理论基础篇，详细介绍社会舆论研究的相关概念、建模方法和仿真平台，构建舆论超网络模型。二是机理分析篇，创新提出一套社会舆论传播、演化的内在机理体系，并结合相关算法设计及其动态仿真，探索舆论演化的方向性、裂变性和黏合性规律。三是政策建议篇，系统构建舆论引导的动力学模型，提出舆论演化干预机制及其政策建议。四是结论展望篇，全面总结本书研究主要结论，提出后续研究展望。

本书可作为高等院校理工科高年级学生和研究生的教学参考书，也可供系统科学、管理科学、社会科学等交叉学科专业的研究人员和技术人员参考。

图书在版编目（CIP）数据

社会舆论传播、演化和引导：网络建模与仿真视角/王光辉著. 北京：科学出版社，2018.11

ISBN　978-7-03-059229-3

Ⅰ. ①社…　Ⅱ. ①王…　Ⅲ. ①舆论-传播学-研究　Ⅳ. ①G206

中国版本图书馆 CIP 数据核字（2018）第 241821 号

责任编辑：王　倩 / 责任校对：彭　涛

责任印制：赵　博 / 封面设计：无极书装

科学出版社出版

北京东黄城根北街 16 号

邮政编码：100717

http://www.sciencep.com

北京华宇信诺印刷有限公司印刷

科学出版社发行　各地新华书店经销

*

2018 年 11 月第　一　版　开本：787×1092　1/16

2025 年　3　月第四次印刷　印张：11 1/4

字数：260 000

定价：118.00 元

（如有印装质量问题，我社负责调换）

序　言

随着计算机和互联网技术的广泛普及，网络已经成为人们发表和交流信息的重要渠道。但由于网络媒体具有即时性、开放性、“传受”角色模糊及“把关人”制度削弱等特点，网络媒体在传播网民对公共危机事件评论、态度和情绪的同时，也逐渐成为诸多负向舆论话题传播和扩散的主要阵地。这些负向社会舆论若持续发酵，将不断滋生出诸多难以预测的次生舆论危机，严重影响经济、社会的可持续发展，也对创新社会治理能力的建设提出新的挑战。

舆论演化研究是一项复杂的系统工程，广泛涉及新闻传播、社会心理、物理建模、复杂网络和系统仿真等多个研究视角。鉴于舆论演化过程的系统性和复杂性，王光辉博士从交叉科学的视角出发，依托社会物理学、复杂网络和系统仿真等理论方法，通过构建舆论超网络模型，将舆论演化问题阶段化、结构化，并对其演化阶段进行定量分析。全书按照“方法论、是什么、为什么、怎么样”的研究方案，对网络舆情传播、演化机理及引导干预机制进行全过程研究。

（1）方法论：网络舆情演化的“超网络模型”

基于自媒体舆情案例数据的采集，应用数据挖掘、文本分析、关联分析等方法和技术，该书对自媒体舆情传播过程中舆论领袖、社会心理、主流观点、时空环境等内外驱动要素进行识别，并借鉴社会心理学、复杂网络建模等理论和方法，对舆情要素及其关系进行网络属性分析、拓扑结构建模、交互规则设计，构建可用于解释不同性质舆论事件相互作用关系的“超网络模型”。

（2）是什么(what)：自媒体舆情传播、演化阶段分析

随着公共危机的发展及其舆论要素的持续发酵，舆论危机在空间和时间范围内发展扩散，或导致新的舆论话题产生，或与其他舆论话题相互叠加耦合，形成更大范围的舆论危机。鉴于舆论演化过程的混沌性和复杂性，该书从定性、定量相结合的角度，对舆论的演化阶段进行划分，提出舆论危机演化的一套内在机理体系，即发展机理的扩散效应、异化机理的极化效应和耦合机理的叠加效应。

（3）为什么(why)：舆情传播演化机理的算法建模与仿真

通过对自媒体舆情传播演化方向性、裂变性和黏合性规律的全景式分析，探索舆情宏观态势、微观话题的传播机理和演化效应模式，即舆情为什么会传播和演化。基于该书提出的舆情发展机理、异化机理、耦合机理模式，借鉴创新扩散理论、社会影响理论、广义吸引力法则等，构建面向舆情“超网络模型”的舆情演化扩散效应、极化效应、叠加效应算法，并对算法进行验证和集成仿真。

（4）怎么样(how)：面向舆情演化过程的引导干预机制

舆论干预强调政府对危机信息的引导和调控，是演化机理研究的进一步拓展，该书以舆论演化机理内外驱动因素的分析为基础，提出面向舆论危机演化的干预策略集及其作用路径，并通过构建系统动力学模型，对各种干预策略的作用过程及其效果进行仿真分析。

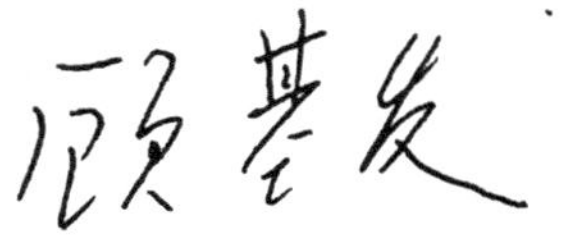

2018年7月

前　　言

随着互联网技术的普及，网络已成为信息发布、交换和获取的重要渠道，其传播模式也从传统的集中式向分布式转换。截至 2017 年底，全球网民人数达到 40.21 亿人，中国网民规模也攀升至 7.72 亿人，其普及率远超过世界平均水平。作为当前舆情传播和扩散的主要载体，自媒体网络舆情信息来自四面八方，“主流媒体”的声音逐渐变弱，人们不再接受被“统一的声音”告知对或错，每个人都在从独立获得的资讯中，对事物做出判断。自媒体舆情传播的超地域性、隐蔽性和复杂性，改变了传统“点到面”的传播路径，转化为“点到点”的对等传播方式，这种传播方式下的舆论演化特征突出表现如下：舆情话题层出不穷，热度持续走高；社会等级颠覆塌陷，政府遭遇信任危机；谣言信息肆意蔓延，社会心理病态；虚拟力量现实转化，群体事件滋生。

自媒体时代舆论传播、演化的新特点给社会治理带来诸多挑战。加强舆情监管力度，构建舆情预警体系，实施网络安全关口前移，已成为维护国家安全的重要一环。美国于 2012 年公布了持续监控社交网络全球输出信息的计划；德国于 2011 年通过《德国网络安全战略》，旨在保护其关键信息系统免受网络攻击；俄罗斯于 2011 年部署“德米特里·门捷列夫”超级计算机，以分析网络社会异常信息。

党的十九大报告强调：“加强互联网内容建设，建立网络综合治理体系，营造清朗的网络空间。”党的十八届三中全会也将网络安全提升至国家安全的战略高度，并明确提出：“健全网络突发事件处置机制，形成正面引导和依法管理相结合的网络舆论工作格局”。2008 年以来，国家自然科学基金委员会也通过重大研究计划等形式对网络舆情研究给予高度重视。由此可见，我国政界和学界高度关注网络社会舆论传播、演化及引导问题，而自媒体快速崛起又对舆情及其风险研究提出新要求。本书提出的自媒体时代社会舆论传播、演化和引导研究具有较强的现实和理论意义。

鉴于舆论演化过程的系统性和复杂性，本书从交叉科学的视角出发，依托社会物理学、复杂网络和系统仿真等理论方法，通过构建社会舆论超网络模型，将舆论传播、演化和引导问题阶段化、结构化、定量化，以全面分析自媒体时代社会舆论传播、演化和引导的机理和规律，为网络舆情突发事件的引导与应对提供“时、度、效”的科学化支撑。全书共分四篇：一是理论基础篇，详细介绍社会舆论研究的相关概念、建模方法和仿真平台，构建舆论超网络模型。二是机理分析篇，创新提出一套社会舆论传播、演化的内在机理体系，并结合相关算法设计及其动态仿真，探索舆论演化的方向性、裂变性和黏合性规律。三是政策建议篇，系统构建舆论引导的动力学模型，提出舆论演化干预机制及其政策建议。四是结论展望篇，全面总结本书研究主要结论，提出后续研究展望。

本书的主旨在于向读者提供“社会舆论传播、演化和引导”的科学化、定量化理论和方法，以及作者依托国家自然科学基金青年科学基金项目“自媒体时代的网络舆情传播机理、演化效应及引导策略研究”（71603250）和中央社院统一战线高端智库课题“自媒体时代的社会阶层与网络舆论生态研究”（ZK20170124）的相关创新性研究成果。

由于作者的学识和水平有限，本书难免会有不足和疏漏，恳请广大读者批评指正。

王光辉

2018 年 6 月

目　　录

第一篇　理论基础篇

第二篇　机理分析篇

第三篇 政策建议篇

第四篇 结论展望篇

第一篇　理论基础篇

第1章 基本概念解析

社会舆论的传播、演化和引导研究是一项复杂的系统工程，涉及诸多基本理论和概念，本章将主要对社会舆论、网络舆论、舆论生态、舆论谣言、舆论领袖、舆论演化等基本概念予以解析。

1.1 社会舆论

“舆”最早是指车，春秋末期逐渐演绎为轿，随后其内涵进一步扩展，演变为“普通民众”的代称。“论”则泛指意见、观点和看法（邱沛篁等，1998）。“舆”和“论”两个字组合在一起，则是指普通民众的意见或言论。“舆论”的英文翻译为“public opinion”，欧洲在古代社会也有类似舆论的记载，如亚里士多德就曾在《政治学》中提到“公众意见”。《美利坚百科全书》也对舆论进行了清晰的解释，即舆论是指公众就其共同关心的热点问题公开表达的意见集合。

由于观察舆论的角度不同，各学科对于舆论的定义也不尽相同。政治学和历史学的定义强调舆论对于决策的影响；社会学领域关注舆论的社会化过程；社会心理学领域研究则从知觉界定舆论（李伟，2013）。上述这些学科研究虽从不同的视角对舆论的基本内涵进行阐述，但学界尚未形成统一的概念，当前主要包括以下三种代表性观点（喻国明和刘夏阳，1993；孟小平，1989；陈力丹，1999）：第一种观点认为舆论显示社会集合意识或整体知觉，可权威地表示多数人的共同意见；第二种观点认为舆论是公众或网民对近期所发生的争议性社会问题所持有的共同意见、态度；第三种观点认为舆论是公众对其关心的社会现象、突发事件、公共观念的信念、态度和意见总和。舆论通常具有一致性、强烈性和持续性等特点，其对有关事态的发展具有影响。

第一种观点从广义视角强调舆论是社会知觉的反映，第二种、第三种观点则从狭义视角强调舆论是对某具体对象的意见或态度。本书对“舆论”的定义将借鉴第二种、第三种观点，将其定义为某特定历史阶段的社会公众对某些社会现实、现象和问题的主观反映，是群体的意识、思想、意见和情绪等的综合表现，并将对经济、社会发展或具体事态的传播、演进产生影响。

1.2 网络舆论

网络舆论是一种依附在网络载体上的特殊信息形式，是“舆论”概念在互联网空间中的延伸。对于网络舆论的定义，目前学界尚无公认的说法，但概括起来主要从广义和狭义两个角度进行定义：广义角度的网络舆论是指在以互联网为主的网络媒体上传播的各种网民社会情绪、态度及意见的集合（杜骏飞，2004）；狭义角度的网络舆论主要指公众以网络为平台，对其关注的各种话题及事件所表现出的具有一定影响力的、带倾向性的意见或言论（谭伟，2004）。对比以上两种不同角度的网络舆论定义，本研究发现广义角度的定义忽略了舆论主体，而狭义角度的定义涵盖了网络舆论的各个要素，其在一定程度得到了学界的认可。鉴于此，本研究认为网络舆论包含如下三个最基本的组成要素：

第一，网络舆论主体。网络舆论主体是指网络舆论信息最主要的接受者和传播者，具体包括大众网民、网络舆论领袖（如网络推手）、网络水军等。其中，在上述网络舆论主体中，最值得关注的是网络舆论领袖。

第二，网络舆论客体。关于网络舆论客体，目前学界有两种认识：一种观点认为网络舆论的客体是公共事务，即狭义的客体论；另一种观点认为网络舆论的客体是主体讨论的对象，即广义上的话题，这些话题通常包括各种公共事务、社会事件、社会矛盾等（翁文斌，2011）。本书同样将各种讨论话题作为客体，尤其关注涉及社会稳定、社会焦点的热点话题。

第三，网络舆论本体。网络舆论的产生是一种复杂的心理过程，具体表现为“刺激+反应”的过程。网络舆论隐含着主体对客体的一系列态度，如情绪、意愿、意见等，这些便构成了网络舆论的本体。在公共危机网络舆论事件中，可以通过一定的技术和手段对这些隐含的态度、情绪进行研判，以便为政府开展网络舆论危机管理提供决策支持。

通过对网络舆论定义和组成要素的梳理，本研究认为网络舆论具有多个方面的内涵特征，其中传播渠道是其最大的特征。首先，网络舆论发生的对象为社会公共事件，如公共话题、社会事务、政府管理活动、公众人物言行等；其次，网络舆论的表现形式是各种意见、态度和情绪的交错组合；最后，网络舆论产生的基础是公众对特定公共事件的关注程度（余秀才，2012）。此外，网络舆论来源于现实社会，其具有一般舆论的一切特征，也可反映公众对某话题的情绪和态度，只是网络舆论可以借助互联网或自媒体平台拥有更广的传播范围和影响力。

1.3 舆 论 生 态

托马斯·弗里德曼在《世界是平的》一书中，描述了科技和通信领域的重大变化，使全世界的人们可以空前地彼此接近，个人取代国家和公司成为全球化的主体，只要你有足够的能力和想象力，世界上的所有资源都可以为你所用。信息爆炸式增长的自媒体同样是一个开放、包容和扁平化的时代，由此形成了网民在兴趣和利益上高度分割的虚拟社会，而这样的虚拟社会本质上是去中心和去等级化的。微博、微信等自媒体彻底改变了以往精英启蒙大众的单向传播模式，实现了大众向精英的反向启蒙，如某些大V看似权威的断言在即时交互式的对话沟通中甚至经不起个别普通网友的质疑和反诘。面对网络社会人际关系、等级阶层的变革，新社会阶层及其网络舆论生态的探讨也已成为研究的重点，本研究将自媒体时代的网络舆论生态特点总结如下。

（1）舆论生态在动态中保持平衡

舆论生态由国家、团体及个人等多种元素组成。多数情况下，舆论主体由国家主导，团体和个人为辅，但在某些特定时间节点和行业领域中，团体和个人也会在网络舆论场中占上风，但舆论持续时间、发酵程度、影响力度、结果评估通常由多种因素相互作用产生，其在动态中达到平衡。

（2）舆论生态的发展存在周期性

舆论生态在时间、地点和事件的三维坐标下由无数的舆论场构成，其发展状况的优劣与国家经济社会发展阶段、互联网发展状况、公民综合素质、国家相关法律、发展战略及行政管理的手段、效率有关。一般情况下，在应急管理机制的合理引导作用下，网络舆论的基本走向和发展态势是可预料的，但其破坏性和危害性应予以高度重视和重点防范。

（3）舆论生态与网民非理性表达相关

网络舆论经常出现语言暴力、网络围攻、群体极化、过度渲染等现象，但这些网络舆论的非理性因素所构成的话题热度由事件自身性质决定，同时在观众中会产生“审美疲劳”，从而自然渐次消退。此外，随着社会进步和舆论法治化的建立，网民理性思维和社会责任感也会逐步强化。

（4）舆论生态具有自然净化功能

网络环境的虚拟化、网民发布信息的匿名性容易在无限开放的自媒体网络上自由传播，片言只语的网络谣言不断扰动网民的理性思维，网民的自由参与将进一步推动信息扩散。但是承载着海量信息的新媒体，也因其社会公德和品牌效应的影响，会出现自我净化功能，从而打击网络谣言的产生与传播。

1.4　舆论谣言

谣言研究涉及社会学、管理学、心理学和传播学等学科，学界并没有形成统一的定义，多从社会风险、社会危机等角度对谣言的基本内涵进行界定。鉴于此，本研究从谣言产生机理的角度，将谣言的含义界定如下：谣言是利用各种渠道传播未经证实的公众感兴趣的事物、事件或问题等。一般而言，谣言具有缺乏真实性根据，或未经证实、公众一时难以辨别真伪等特点，也有些谣言是在一定事实基础上进行歪曲、添加或删减细节性内容，或者在传播过程中不断走样变形，最终成为完全与事实不符的传闻。对于社会舆论谣言，本研究则重点关注谣言的时间维度、空间维度和危害性等。因此，社会谣言是指单位时间内，疑似谣言信息扩散范围超出当地人口的1%，严重扰乱社会运行秩序或造成巨大经济损失的虚假信息。本书将舆论谣言要素总结分析如下。

舆论谣言要素识别不是单纯的管理学问题，也不是单纯的社会学问题，而应是涉及传播学、心理学、管理学、社会学的复杂系统工程。本研究以舆论谣言的基本内涵为基础，对谣言关键要素进行总结，具体包括权威性分析、常识性分析、动机性分析、共鸣性分析、历史性分析、时空性分析、外推性分析、新奇性分析、不可证分析和真实性分析（图1-1），各要素的基本内涵和等级（1级是指最有可能为谣言，5级是指最没可能为谣言）如下。

图 1-1 谣言识别关键要素

（1）权威性分析

权威性强调信息来源渠道的分析，罗伯特和卡普费雷在谣言研究中曾指出，谣言是在社会中出现并流传的未经官方证实或已经被官方辟谣的信息。信息的权威性分析是谣言研究的首要因素，具体可以从信息发布源和信息传播源两方面展开，即权威性 $f_1=f$（信息发布源，信息传播源），其相应等级见表 1-1 和表 1-2。

表 1-1 发布源的权威性等级

信息发布源	等级
中央政府	5
地方政府	4
社会公知	3
行业精英	2
普通民众	1

表 1-2 传播源的权威性等级

信息传播源	等级
官方媒体（人民网、新华网、首都之窗等）	5
门户网站（凤凰、网易、新浪、搜狐等）	4
普通网站（千龙网、天极网、华商网等）	3
微博门户（新浪微博、腾讯微博等）	2
论坛门户（天涯社区、猫扑社区等）	1

（2）常识性分析

权威性是谣言研究的重要指标但不是唯一指标，事实上，谣言之所以令人尴尬，是因为其有可能具有真实成分，只是传播者或公众对于相关信息的识别能力有限。因此，常识性分析也是谣言研究的重要维度，具体包括常识的类型及其可识别度两个方面，即常识性 $f_2=f$（常识的类型，常识的可识别度），其相应等级见表 1-3 和表 1-4。

表 1-3　信息包含的常识类型

常识的类型	等级
政治常识	5
法律常识	4
财经常识	3
生活常识	2
基础常识	1

表 1-4　常识可被识别的等级

常识的可识别度	等级
仅专家或当事人可识别	5
少数人可识别	4
一般人可识别	3
多数人可识别	2
所有人可识别	1

（3）动机性分析

谣言之所以具有破坏力，是由于其制造者的别有用心或阴谋企图。政治性质的谣言通常具有明显的政治意图；经济性质的谣言往往通过金钱操纵议题，获取不正当利益。例如，“夺命退烧药”谣言和“皮革奶粉”谣言经证实均为商业竞争对手暗中策划推动，以获取不当商业利益。因此，动机性是谣言研究的重要因素，具体包括动机目的性和动机危害性两个方面，即动机性 $f_3=f$（动机目的性，动机危害性），其相应等级见表 1-5 和表 1-6。

表 1-5　信息动机目的性等级

动机目的性	等级
谋权	5
谋利	4
谋名	3
谋义	2
谋悦	1

表 1-6　信息动机危害性等级

动机危害性	等级
危及国家安全	5
制造民族、宗教矛盾	4
危及社会稳定	3
危及公共利益	2
危及经济秩序	1

（4）共鸣性分析

谣言是一种释放压力和恐惧的渠道，卡普托曾指出恐惧、希望和期待是谣言滋生的温床。当上述心理涉及生命和健康时，其更易引起公众的强烈共鸣，引发谣言的爆发。例如，当地震谣言和爆炸谣言产生时，公众在风险面前往往选择“宁可信其有”的趋利心理。因此，共鸣性强调公众对谣言信息的心理反应，具体包括共鸣类型和共鸣强度两个方面，即共鸣性 $f_4=f$（共鸣类型，共鸣强度），其相应等级见表 1-7 和表 1-8。

表 1-7　信息共鸣的类型

共鸣类型	等级
政治类	5
趋利类	4
泄愤类	3
猎奇类	2
灵异类	1

表 1-8　信息共鸣的情感等级

共鸣强度	等级
狂喜/狂怒	5
兴奋/恐惧	4
愉快/警惕	3
接受/微愠	2
中立	1

（5）历史性分析

历史性分析是指同一谣言可能在历史上曾经出现过，或者在多地同时产生，不仅关注谣言的历史相似性，还关注相关谣言的历史发生概率 P，即历史性 $f_5=f$（历史相似性，历史频次性），其相应等级见表 1-9 和表 1-10。关于历史发生频率 P，根据信息论的相关理论，某事件信息的发生概率越低，则越有可能产生相关谣言，具体公式如下：

$$H = -\sum_{i=1}^{M} P_i \log P_i$$

式中，H 为谣言信息熵；P_1，P_2，…，P_M 为相关谣言信息的历史发生概率；对数一般取 2 为底。

表 1-9　信息的历史相似等级

历史相似性	等级
有相同先例	5
有同类先例	4
有类似先例	3
有关联先例	2
毫无先例	1

表 1-10　信息的历史发生频次

历史频次性	等级
30 年一遇（参与人数 1 亿～10 亿人）	5
10 年一遇（参与人数 1000 万～1 亿人）	4
1 年一遇（参与人数 100 万～1000 万人）	3
0.1 年一遇（参与人数 10 万～100 万人）	2
0.01 年一遇（参与人数 1 万～10 万人）	1

（6）时空性分析

时空性是突发事件定级、分类的传统属性，但随着互联网的发展，网络世界逐渐被拉平，虽然时空性在谣言识别中的地位不断降低，但仍具有一定的重要性，具体包括信息时机性和信息空间性两个方面，即时空性 $f_6=f$（信息时机性，信息空间性），其相应等级见表 1-11 和表 1-12。

表 1-11　信息的时间敏感等级

信息时机性	等级
敏感日期	5
重大突发事件爆发期	4
政府重大会议或节日	3
普通节假日	2
一般工作日	1

表 1-12　信息的空间敏感等级

信息空间性	等级
党政中心所在地	5
民族矛盾突出地区	4
直辖市	3
省会类城市或地区	2
一般类城市或地区	1

（7）其他要素分析

舆论信息是否为谣言，不仅受上述定性因素的影响，还可能受其他因素的影响。例如，“马航失联”事件发生后，网上一度出现飞机飞向外太空等具有新奇性特点的传言。这里的其他要素分析具体包括新奇性分析、不可证分析、外推性分析和真实性分析，其与谣言的关系如下。

新奇性分析：信息存在新奇性，则可能是谣言。

不可证分析：信息有不可证现象，则可能是谣言。

外推性分析：信息存在外推性，则可能不是谣言。

真实性分析：信息具有真实性，则可能不是谣言。

1.5　舆论领袖

舆论领袖，又称“意见领袖”，最早由 Lazarsfeld 等（1965）在 1940 年政治选举研究中发现，其指出舆论领袖是能够非正式地影响别人态度或者在一定程度上改变别人观点或行为的个人。

在传统社会中，舆论领袖具有如下社会作用（陈力丹，1999；刘建明，2002），即运用评价思维分析社会问题，把公众的不同认识和分散意见集中起来，唤醒人们的知觉。这种评价不仅指出社会思潮的方向，而且对各种意见进行评述，纠正公众中的某些错误观念。广大公众在社会讨论中一旦总结出他们的意见，就被真诚的信念和浓郁的热情所感染，成为舆论的追随者。所以，舆论领袖是一个告知者、说服者和证实者。但是，舆论领袖只是一个或几个领域的领袖，他们仅仅在这一个或几个领域施加自身的影响，离开这些领域，他们就不再是领袖，也就没有了影响。此外，每一个社会阶层都有舆论领袖，大多数情况下，信息是在每一个阶层内水平流动而不是在阶层之间垂直流动。

通过梳理舆论领袖的基本特征，本研究认为传统社会舆论领袖一般具有如下特点：①舆论领袖是人们所认识和信赖的人，一般而言，信息受众与舆论领袖之间存在某种必然的联系；②舆论领袖与普通大众具有相同的社会地位，他们既不同于政治家，也不同于领导人，因为这些人是通过其在社会地位上的优势影响他人，他们的意见并不能代表多数人的意见；③舆论领袖具有某些专长和对某些问题具有深刻的见解，因此也只存在于某个领域，或是存在于有限的几个相关领域；④舆论领袖比一般受众更多地接触各种信息来源，并能给人们提供建议和对某些问题的解释，改变他们的态度，为他们出谋划策；⑤舆论领袖具有一定的威望，因为有信誉有威望的人，才可使得更多的人接受其影响。

互联网的自由性、平等性、实时性、交互性、匿名性等传播特征，使得“网络舆论领袖”与“传统舆论领袖”有所区别。除具有传统舆论领袖的一般特征外，网络舆论领袖还具备以下专有特征：①网络舆论领袖是虚拟的人，他们是网络中异常活跃、有影响力的网民，但不一定就是现实生活中的舆论领袖；②网络舆论领袖在网络中能言善辩，现实中也许反而沉默寡言，也不一定是人们所信赖的人；③网络舆论领袖没有固定的追随者，其基本是以网络话题为导向，且随着话题热度的消失而随之消亡，即网络舆论领袖通常是一次性的、短暂的舆论领袖；④网络舆论领袖传播范围广泛、影响力大，发布言论后可瞬间吸引上万人的关注、评论、转发，结合裂变式的网络传播过程，其影响范围也随之扩大；⑤网络舆论领袖的组成相对复杂，社会地位、学识高低等因素已不再是决定舆论领袖身份的必要条件，他们可能分布于社会各个阶层，其观点反映了各社会阶层的主张，既有知名学者，也有社会名流，甚至普通网民也可以成为网络舆论领袖的人选。

1.6　舆 论 演 化

随着公共危机事件的发展和演进，公众对于特定事件所持有的认知、态度、情感和行为倾向是动态变化的，即网络舆论具有演化性。本研究将舆论演化定义为舆情信息依托网络、手机等社交工具大范围传播，并在公众、媒体的作用下发生形态、指向、功能变异，最终导致群情激昂或出现聚众等行为。上述定义强调“舆论”随着时间的变化具有不同的演进规律，若从网络舆论传播要素的角度考察舆论演进规律，则“舆论演化”可具体划分为舆论信息的传播扩散、社交网络结构的演化、舆论话题的发展变化等。

（1）舆论信息的传播扩散

网络信息传播扩散是舆论演化的基础，其在宏观层面是指公众、网络个体或群体围绕特定公共危机事件，进行持续大规模的网络互动，使热点事件经过迅速传播和扩散等连锁反应，进入社会公共领域给政府和社会带来更大范围内难以估量的损失。微观层面网络信息的传播扩散则更多地强调社会公众在社会影响力的作用下，不断调整自身观点、态度和行为的过程（Wan and Yang，2007）。这种转变过程的心理学基础为从众心理，即当大量网民或公众持有同一观点必然会经历信息交互，吸引更多的公众加入网络舆论信息的讨论，促进群体共识的涌现。

（2）社交网络结构的演化

作为社会网络与互联网融合的产物，社交网络为社会公众提供参与舆论讨论和观点交互的空间，同时也提供了社会公众相互影响、相互作用的心理基础（胡艳丽，2011）。在网络舆论演化过程中，公众或网民间的社会关系是动态变化的，其相应的社交网络结构和特性也具有演化性。当社会公众对某类事件感兴趣时，他们会加入社交网络，参与相关舆论信息的讨论和传播。反之，当公众对公共危机事件不感兴趣时，他们则会退出社交网络并保持沉默。短时间内网络节点和连边的骤然增加是网络舆论迅速形成、演化的反映。此外，网络节点在交互过程中也会与其他节点建立联系，影响力大的公众与其他网络成员建立较广泛的联系。当某网络节点的点度值持续增加或减少时，相应的社交网络结构特征也会发生变化。

（3）舆论话题的发展变化

舆论是围绕特定话题产生的，话题直接影响甚至决定舆论主体的观点，网络舆论的演化往往伴随着话题的发展变化（胡艳丽，2011；周耀明等，2012）。在网络舆论形成、演化、升级、终结的全过程中，舆论话题会随公共危机发展过程和政府干预策略的变化而在不同阶段发生相应的演进，这些变化包括新话题产生、旧话题消亡、一个话题向另一个话题转变、多个话题相互叠加等。舆论快速发展、传播的演化过程通常伴随舆论话题的产生及其受关注程度的增强；舆论衰弱、消失的演化过程则伴随旧舆论话题的消亡及其受关注程度的减弱（David，2006）。此外，当公众或网民的社会态度或利益诉求融入舆论信息传播过程时，相应的舆论话题也会出现分叉或转变现象，即话题内容发生变化。例如，“甬温动车事故”发生后，公众或网民纷纷通过微博、网上论坛等形式参与事故讨论，舆论话题由“热议事故发生原因”逐渐向“质疑中国高铁技术”“关注和支持小伊伊”“不满政府善后处置”等话题转变。

综上，舆论演化是从信息到认知的异化，从社会运动到意识形态的映射，从微观到宏观的涌现，从无序到有序的重构（胡艳丽，2011）。舆论信息的传播扩散、社交网络结构的演化和舆论话题的发展变化共同决定着舆论的演化进程。因此，舆论演化问题的研究是一项复杂的系统工程，需要利用社会学、传播学、心理学、系统科学的模型和范式，分析其非线性、动态性、非周期性、开放性、不稳定性、不确定性等特征。

第 2 章　多视角下的舆论传播及演化研究

舆论传播及演化机理研究是一项复杂的系统工程，注重多学科的交叉和融合。文献调研分析显示国内外学者对舆论传播或演化机理的研究广泛涉及社会科学、自然科学和系统科学领域下的多个研究视角。

2.1　社会科学领域

社会科学关注社会事物的本质，是研究社会结构及功能发生、发展规律的综合性科学（Trigg，2000）。社会科学领域的研究者对舆论演化规律的探讨大多集中在基础性问题上，即以新闻传播和社会心理等学科的研究为基础，通过对社会关系和社会行为的分析，研究相近意见沟通与交流的显性传播规律及其驱动因素。这些研究（刘建明，2002）涉及人的社会化过程对意见形成的影响，社会组织对个体意见形成的影响作用，社会发展结构对个体观念形成的影响，等等。

2.1.1　新闻传播视角

新闻传播对舆论的形成、演化具有极大的影响，舆论传播的基本含义是舆论主体运用大众新闻媒介传播自己的言论（邵培仁，2002）。舆论若只在街谈巷议中存在，其力量是有限的。舆论信息只有经过报纸、电视、网络等新闻媒体的广泛传播，才能唤起公众对社会问题的关注，才能把相应的社会舆论凝聚起来，并进一步影响公众的思想。因此，新闻传播学对研究舆论传播行为及其发生、发展规律具有较大作用。

“社会公众”借助新闻传播工具，在特定新闻传播理论和模式的作用下，加速了舆论的传播和演化。因此，理论传播学派对舆论传播和演化过程的研究多从新闻的基本传播理论或模式展开。议程设置理论是舆论形成的传播学理论基础，其创始人马克斯韦尔・麦库姆斯将主流媒体定义为“议程设定媒体”，这类媒体设置着新闻框架，所有二三流的媒体每天都根据议程设定媒体发布新闻。社会舆论是基于媒体议程形成的：对议程的关注度决定着舆论的热度；议程的持续性决定着舆论的强度；议程的转向性决定着舆论的走向（McCombs，2004；蒋忠波和邓若伊，2011）。传播学研究中的“二级传播理论”认为信息并不直接从媒体传递到受众，而是经过中间信道的再传递才能被受众接收（Lazarsfeld et al.，1965；Katz，1957）。因此，在“二级传播理论”的指导下，新闻传播领域的学者开始关注舆论传播的中间信道，通过对主流媒体和舆论领袖的分析，充分挖掘舆论的传播过程（韩晓辉和汪君，2010）。

新闻传播学对“舆论”研究的轨迹分析，不仅在理论上遵循既有的新闻传播规律，还对传播实践进行探索，即关注舆论事件本身的传播和演化过程。作为一部经典的传播学著作，《公众舆论》从新闻学的视角对公众舆论的演进做了全景式的总结和描述，让人们能细致地体会舆论现象的内在与外在联系（刘建明，2002）。随后，国内外新闻传播领域的实践派学者开始关注新闻舆论的形成过程和公众舆论的利益表达问题等（Cavalli-Sforza，1986）。对于突发事件背景下的舆论梳理，相关研究主要从政府组织的传播和社会公众的大众传播角度解读突发事件的新闻报道，并进一步将二者的关系分为替换、部分取代和渗透（滕朋，2007）。对于新闻舆论背后的群体利益表达，现有研究主要从政府、社会公众等层面，关注社会组织，尤其是非政府组织，对建立公众群体利益表达机制的推动作用。

2.1.2 社会心理视角

公众舆论的形成是指在一定范围内社会人群（舆论主体）基于特定的需要或利益，对与其相关的各种社会生活现象（舆论客体）的态度、要求、情绪、意见等。公众意见的形成通常是由社会、心理两种因素同时对人施加影响产生的。由于社会心理学重点关注个体或群体的社会心理现象（沙莲香，2002），从社会心理学的视角开展舆论传播和演化规律的研究将使研究分析显得较为全面、合理。自 20 世纪 70 年代以来，社会心理学领域对舆论形成和演化规律的研究逐渐丰富，这些探索不仅涵盖了一些与舆论相关的社会心理学理论研究的最新成果，而且有所创新，集中表现在对“社会舆论”“舆论和大众传播”“流言和危机状态”“民意及其测验”（俞国良，2011；Mason et al.，2007）等课题的探讨。

社会心理学对于舆论传播和演化规律的研究以社会公众心理的变化趋势为主要分析对象，现已形成了几类比较有代表性的共识性观点。首先，从众心理指个人因受到外界人群行为的影响，在知觉、判断、认识上表现出符合公众舆论或多数人的行为方式，这一心理现象在大部分个体中普遍存在。其次，与从众心理相似，社会心理学认为公众参与话题讨论并形成社会舆论的社会心理学动机还包括从异（保持个人主义）、利他（解决他人需求）、为己（寻求个人发展）等（Ho and Dempsey，2010）。最后，“沉默的螺旋”是当前最具公认性的社会心理学理论，该理论是由德国社会学家 Noelle-Neumann（1974）首次提出的，具体是指人们在表达自己对特定事物态度、想法和观点时，如果看到自己支持或赞同的观点得到公众或网民的广泛欢迎，就会更加积极地参与相关话题的讨论，也会在相关观点的基础上大胆地发表个人意见，但是当个人发觉某些观点很少有人理会（有时也会遭到攻击），即使自己赞同它，也会保持沉默。在上述分析的基础上，优势观点会越来越得势，如此循环往复，便形成一部分话题的声音越来越大，另一部分话题越来越沉默的现象。

在社会心理学视角下，舆论形成及演化规律的研究可以说明个体意见形成的主要心理要素，也有助于理解公众情绪等外在表达的内机理，进而更好地理解舆论传播的深层次规律。舆论发展所涉及的社会心理不仅存在上述共识性的论述，还有对上述共识深层次原因的探讨。例如，社会学家 Granovetter（1978）提出的群体行为的门槛模型（threshold model）认为，面对任何特定情况，每个人内心都会有某个门槛值，它反映出个体决定参与某特定事件时的心理临界点，而此临界点除了与特定的事件有关，更多地取决于个人的心理偏好。

2.2　自然科学领域

自然科学的本意是研究无机自然界和有机自然界的各门定量学科的总称。作为以定量分析为主的科学，自然科学领域已经形成了较为系统的定量研究方法。在自然与社会交叉研究的大背景下，自然科学领域的研究者以定量化的思维，逐渐开始关注舆论演化规律的研究，主要以数学和物理学建模分析为基础，探讨舆论传播和演化的深层次、定量化机理。

2.2.1　统计分析视角

统计分析是应用数学的重要分支，是以特定的统计数据为基础，运用统计方法及与分析对象有关的知识，从定量与定性相结合的角度，探讨与数据相关的经济社会现象，从而更为深刻地认识分析对象。社会舆论的统计分析则是在统计学的视域下，定量探讨社会舆论的形态及其构成关系，并结合计量经济、数据挖掘等分析方法，认识舆论数据背后的社会现象，最终实现社会舆论的预测分析。因此，统计分析视角下的舆论传播及演化规律研究主要涉及三个主要层面：舆论数据的描述性分析；舆论数据的关联性分析；舆论数据的预测性分析。

社会舆论主要通过报纸、新闻、网络媒体、网络论坛等方式传达，可以迅速而集中地反映公众对特定社会问题的言论和意见。舆论数据的描述性分析是以特定的突发事件为研究实例，以网络新闻、网络论坛等可监测的舆论数据为研究对象，对突发事件舆论在网络媒体的传播特征进行分析和描述。描述性分析既包括舆论发展态势的趋势性分析，还包括舆论相关话题集中度的探讨（方付建和任一奇，2012）。舆论数据的预测性分析是以信息发布量、网民转发率、舆情评论量等可监测的数据为基础，结合均值、中位数、众数、方差、峰度、偏度、频数等描述性统计分析指数（喻国明，2010；张玥等，2014），分析舆情传播峰值和拐点的形成与发展规律，以期总结社会舆论的基本传播规律。舆论数据的关联性分析是以社会舆论的信息来源、信息内容等文本数据为基础（郑魁等，2010），结合相应的统计图表，对公共政策舆情话题演化树结构的集中性和分散性等特征进行分析，以期直观地认识社会舆论的传播热点及其演化规律。

描述性分析以一维趋势数据和文本数据的形式，探讨了什么是社会舆论。但随着互联网技术推广及其应用的发展，网络舆论在数据复杂性、体量和产生速度等方面发生了巨大变化。社会舆论的形成和演化往往伴随着多维数据的交互影响（杨梅，2008），相应的统计分析方法应超出现有的描述性分析框架，逐渐适应当前网络舆论的大数据特征，探讨不同维度间舆论数据的关联性（谢海光和陈中润，2006），具体包括数据相似性分析和数据相关性分析。数据相似性分析通常根据网络舆情分析的需求，构建不同舆情元素的聚类算法，通过对趋势数据和文本数据的特征提取，构建向量空间模型，并使用 OPTICS[①]等算法获取网页热点簇（王伟和许鑫，2009；童梅，2005），从而获取基于不同维度数据的舆情时间演

① OPTICS，ordering points to identify the clustering structure，是一种基于密度的聚类算法。

变模式，为相关领域的研究提供决策支持。数据相关性分析是以挖掘到的突发事件网络媒体报道数据为基础，集合社会数据的散点图及其趋势，探讨舆论信息传播的影响因素和相互关系。当前研究主要是利用基于最小二乘法的多项式拟合法，获取各种舆论数据的拟合函数，并根据各网络舆论的函数特征，对其演化模式进行总结和分类，如曹学艳等（2013）的研究表明舆论的演化模式可分为突发型、连续型和复合型三类。

舆论研究的统计分析视角不仅关注已有舆论事件的传播和演化规律，更希望通过对舆论数据的实时监测，分析和预测舆论数据的发展趋势，即舆论数据的预测性分析。预测性的统计分析主要是根据网络舆论的特点，从指标设计、分类、构建等方面，在网络舆论信息汇集、分析、预警的工作流程中，按照主题将信息分门别类，整理并计算出若干统计指标值，并对舆论进行横向、纵向的预测（李雯静等，2009）。因此，舆论数据的预测性分析研究主要涉及两个方面的内容，即统计指标的构建和预测方法的选取。统计指标的构建通常以社会舆论的传播规律为基础，涉及舆情热度、舆情强度、舆情倾度、舆情生长度等多个维度下的舆情分析指标（王青等，2011）。预测方法的选取则是以统计指标的特征和统计预测的目的为依据，选取相应的数学方法对统计指标进行处理。例如，考虑到网络舆情指标体系的灰色特性，可以提出网络舆情灰色预警评价方法（李耘涛等，2011）；考虑到舆情统计指标的不确定性，可以采用模糊综合评价（王铁套等，2012）、三角模糊数（刘毅，2012）、直觉模糊推理（李弼程等，2010）等方法；考虑到舆情统计指标的可靠性和精确性，可采用演化博弈论（韩少春等，2011）、语义挖掘（刘恒文，2010）、云模型（周耀明等，2012；曾润喜等，2014）等方法。

2.2.2 物理建模视角

作为一个复杂的多组分系统，舆论系统的基本组元不是粒子而是具有思想的普通公众，每个公众都与其有限的同伴而不是系统中所有的个体发生交互作用，如说服和被说服。在这样的舆论系统中，每个个体的基本运动方程通常是未知的，传统的统计分析很难探究社会舆论微观个体的基本原理（段继红，2013；熊菲和刘云，2011）。由于现代物理学的量子力学理论可以有效地描述微观粒子的结构、性质和运动规律，学界开始试图用物质世界的量化思维描述社会系统，解释“为什么人类行为如同粒子运动一样”，即从微观角度的随机性和无序性揭示社会宏观现象。因此，20 世纪后期，自然科学领域对舆论传播和演化规律的研究主要集中在物理学方面，部分理论物理学家利用粒子交互模型对舆论动力学过程进行建模分析（Castellano et al.，2009），即利用物理建模视角分析舆论的传播及演化规律。试图通过建立微观个体观点的更新规则，寻求宏观上舆论动力学演化的三种结果：共识、极化、多种观点并存。根据舆论系统微观个体观点值域的取值类型不同，物理建模视角下的舆论模型可分为离散型观点模型和连续型观点模型。

离散型观点模型的主流为二元观点模型和少数的多元观点模型。二元观点模型源自描述物质结构相变的伊辛模型（Ising，1925），模型利用量子力学的自旋（spin）描述舆论的主体（agent），自旋的取向则演绎为舆论观点的取向（+1 和−1），而舆论主体要受到大多数邻居状态的影响，而形成一个自组织的体系。在伊辛模型的基础上，Voter 模型（Liggett，

1999；Clifford and Sudbury，1973）为增强系统的有序性，进一步将主体与其邻居的交互方式具体化，即主体只受到其所选择的一个邻居的影响从而具有较大的涨落，在这样的系统中，每个主体将被同化成拥有一种观点。针对具体的舆论演化现象，如公共政策问题，Galam（1986，2002，2008）则提出少数服从多数的 Majority Rule 模型（Galam 模型），该模型对 Voter 模型的改进是每个主体都可以和系统中的所有其他主体相互作用，并受大多数主体所持有观点的影响，这有效地提高了舆论演化模拟结果的准确性。

上述离散型观点模型给出舆论主体交互的一般规则，即舆论主体受到其邻居的影响而发生观点的变化。但现实的舆论交互过程并没有这么简单，往往需要同时考虑舆论主体之间的交互影响和间接影响。物理建模视角的社会影响理论不仅研究周围人群对个人的影响，还关注个人如何影响别人（Latané，1981）。同时该模型将主体间的距离作为一个重要的参数，主体间的说服力和支持力均与此参数相关，这里的距离包含空间的距离和抽象的距离，而抽象的距离可以很好地刻画出心理因素对人群行为及舆论演化方向的影响。随后，Sznajd 模型（Sznajd-Weron and Sznajd，2000）则将社会影响理论进一步具体化，且同样假设每个主体可具有两种可能的态度，或赞成或反对，如果两个主体的观点一致，他们让邻居接收自己的观点就比较容易；反之，将影响邻居的邻居。

离散型观点模型将舆论主体的观点定义为二元变量或多元变量，但现实生活中舆论主体的观点通常是不确定的，这就需要考虑观点的连续性，即用连续区间的形式表示舆论主体的观点值。因此，连续型观点模型与离散型观点模型最大的区别是“有条件”的交互，主要有基于有限信任原则的 D 模型（Deffuant et al.，2000）和 HK 模型（Hegselmann and Krause，2002）。D 模型是将格子上的主体态度规定为 0～1 的实数，每个时间步随机选择一对邻居格子 i 和 j，如果两者差别大于阈值 ε，则没有任何交互作用发生，如果小于阈值 ε，则按一定规则交互。具体的交互思想是经过比较后，相互作用的主体由于收敛参数将会更接近彼此的观点。HK 模型与 D 模型相似，也是连续型观点模型，观点值为［0，1］。主体与邻居节点交流在［$x-\varepsilon$，$x+\varepsilon$］范围内。但两者更新的规则不同：D 模型是随机选择一个邻居节点交流，而 HK 模型是选择具有兼容观点的所有邻居交流。因此，D 模型适合模拟小组讨论，HK 模型则更适合于正式的会议，在那里人们可以进行有效的互动。

在物理建模视角下，舆论动力学模型的深入研究可以从微观层面深度挖掘舆论演化的基本规律。近年来，国内学者也逐渐开始重视舆论问题的物理建模，但这些研究主要是对上述经典模型的应用和拓展，如以 G 模型或 D 模型为基础，运用主体建模方法构建社会舆论传播的无政府参与和有政府参与的演化模型（陈福集和李林斌，2011；杜蓉和梁红霞，2011），证明舆情演化的极化方向及其与网民公共偏好的关系。

2.3　系统科学领域

系统是由相互联系、相互作用的要素（部分）组成的具有一定结构和功能的有机整体。系统科学是以系统为主要研究和应用对象的学科，侧重考察和分析系统间各组成要素的关系和属性，揭示其内在活动规律的理论和方法。作为一门交叉科学，系统科学的理论和方法正在从自然科学和工程技术向社会科学广泛转移。如果用系统的要素表示舆论主体，系统要素间的相互作用表示舆论演化的交互规则，那么系统科学理论就为研究舆论演化问题提供了新的视角。近年来，舆论研究的方法和模型也多以系统科学的理论和方法为主，主要涉及复杂网络、系统仿真等研究视角。

2.3.1　复杂网络视角

复杂网络也是一类系统，由节点和连接节点的连边组成。若用节点表示复杂系统中不同的个体，用边表示个体间的关系，那么复杂网络就可以作为一种普适性的抽象方式，描述复杂系统个体之间的关系及其集体整合行为（汪小帆等，2006）。现实社会中存在的大量复杂系统都可以利用复杂网络的形式加以描述（Watts and Strogatz，1998；Faloutsos et al.，1999；Ebel et al.，2002）。例如，神经系统就是由大量神经细胞通过特定神经纤维连接形成的复杂网络；电话系统可以看作电话终端通过通信介质，如光缆、双绞线等，相互连接形成的复杂网络；微博系统可以看作博主通过转发、评论、点赞等方式参与话题讨论所形成的社交网络。

作为现实社会复杂系统的直观映射，复杂网络理论与方法可以描述和解决众多经济、社会问题（Milo et al，2002），但学界尚未给出复杂网络较为精确严格的定义。钱学森等（1990）曾从复杂网络的拓扑结构及其与规则网络和随机网络（Erdös and Rényi，1960；Barabási and Albert，1999）的对比分析出发，给出复杂网络的一般描述性定义，即具有自相似、自组织、无标度、小世界中部分或全部规律或特性的网络称为复杂网络。其中，小世界性（Watts，1999；Suchecki et al.，2005）和无标度性（Albert et al.，1999）等是复杂网络最重要的统计特征。

在复杂网络中，两节点间的距离，即节点间最短路径，被定义为连接两节点的最少连边数（无权网络）或最小权值之和（有权网络）。若将所有节点对的距离求平均可进一步得到复杂网络的平均路径长度（average path length）。此外，复杂网络的统计参数还有聚集系数（clustering coefficient），可以衡量复杂网络节点间连边的聚集情况。有研究以上述两个统计参数为分析对象，对比分析了复杂网络、规则网络和随机网络的平均路径长度和聚集系数，发现复杂网络具有较大聚集系数和较短平均路径；规则网络具有较长平均路径和较大聚集系数；随机网络具有较短平均路径和较小聚集系数（Watts，1999）。复杂网络的这种特性对研究网络结构及其信息传递效率具有重要意义，这样的网络通常被称为小世界网络，主要包括 WS 网络和 NW 网络。WS 网络是在规则网络的基础上生成的，即以某个很小的概率 p 切断规则网络中原始的边，并随机选择新的节点重新连接。上述方式构造的 WS 网络是介于规则网络和随机网络之间的网络，同时具有较大聚集系数和较短平均路径（Watts and Strogatz，1998）。由于 WS 网络是采用随机改写连线的方式生成的小世界网络，其构建网络的过程可能产生某些孤立的子网节点。为解决上述问题，Newman 和 Watts 提出了一个改进的小世界模型（Newman and Watts，1999；Newman，2004），即 NW 模型。

节点度是指节点拥有相邻节点的数目，已知复杂网络各节点的度，可以确定网络的度序列及其分布，这是复杂网络最基本的拓扑特性。科学家通过大量实验对复杂网络的度分布特征进行总结（图 2-1），发现大量真实复杂网络的节点度服从幂率分布（Jeong et al.，2001），即某特定度的节点数目与节点度之间的关系可以用一个幂函数近似表示（Faloutsos et al.，1999；Ebel et al.，2002）。幂函数曲线的下降趋势相对缓慢，在这种情况下，度很大的节点可在网络中存在，这样的复杂网络称为无标度网络（scale-free networks），相应的网络拓扑特征为无标度特性。

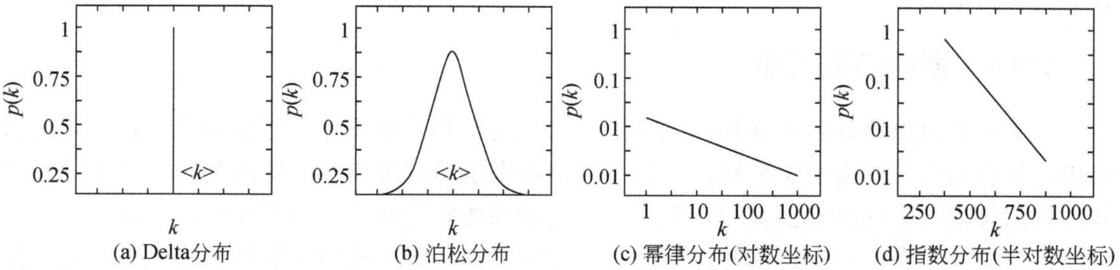

图 2-1 网络的几种典型度分布特征

鉴于无标度网络的重要特性，Barabási 和 Albert 通过对比试验（BA 模型）的方式给出了无标度网络生成的基本运算法则（Albert and Barabási，2002），即增长和择优连接。将择优算法改为随机算法，所产生的是不断增长的随机网络，故择优连接对无标度网络构建具有重要作用；若取消网络演化的增长法则，最后产生的网络为完全连通图，故增长对无标度网络构建具有重要作用。BA 模型仅给出无标度网络生成的基本原则，Newman（2003）通过对信息网络、社会网络和生物网络的实证分析，则进一步给出了更为一般的增长网络模型结构。

舆论建模离不开人与人之间的交互关系，构建舆论的复杂网络模型可以很好地把握舆论传播网的拓扑结构。小世界特性和无标度特性的研究又进一步给出了复杂网络演化及其信息传递的一般规律，因此复杂网络对舆论演化研究具有重要的借鉴意义（郭雷等，2006）。考虑到小世界特性在舆论演化研究中的作用，相关研究通过分析小世界网络中 Sznajd 模型在未形成共识到完全共识的相变差异（Yu-Song et al.，2005），证明网络舆论演化具有沉默的螺旋（樊鹏翼等，2012）和极化特征（胡隆基等，2012）等；考虑到舆论复杂网络的无标度特性，Stauffer 等分别以有限信任模型和 KH 模型为基础，探讨了舆论演化过程中，观点的改变（Fortunato，2005）和共识的形成（Stauffer and Meyer-Ortmanns，2004）等问题。此外，由于复杂网络结构研究的对象主要为网络社团结构（Newman，2004），借鉴小世界网络和无标度网络的特征，探测网络社团结构相似性（Pan et al.，2010）、核心社团（山玉段等，2012）、节点集合（戴爱明等，2011）等属性，对于研究和预测社团结构层面的舆论演化趋势具有重要的借鉴意义。

复杂网络理论给出了舆论复杂网络的一般建模思路，相应的舆论演化分析还需要进一步借助网络分析方法展开。公共危机网络舆论演化研究主要涉及三类复杂网络分析方法，即社会网络分析（王文，2009；林聚任，2009）、动态网络分析（Breiger et al.，2003）和超网络分析（刘怡君等，2012）。其中，超网络分析的特征决定其逐渐成为舆论复杂网络研究的主流。2002 年 Nagurney 首次提出“超网络”的概念，即把高于而又超于现存网络的网络称为超网络（Nagurney and Dong，2002）。随后，国内学者在超网络研究方面也一直走在学界的前沿，早在 2008 年就对近年来出现的超网络理论和应用进行述评，并提出基于超图的超网络研究方向（王众托，2011）。此后，以“网络舆论”为代表的经济社会问题逐渐开始引入超网络建模思想（刘怡君等，2012），对舆论的形成、演化、干预和引导问题开展复杂系统建模研究。

2.3.2 系统仿真视角

系统仿真可以比较真实地描述系统的发展、运行和演进规律，已逐渐成为社会舆论形成和演化机理研究的重要学科视角。舆论演化的系统仿真是指在一定的舆论环境下，通过分析舆论传播的驱动要素及其相互关系，构建能描述舆论演化规律的模型，并进一步借用可视化的仿真平台，对上述演化规律进行试验或定量分析，还原并解释现实生活中的舆论形成与演化现象（刘云等，2010）。舆论演化的仿真研究同时涉及舆论演化规律总结和演化现象模拟两个层面。演化规律总结是以真实的社会舆论形成和演化过程为分析对象，通过社会科学和自然科学领域的研究，揭示各种舆论现象的本质特征，以及隐藏在特征背后的更深层次的舆论形成动因和交互规则。演化现象模拟是以系统分析的目的为依据，结合对舆论演化规律的总结，以试验的形式反演或预测舆论的走势。

对网络舆论演化机理的系统仿真多是基于个体的物理建模方法，即以 S 模型、D 模型、KH 模型及 G 模型为基础，根据社会舆论的形成、传播和演化特点，构建个体间的舆论交互规则，并开展模拟分析。因此，国内外学界对舆论演化机理的仿真分析研究可从模型改进和交互规则设置两个方面进行梳理。对于数理模型的改进，相关研究主要是从特定的舆论现象出发，分别探讨具有社团结构的有界信任模型（司夏萌等，2009）、人员转移的元胞自动机模型（刘慕仁等，2002；肖海林等，2005）、不完全信息下的群体决策模型（熊菲和刘云，2011）、存在噪声干扰的舆论传播模型（吴青峰等，2006）等；对于交互规则的设置，相关研究主要以舆论演化模型为基础，对舆论形成过程中的各种影响因素加以考虑，如个体活跃度（Grabowski，2009）、个人权威性（Prettejohn et al.，2013）、个体差异性（程寅钊等，2012）、外界信息影响（Kacperski and Hołyst，2000）等。此外，考虑部分舆论演化模型的特殊性，国内也有学者利用其他建模思想开展舆论演化的仿真分析。例如，王飞跃（2011）利用人工社会的建模方法，建立面向动态网民群体的人工组织模型；刘云研究小组从网络舆论传播的衰减模型（张立，2010）、博弈论模型（张立和刘云，2008）和基于时间序列的预测模型（朱国东，2009）等方面研究了网络舆论演化的相关规律和性质等。

舆论演化的系统仿真是以可视化形式展现的，因此国内外学者分别利用 MATLAB、Swarm、Vensim、Stella、NetLogo、StarLogo 等多主体或系统科学仿真软件对网络舆论的传播特征、演化机理、应对策略等问题进行了相关模拟研究。上述仿真平台的功能和定位往往存在差异性：NetLogo 和 StarLogo 仿真平台主要以多主体仿真分析为特色，开展舆论涌现（刘常昱等，2007）和舆论极化问题（杜蓉和梁红霞，2011）的仿真分析；Vensim 和 Stella 仿真平台主要是以系统动力学理论为基础，实施公共危机舆论热度和演化趋势的仿真模拟

（张一文等，2010）；MATLAB 和 Swarm 则是较为综合的舆论仿真平台，可通过建立基于 Agent 的 Web 网信息传播仿真模型（刘常昱等，2007；胡晓峰等，2008；贺筱媛等，2012），开展相关领域的舆论传播、演化模拟。

2.4 本 章 小 结

本章从社会科学、自然科学和系统科学领域出发，对国内外学者在舆论传播及演化方面的文献进行梳理，以期通过对现有研究的总结和分析，提出本书研究的基本出发点。

2.4.1 现有研究视角评价

作为一项复杂的系统工程，当前学界对舆论传播和演化规律的研究方法和模型广泛涉及社会科学、自然科学与系统科学等领域的多个研究视角。这些研究视角主要是以定性和定量作为分类准则进行划分，具体包括新闻传播视角、社会心理视角、统计分析视角、物理建模视角、复杂网络视角和系统仿真视角。每种研究视角均有效拓展了学界对舆论传播和演化机理的认识，但由于相关学科研究方法的局限性，不同视角下的舆论演化机理研究又具有一定的不足。本节以上述文献综述的研究为基础，对不同学科视角下舆论演化规律的研究优势和劣势进行总结，如图 2-2 所示。

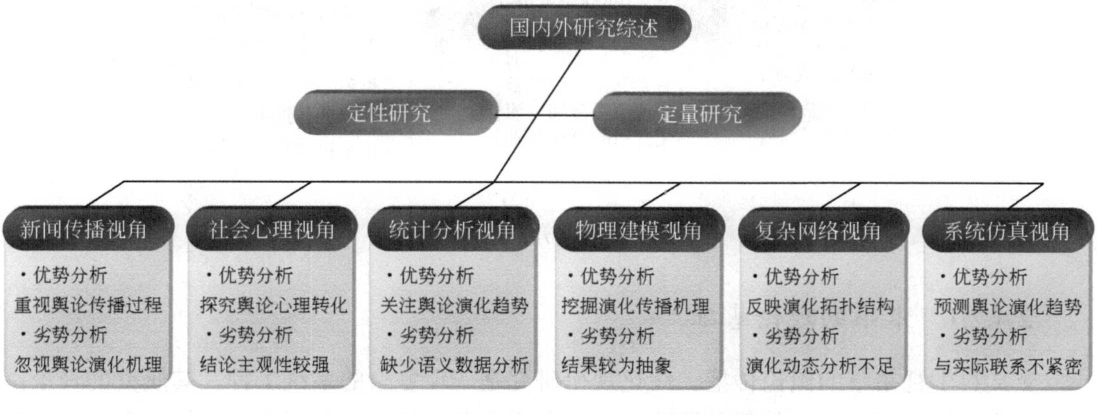

图 2-2　不同学科视角舆论演化规律研究的优劣势分析

在社会科学领域：新闻传播视角的研究是以特定的新闻传播理论和模式为基础，可以有效分析社会舆论的传播过程，但相关研究却忽视了对传播过程中舆论演化机理的研究；社会心理视角的研究则开始关注舆论的演化现象，并从舆论主体从异、利他、为己的动机出发，分析社会公众的心理异化现象，但这些心理效应的总结通常具有较强的主观性。

在自然科学领域：统计分析视角的研究开始关注舆论演化问题的定量分析，即通过对舆论演化数据的描述性分析、关联性分析和预测性分析，科学地定义社会舆论演化的一般趋势，但这些研究往往忽视对语义数据的分析；物理建模视角的研究借鉴量子力学对微观粒子极性的定义方式，开始对舆论主体的观点进行简单建模，可以有效地挖掘舆论演化的内在机理，但由于其分析结果多为抽象的量化数据，不便于公众对舆论演化规律的理解。

在系统科学领域：复杂网络视角的研究将舆论演化定义为直观的复杂网络，并借助社会网络、动态网络和超网络等网络分析方法，揭示舆论演化的一般拓扑结构，但由于复杂网络算法的时间复杂性较高，该研究视角对舆论演化动态性的分析往往不足；系统仿真视角的研究可以有效地解决复杂网络视角面对的问题，即通过对舆论演化交互规则的定义，并结合相应的系统仿真平台，开展舆论演化规律的动态预测，但由于舆论演化交互规则的定义通常具有一定的主观性，可能导致舆论仿真模拟的结果与实际联系不紧密。

2.4.2　本书主要研究视角

通过对舆论演化相关研究的总结和评价，在广泛借鉴上述各研究视角优势的基础上，本书拟采用以社会物理学为核心的交叉科学视角，开展舆论危机传播及演化机理的研究，相应的理论和方法基础包括社会物理学、创新扩散理论、社会影响理论、复杂网络方法和系统仿真方法等（图 2-3）。

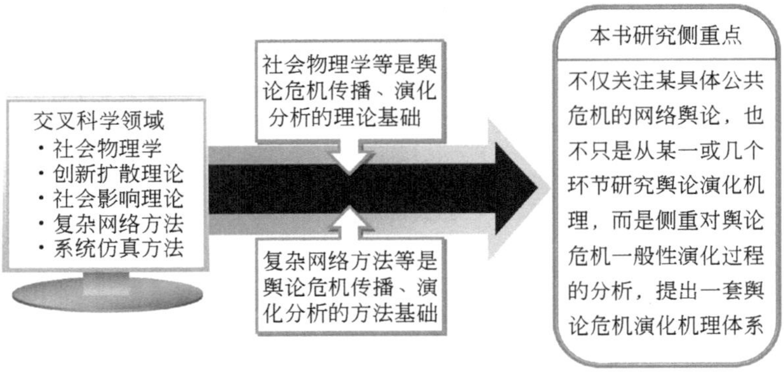

图 2-3　本书研究的基本出发点

2.4.2.1　本书的理论基础

交叉科学视角下的舆论传播、演化规律研究是一项复杂的系统工程，其研究的理论基础广泛涉及社会物理学、创新扩散理论、社会影响理论和广义吸引力法则等多个方面。其中，社会物理学是舆论危机演化阶段分析的理论基础；创新扩散理论和社会影响理论等则是舆论危机传播、演化网络建模或仿真算法设计的理论基础。

（1）社会物理学是舆论危机传播、演化阶段分析的理论基础

社会物理学是用物理学等自然科学规律研究人类社会问题的一种学说。早在 19 世纪，法国实证主义创始人孔德就提出社会物理学的概念。随后，这一概念经历古典、近代和现代社会物理学三个发展阶段。在现代社会物理学的发展进程中，国内学者牛文元教授提出其支撑性的三大理论，即社会燃烧理论、社会激波理论和社会行为熵理论（牛文元，2001）。本书将以社会物理学的上述三大理论作为社会舆论传播、演化和引导干预研究的理论基础，这些理论基础的简要介绍将在后续章节予以阐述。

（2）社会影响理论等是舆论危机传播、演化建模或算法设计的理论基础

社会物理学方面的理论基础主要采用自然科学（以物理学为核心）的思路、概念、原理和方法，揭示、移植、解释舆论演化的基本过程及其主要阶段。若要进一步探讨各演化阶段的特征，还需进一步借鉴社会学、心理学、传播学等领域的相关理论，对舆论危机相关演化阶段的模型和算法进行设计。鉴于舆论危机演化涉及的阶段特征，本书将分别以创新扩散理论、社会影响理论、广义吸引力法则等作为舆论危机传播、演化建模或算法设计的理论基础，这些理论基础的简要介绍将在后续章节予以阐述。

2.4.2.2　本书的方法基础

在不同的学科视角下，舆论危机传播、演化研究的方法基础通常具有差异性，不同的理论基础对应着不同的研究方法。考虑到上述理论基础，本书涉及的主要研究方法包括复杂网络方法和系统仿真方法。

（1）复杂网络方法是舆论危机传播、演化建模的方法基础

复杂网络方法是一种普适性的抽象方式，可用于描述复杂系统个体之间的关系及系统的集体行为（汪小帆等，2006）。基于社会激波理论的分析结果，舆论演化可理解为舆论主体在舆论环境的影响下，与其周围舆论主体发展微观交互的宏观表现。因此，舆论演化机理的建模离不开对人与人之间交互关系的描述，即复杂网络建模的思想。现有研究进展的评价也进一步表明，构建舆论的复杂网络模型可以较好地把握舆论传播网的拓扑结构。此外，考虑到舆论演化的复杂性及其驱动力的多维性，本书构建具有多层、多维、多级属性的复杂网络，即超网络模型，作为舆论危机传播、演化建模的理论方法基础。

（2）系统仿真方法是舆论危机传播、演化模拟的方法基础

系统仿真方法是以系统各要素及其相互关系的分析为基础，通过对系统结构和行为的描述，建立具有一定逻辑关系或数量关系的仿真模型，并开展模拟试验或定量分析的方法。系统仿真方法侧重对系统动态性、不确定性和环境适应性等问题的研究，可以比较真实地描述复杂系统的运行、演变及其发展过程。因此，将系统仿真方法引入舆论危机传播、演化机理研究，可以有效地弥补或解决复杂网络方法在舆论演化动态性分析方面的不足。本书即以系统仿真方法为基础，通过分析舆论传播的驱动要素及其相互关系，构建能描述社会舆论演化规律的模型，并进一步借用可视化的仿真平台，实现对舆论危机传播、演化机理的模拟试验与定量分析。

第3章 舆论研究的网络建模方法及其超网络模型

社会舆论的形成和演化离不开人与人之间的交流关系，通过构建社会舆论的复杂网络模型能够较好地把握舆论传播网的拓扑结构，并进一步挖掘舆论传播、演化的内在规律。因此，复杂网络相关研究方法对社会舆论传播、演化研究具有重要的借鉴意义。然而，在虚拟世界与现实世界、网上信息流与网下人流不断交互、强化的自媒体时代，网民社会角色和利益诉求的差异影响着舆论信息的加工和传播，为有效挖掘自媒体舆论数据间的复杂内在机理和相关规律，进一步深化网络舆论复杂网络建模研究。本章以“社会舆论复杂网络结构建模”为研究对象，主要从自媒体舆论规则网格建模、社会网络建模、动态网络建模等维度，全面梳理舆论复杂网络结构建模的相关研究进展，并创新性地提出和构建舆论传播、演化的超网络模型。

3.1 社会舆论复杂网络结构建模综述

如何将海量的碎片化自媒体舆论信息转化为结构化的复杂网络信息，是自媒体舆论传播、演化研究的基础。本节从自媒体舆论规则网格建模、社会网络建模、动态网络建模等方面，全面总结自媒体舆论结构化建模的相关研究进展。

3.1.1 基于规则网格的舆论结构建模

网格建模是一种抽象化的复杂网络建模，具体是由顶点、边、面、多边形、元素组成的网格结构。数据网格化（data gridding）则是将空间上不均匀分布的数据，按一定的方法（如滑动平均法、克里格法或其他适当的数值推算方法）归算成规则网格中的代表值（趋势值）的过程（Fan et al.，2004）。规则网格建模及其计算将广域网上的各种计算资源、信息资源、设备资源等集成起来，以统一的方式向用户提供服务（Lin et al.，2008；Hell and Jakobsson，2011），目前已在地理学、社会学、管理学等多个领域得到广泛应用。

作为一个复杂的多组分系统，舆论系统的基本组元不是粒子而是具有思想的普通公众，每个公众都与其有限的同伴而不是系统中所有的个体发生交互作用，故同样可以用规则网格建模的方式，对社会舆论的复杂交互关系进行结构化建模。在这样的舆论系统中，每个个体的基本运动方程通常是未知的，传统的统计分析很难探究社会舆论微观个体的基本原理。将现代物理学的量子力学理论和规则网格建模方法结合（Coldwell，2017），可以有效地描述微观粒子的结构、性质和运动规律，学界开始试图用物质世界的网格化思维描述社会系统，解释“为什么人类行为如同粒子运动一样”，即从微观角度的随机性和无序性揭示社会宏观现象。因此，20世纪后期，舆论传播和演化规律的研究开始利用规则网格的粒子交互模型对舆论动力学过程进行建模分析（Castellano et al.，2009）。他们试图通过建立微观个体观点在网格上的更新规则，寻求宏观上舆论动力学演化的三种结果：共识、极化、多种观点并存。根据舆论系统微观个体在规则网格观点值域的取值类型不同，基于规则网格的自媒体舆论结构建模可分为离散观点型和连续观点型两种（表 3-1）。相关模型在 2.2.2 节已经进行过详细介绍。

表 3-1　基于规则网格的自媒体舆论定量模型对比分析

类型	模型	主体赋值	运算规则	网格交互对象	网格交互方式
离散观点型	伊辛模型	+1 和−1	—	近邻主体	—
	投票者模型	+1 和−1	邻域运算	近邻主体	邻居作用主体
	大多数原则模型	+1 和−1	系统运算	组内主体	组内交互
	S 模型	+1 和−1	邻域运算	次近邻主体	主体作用邻居
连续观点型	D 模型	[0，1]	邻域运算	近邻主体	一对邻居交互
	HK 模型	[0，1]	邻域运算	近邻主体	一对邻居交互

3.1.2　基于社会网络的舆论结构建模

作为一种新的社会学研究范式，社会网络较成熟的概念由巴里·韦尔曼于 1988 年提出，具体是由某些特定群体间的社会关系构成的相对稳定的关系网。社会网络是一类由节点和连接节点的连边组成的系统，用节点表示复杂系统中不同的个体，用边表示个体间的关系，则社会网络可以作为一种普适性的抽象方式，描述系统个体之间的关系及其集体整合行为（Erdös and Rényi，1960；Barabási，2004）。现实社会中存在的大量复杂系统都可以利用社会网络的形式加以描述（Watts and Strogatz，1998；Faloutsos et al.，1999；Ebel et al.，2002）。例如，神经系统就是由大量神经细胞通过特定神经纤维连接形成的网络；电话系统可以看作电话终端通过通信介质，相互连接形成的网络；微博系统可以看作博主通过转发、评论、点赞等方式参与话题讨论所形成的社交网络。

（1）社会网络的基本内涵

社会网络由行为节点及它们彼此间的一种或多种联系构成，分析节点及其节点间的统计数据对于研究社会网络拓扑结构具有重要意义。在文献综述过程中，这里将主要对社会网络节点度、度分布、节点间最短路径、平均路径长度、聚集系数、介数、团、割点等统计指标进行简要介绍（表 3-2）。节点度是指节点拥有相邻节点的数目，已知社会网络各节点的度，可以确定网络的度序列及其分布，这是复杂网络最基本的拓扑特性。科学家通过大量实验对社会网络的度分布特征进行总结，发现大量真实社会网络的节点度主要服从幂率分布、泊松分布、指数分布等（Jeong et al.，2001；Faloutsos et al.，1999；Ebel et al.，2002）。在社会网络中，两节点间的距离，即节点间最短路径，被定义为连接两节点的最少连边数（无权网络）或最小权值之和（有权网络）（Jeong et al.，2001）。若将所有节点对的距离求平均可进一步得到复杂网络的平均路径长度（Barabási，2004）。社会网络聚集系数则用于衡量复杂网络节点间连边的聚集情况（Milo et al.，2002）。

表 3-2　社会网络分析方法的部分测度指标

指标	概念和意义
度（degree）	与该点连接的边的总数目；入度，指向节点的边数；出度，从节点出发的边数
平均路径长度（average path length）	所有节点对之间距离的平均值，它描述了网络中节点间的分离程度，即网络有多小
聚集系数（clustering coefficient）	描述网络中节点的群聚情况，即网络有多紧密
介数（betteenness）	即通过这个节点最短路径的条数。节点的介数越高，表明这个节点是很多节点对之间通达的“必经之路”
团（clique）	各个节点紧密相加的子图。包含三个或三个节点以上的最大完全子图，可称为派系
割点（cutpoint）、块（block）	两个连通子图之间唯一的公共顶点称为割点。没有割点的连通图称为块
组元（components）	组元是图的一个部分或一个连通分支，组元内部是连通的，组元之间不连通。如果图中包含一个或多个孤立的节点，这些节点各自成为一个组元

当代社会网络分析的发展得益于多种多样的学科和学派，这些学派在社会网络分析的发展过程中相互影响，并在近几十年来有了迅速的发展。在社会网络分析的发展中主要有三条主线：①社会测量学学派，主要在运用图论（graph theory）方法方面对网络分析有所贡献；②20 世纪 30 年代的哈佛学派，主要在研究人际关系的模式和“派系”概念方面有所成就；③曼彻斯特的人类学派，在前两种研究的基础上，主要考察了部落和乡村的“社区”关系结构。以上研究主线于 20 世纪 60 年代和 70 年代在哈佛大学又一次汇聚在一起，当代社会网络分析正是在那个时代出炉于哈佛大学（图 3-1）。此外，目前社会网络分析已被广泛应用到社会学、政治学、人类学和社会政策研究等多个领域。

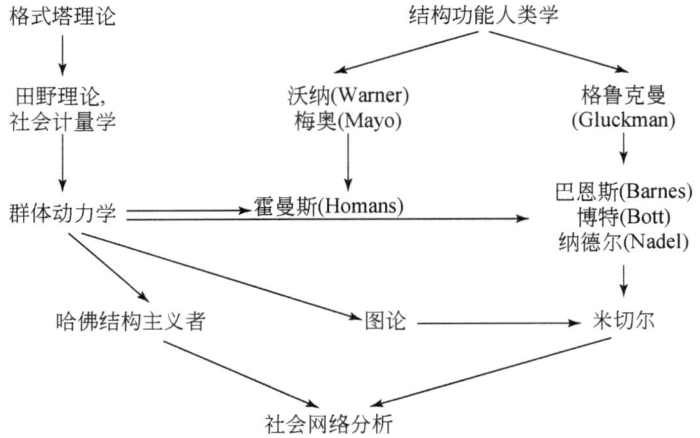

图 3-1　社会网络分析发展系谱图（刘军，2007）

（2）社会舆论网络相关研究

舆论建模同样离不开人与人之间的交互关系，构建舆论的社会网络模型可以较好地把握舆论传播网的拓扑结构。如图 3-2 所示，在舆情信息监控系统中，通过关键词检索可获取相关的舆情信息及其评论、点赞、转发关系列表，再结合 Gephi、UCINET、libSNA 等社会网络分析工具，可进一步挖掘和分析舆情交互传播的社会网络关系。此外，通过对舆论交互网络的上述统计指标进行分析，相关研究发现社会舆论交互网络的节点度呈现较明显的幂率分布特征，且网络具有较大的聚集系数和较短的平均路径长度（Watts and Strogatz，1998；Newman and Watts，1999；Newman，2004）。社会舆论交互网络的这种特性对研究其网络结构及舆情传递效率具有重要意义，即社会舆论网络具有较明显的小世界（Watts，1999；Suchecki et al.，2005）和无标度（Albert et al.，1999；Milo et al.，2002）特性。

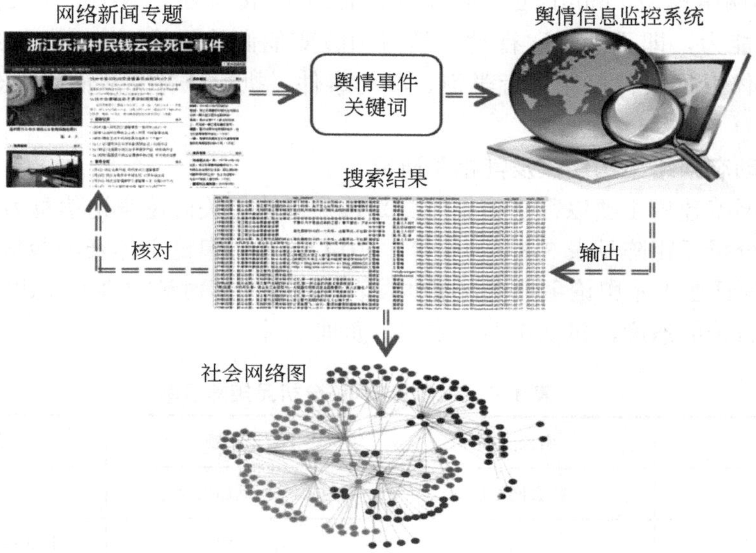

图 3-2　社会舆论交互网络的形成过程

在社会网络领域，小世界特性（Watts，1999；Suchecki et al.，2005）和无标度特性（Albert et al.，1999；Milo et al.，2002）的研究进一步给出了复杂网络演化及其信息传递的一般规律，社会网络研究的推进对舆论演化研究具有重要的借鉴意义。本部分相关研究进展已在 2.3.1 节进行过介绍。

3.1.3　基于动态网络的舆论结构建模

动态网络（dynamic network）由卡耐基梅隆大学教授 Carley 于 2002 年提出（Carley，2002）。动态网络强调连接关系具有一定概率性（Dagum et al.，1992），节点的度量会改变网络的属性（Carley，2002），而改变一部分网络结构将影响整个网络（Bringmann et al.，2015）。

（1）动态网络的内涵与创新

动态网络创新性地整合了元矩阵（meta-matrix）来表示网络、多主体建模和机器学习等方法，即动态网络的提出具有如下三个方面的新突破。

1）使用元矩阵表示网络（meta-network）。动态网络结合知识管理、运筹学和社会网络技术创建了元矩阵表示方法（Krackhardt and Carley，1998）。元矩阵表示方法是表示异质个体和它们之间的多种不同边（Carley et al.，2001；Carley，2005）。元矩阵关注的是人、资源、任务、组织等。

2）引入概率边（probabilistic ties）。元矩阵中边的连接是具有一定概率的（Carley et al.，2001）。多种事实产生的影响也是具有概率的，动态网络分析多使用贝叶斯更新策略、认知推理方法和社会认知改变过程模型（Carley，2002，2005），用于评估边概率及其随时间的改变。

3）多主体网络模型（multi-agent network model）。传统社会网络的主要问题是个体不具有主动适应能力，即不能采取行动，学习和改变他们的网络。Carley（2002）使用多主体技术，个体根据某种机制进行学习、参与事件、执行任务，从而实现建模组织和社会的改变。

（2）舆论动态网络结构建模及其相关研究

舆论动态网络建模主要以舆情信息监测平台采集的相关讨论舆论信息为基础数据，构建其动态网络分析元矩阵见表 3-3（马宁等，2014），其中舆论主体表示参与讨论的所有话题参与者；讨论话题表示舆论主体在自媒体发表的言论（即讨论内容）；态度倾向则表示舆论主体所发表言论的态度，包括正面、中立、负面三种。

表 3-3 舆论动态网络分析元矩阵示例

关注项	舆论主体	讨论话题	态度倾向
舆论主体	社会网络层	主体——话题网络层	主体——态度网络层
讨论话题	—	话题网络层	话题——态度网络层
态度倾向	—	—	态度网络层

由舆论主体、讨论话题、态度倾向三类关注项两两组合，便可构建出六层子网络，对各个子网络层节点和边的含义加以解释（表 3-4）：社会网络层、话题网络层、态度网络层节点是同质的；主体——话题网络层、话题——态度网络层和主体——态度网络层的节点是异质的；边的关系有回复关系、包含关系、发布关系等，层内与层间均有边连接；同一位话题参与者可能发布多个讨论内容，每个讨论内容又可能包含不同的关键词，不同的关键词又代表不同的态度倾向。

表 3-4 舆论实例动态网络各子网络层

子网络层	节点	边
社会网络层	舆论主体	回复关系
话题网络层	讨论话题	不同讨论内容之间具有相同的关键词

续表

子网络层	节点	边
态度网络层	关键词	关键词态度倾向一致
主体——话题网络层	舆论主体；讨论话题	发布者与其发布讨论内容之间的边；回复者与其回复讨论内容之间的边
话题——态度网络层	讨论话题；关键词	讨论内容包含关键词

对于自媒体舆论结构建模，从传统社会网络到动态网络建模的困难之一就是寻找合适的舆论度量指标（Carley，2005），相关研究已定义度中心性、认知需求、潜在关键词负载等多个度量指标（马宁等，2014）。这些度量指标的计算以元矩阵为基础，通过两两关注项矩阵的单一或迭代计算得出，如“潜在关键词负载”综合考虑将来发帖时可以使用的最多关键词的量。

3.1.4　舆论复杂网络结构建模综述小结

自媒体具有典型的大数据特征，如何将海量的碎片化舆情信息转化为结构化的网络信息，是自媒体舆论传播、演化研究的基础。本节从复杂网络发展演进的角度，全面总结自媒体舆论结构化建模的相关研究进展，即主要对自媒体舆论规则网格、社会网络、动态网络的建模思想及其相关研究文献予以梳理。

1）舆论规则网格建模是一种抽象化的复杂网络建模，具体是以现代物理学的量子力学理论为基础，用网格的形式描述微观粒子的结构、性质和运动规律，并试图通过建立微观个体观点在网格上的离散或连续更新规则，寻求宏观上自媒体舆论动力演化的三种结果：共识、极化、多种观点并存。

2）舆论社会网络建模同样以自媒体舆论主体为唯一研究对象，用网络节点和关联关系的形式表示各舆论主体在自媒体舆论系统的位置，可以最直接、最直观地识别其在舆论传播、演化过程中的作用，且 Gephi、UCINET、libSNA 等众多已经发展成熟的社会网络分析软件也为具体的操作过程提供了很大便利。

3）舆论动态网络建模则以舆论主体、讨论内容、关键词三类关注项为研究对象，从更深层次、更全面的视角计算各关注项之间的连接关系和动态属性。当前，学界已经发展成熟的众多动态网络分析指标和 ORA 软件为自媒体舆论动态网络建模及其传播、演化研究提供了诸多便利。

3.2　舆论演化驱动因素分析

舆论演化是一个复杂的过程，其影响因素不仅包括社会舆论传播的构成因素，还涉及舆论演化各阶段的外在特征因素，即同时包含内驱动因素和外驱动因素。

3.2.1 内驱动因素

内驱动因素是舆论演化的内在根据，决定着舆论演化的基本趋势。公共危机事件发生后，传统媒体通过议程设置的形式将事件舆论引至公众层面，在少数具有影响力的网络积极分子的二级传播和网络媒介的过滤作用下，事件将进一步点燃社会公众的不满情绪，导致舆论危机的形成。因此，舆论传播和演化的内驱动力包括传统媒体参与、网络大 V 人物、网络媒体过滤、网民社会心理等。

传统媒体参与：传统媒体参与是突发事件社会舆论传播至公共领域并演化成为公共议题的主要驱动因素（Ginneken，2003）。突发事件发生后，若其仅在网络媒体上传播和扩散，其舆论的影响范围则可能主要局限在部分活跃的网民之间。但如果传统媒体，尤其是主流新闻媒体，参与突发事件的议题构建和信息传播，讨论突发事件的舆论主体将由线上网民扩展至普通线下层面，即在更广阔的空间范围内感染公众，并进一步推动突发事件舆论的演化和升级。

网络大 V 人物：网络大 V 人物（又称“意见领袖”）是指在微博、论坛、微信等社交媒体上十分活跃且拥有大量粉丝的“公众人物”，他们能够非正式地影响别人的态度或者在一定程度上改变他人的行为。如果网络激进分子或带有不满情绪的个体成为大 V，他们则可能通过改变网络议程或发表过激言论，迎合广大网民或社会公众的心理而获取关注，并最终推动更多网民参与公共危机社会舆论的讨论。例如，2011 年甬温动车事故发生后，“秦某某”编造的攻击高铁和铁道部的谣言，在“薛某某”“李某某”等网络大 V 的鼎力转发和评论下，迅速传遍整个互联网，成为当时社会舆论聚焦的中心。

网络媒体过滤：网络媒体过滤是指在海量的网络信息中，网民对信息的接收能力却是有限的，即网民能且只能接收自己感兴趣或对自己有价值的信息。社会突发事件发生后，在网络技术的帮助下，如微博、微信等社交网络工具，网民过滤他们的所见、所读和所听，通常只关注事关社会安全和居民生活的舆论话题，并不断强化他们对于特定话题较一致或接近的信息，这最终导致舆论的“信息窄化”，越来越多的网民只能听到自己的回音，网络的互动成了一种“回音壁”式的互动（程亮亮，2007），并导致网络舆论的演化速度大大加快。

网民社会心理：心理学在 20 世纪发展出了一系列可以解释人类社会心理与社会行为相互关系的理论，即社会心理学（Lazarsfeld et al.，1965）。该理论认为炫富、模仿、焦虑、自虐、从众等个体社会心理或行为特征，对舆论等集群行为的产生具有重要驱动作用。为此，人民论坛问卷调查中心在 2014 年对社会心理状况进行调查，超八成受访者认为当前中国社会处于较严重的亚健康状态，其中最为突出的十大社会心理病症包括信仰缺失、看客心态、社会焦虑症、习惯性怀疑、炫富心态、审丑心理、娱乐至死、暴戾狂躁症、网络依赖症、自虐心态等，这些社会心理病态均在一定程度上驱动了舆论危机的演化和升级。

3.2.2 外驱动因素

外驱动因素是社会舆论形成和演化的外部条件，通常不会直接产生舆论，但可以通过内驱动因素的作用，刺激并影响舆论的形成和演化。对于社会舆论外驱动因素的分析和总结应关注舆论形成、演化和引导的全过程，即不仅应包括舆论形成的诱导因素，还应涉及舆论引导过程中的外部因素。因此，本书认为舆论演化的外驱动因素主要涉及四个方面，具体包括公共事务议题、社会结构压力、舆论时空因素和政府干预缺失。

公共事务议题：公共事务是指满足社会公众生产、生活需要，且体现其共同利益的那类事务。公共事务议题则是社会矛盾在现实生活中的反映，更多地涉及与人民生活息息相关的民生问题，因此当公共突发事件涉及公共事务议题时，其可能会引发社会公众的共鸣，并形成特定的社会舆论。有研究也佐证过这一结论，即当公共事务议题涉及"涉腐""涉富""涉权""涉黑"等问题时，则极易引发社会关注的焦点事件（Windsor，2001）。因此，特定类型的公共事务议题，当获得大众的广泛认同，将对舆论的持续传播和演化产生较强的驱动作用。

社会结构压力：加值理论中的结构性怨恨、剥夺感或压迫感指出，特定社会结构或背景中的某些问题会促使人们认为有必要通过某种方式或行动来促进解决。互联网的快速发展给了普通社会公众更多的言语权，网民可以通过社会舆论的方式反映现实的社会结构与状况，并敦促相关部门予以解决。由于中国正处在社会结构的转型巨变中，社会新兴阶层分化及不信任感开始弥漫，社会利益群体调整及不公平感也逐渐凸显，社会二元群体对立及剥夺现象加剧，这些前所未有的社会结构压力不断刺激着社会民众表达意见、发表言论。

舆论时空因素：舆论的时空因素是指影响社会舆论危机形成、演化、升级和终结的时间和空间环境因素。其中，时间环境包括社会舆论发生的时刻、时间段、频率等因素；空间环境则是指社会空间的规模和连通性等。时空因素是舆论形成和演化的基本因素，不同的时空环境可能产生不同的社会舆论现象。例如，同样是"PX 化工项目"引发的群众游行事件，其对人口稠密省会城市（如昆明）的社会影响明显高于其他普通二线城市。

政府干预缺失：作为网络信息的重要舆论主体，政府面对突发事件所呈现出的应对和引导策略逐渐成为舆论演化的重要驱动因素。政府干预的缺失，如态度的缺位、公信力的缺位，会激化原有的社会矛盾（Feldman，1988），加重政府与网民之间的分歧，造成事件舆论传播速度的加快和影响范围的过度放大，并将舆论危机事件推向高潮。例如，2010 年 12 月，"钱云会事件"发生后，当地警方将事件定义为普通交通肇事案，却并未深度分析事件背后的社会问题，政府干预的缺失引发网民对事件原因的质疑，并由此产生较为恶劣的社会舆论影响。

3.3　舆论演化超网络模型构建

复杂网络理论的兴起为舆论演化机理的研究提供了新的视角。传统的复杂网络，如社会网络，通过对舆论主体及其交互关系的建模，可以描述舆论主体的演化规律。但随着舆论演化机理研究的深入，相关学者不仅关注舆论主体及其交互关系，更希望进一步探讨舆论主体交互的相关驱动因素。在这种情况下，传统的社会网络往往不能有效地刻画舆论演化的驱动关系，需要寻找一种更为全面、有效的复杂网络分析方法。于是，"超网络"（supernetwork）的概念逐渐进入舆论演化机理研究者的视野。

"超网络"概念最早由 Sheffi（1984）提出。2002 年，美国马萨诸塞大学教授 Nagurney

和 Dong（2002）进一步明确了“超网络”的含义，认为其是高于而又超于现存网络的网络（above and beyond existing network）。2003 年 9 月的罗马会议上，Barabási（2004）等几位复杂网络领域权威人物，提出未来复杂网络理论及其应用研究的十大问题，其中一个是“网络的网络”（network of networks），即超网络，并进一步明确了“超网络”对研究不同性质网络间相互作用的重要性。2008 年，王众托和王志平（2008）开始将超网络理论引入国内，对已有的基于变分不等式与基于超图的超网络分析方法进行介绍，并全面总结了“超网络”的特性，具体包括异质性、多层性、多属性、多维性、多级性、协调性、拥塞性等。“超网络”的上述特性可以较好地反映现实社会的众多复杂现象，因此其概念提出不久便在交通（Nagurney，2006）、供应链（Wakolbinger and Nagurney，2004）和知识网络（Nagurney and Dong，2005）等各个领域得到广泛应用。

作为一项复杂的社会问题，网络舆论的形成和演化同样涉及系统内外多级驱动因素的相互作用。鉴于此，中国科学院科技战略咨询研究院社会治理与风险研究中心最早将“超网络”的概念引入舆论研究，提出舆论超网络模型（刘怡君等，2012），该模型通过刻画某舆论危机形成过程中各元素的相互关系，反映舆论演化内在驱动因素的作用机理（李倩倩和刘怡君，2012；Ma and Liu，2014）。上述文献有效地探索了舆论超网络建模的可行性，但这些研究仅讨论单一舆论事件内部的超网络结构，不能有效应用于一般舆论事件演化机理的建模和分析。因此，为全面反映网络舆论系统的特征，本节对原有的舆论超网络模型进行扩展，提出可用于解释不同性质舆论事件相互作用的超网络模型。

3.3.1 超网络模型构成要素

依据社会舆论形成、发展和演化机理的基本特点，任何舆论事件都可以建立涉及社交子网、环境子网、心理子网和观点子网的超网络模型。

1）社交子网以事件的舆论主体为节点，主体间的关注或回复关系为边。舆论主体 i 在社交子网的属性值 A_{ia} 表示主体对于舆论事件的态度，由其邻居节点在社交子网的属性值决定，见式（3-1），取值［0，1］。其中，0 表示不相信舆论事件的官方表述，1 表示相信舆论事件的官方表述。

$$A_{ia} = \frac{\sum_{o=1}^{n}[G_{io} \cdot A_{oa}]}{\sum_{o=1}^{n} G_{io}} \tag{3-1}$$

式中，G_{io} 为超网络中舆论主体 i 与主体 o 的关注或回复关系，取值 0 或 1；A_{oa} 为舆论主体 o 在社交子网的属性值；n 为超网络社交子网的节点数。

2）环境子网以舆论的事件类型为节点，类型之间的转化关系为边。个体在环境子网的属性值 A_{ie} 由舆论事件的类型特征决定，取值［0，1］。本章依据舆论事件对社会或国家危害程度的不同（Farazmand，2001），将网络舆论事件分为 9 类。第 1～9 类表示事件对社会的危害程度由最高降至最低，相应的事件类型属性值见表 3-5。因此，舆论主体 i 在环境子网的属性值 A_{ie} 可通过计算相应网络文本数据在各种类型上的隶属度决定，见式（3-2），数值越小，严重性程度越强。

$$A_{ie}=\sum_{j=1}^{9}\left[\frac{A_j}{10}\cdot p_{ij}\right] \quad j=1，\cdots，9 \tag{3-2}$$

式中，A_j（j=1，…，9）为 9 类标准舆论事件在环境子网的参考属性值；p_{ij} 为第 i 个舆论主体所发网络信息隶属于第 j 种事件类型的概率。

这种概率，即隶属度，是通过对某舆论主体信息关键词和 9 类标准舆论事件关键词库的比对而确定，具体的关键词比对过程如下：

首先，采集与待研究舆论事件相关的舆论主体及其网络信息；

其次，应用 ICTCLAS（institute of computing technology，Chinese lexical analysis system）切词软件对网络信息进行切词运算；

再次，提取可反映舆论主体网络信息的名词、形容词和动词；

最后，比对并确定上述舆论信息关键词在 9 类标准事件关键词库的匹配程度，由此确定舆论信息的隶属度。

表 3-5 舆论事件类型及其在环境子网的属性值列表

环境类型	国家安全事件	民族冲突事件	恐怖活动事件	重大自然灾害	重大灾难事故	公共卫生事件	一般灾害/生产事故	名人炒作	形象工程
属性值	0.1	0.2	0.3	0.4	0.5	0.6	0.7	0.8	0.9

3）心理子网以舆论主体的心理特征为节点，各种心理之间的转化关系为边。个体在心理子网的属性值 A_{ip} 由其在特定环境下的心理类型决定，取值［0，1］。本章借鉴“李克特量表”（Likert and Rensis，1932）对个体心理的分类方式，将舆论主体在舆论事件中的心理类型分为 5 类（表 3-6）。每种心理类型的属性分别由 0.2 范围内的数值表示，数值越小，表示舆论主体对特定事件的心理态度越消极。

表 3-6 各种心理特征的属性值列表

心理类型	非常消极	消极	中立	积极	非常积极
属性值	[0，0.2]	[0.2，0.4]	[0.4，0.6]	[0.6，0.8]	[0.8，1.0]

4）观点子网以舆论主体的观点关键词为节点，连边表示两关键词节点出现在同一条网络舆论信息中。舆论主体 i 在观点子网的属性值 A_{ik} 由其舆论信息中正向关键词所占的比例决定，见式（3-3），取值［0，1］。

$$A_{ik}=\frac{n_i}{N_i} \tag{3-3}$$

式中，N_i 为舆论主体 i 所发布网络信息涉及的关键词总数；n_i 为舆论主体 i 发布的上述关键词中正向关键词的数量。

因此，若将某舆论主体在社交子网、环境子网、心理子网和观点子网的节点纵向串联，可得到其对相应舆论事件的综合态度，即“超网络的超边”（图 3-3）。而将各舆论主体的超边关系集成，可进一步构建“舆论超网络”（opinion super network，OSN），用于刻画某舆论事件的整体态势。

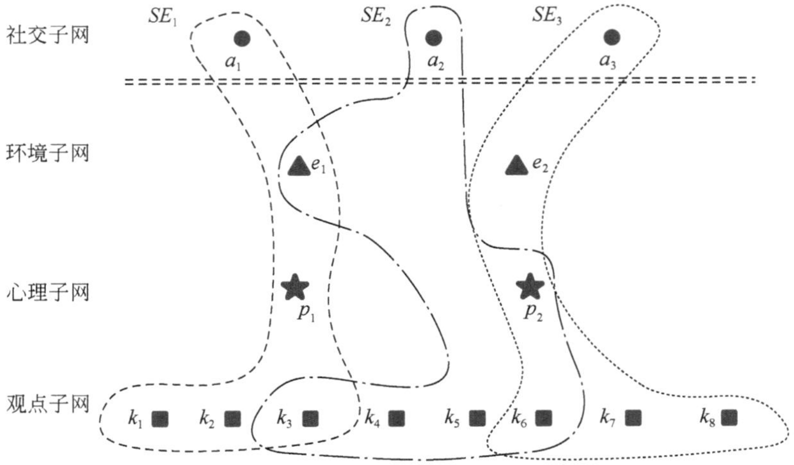

图 3-3　超网络的超边及其层间结构

图 3-3 中，a_1、a_2、a_3 为社交子网的节点，分别表示舆论主体 1、2、3；e_1、e_2 为环境子网的节点；p_1、p_2 为心理子网的节点；k_1，k_2，…，k_8 为观点子网的关键词（节点）；SE_1、SE_2、SE_3 为相应的超边，如超边 SE_1 在四层子网中的节点分别为 a_1、e_1、p_1 及 k_1、k_2、k_3。

此外，基于超网络模型的构建准则，超边属性同时受其社交属性、环境属性、心理属性和观点属性的影响，是舆论超边乃至超网络的综合指标。为简化计算过程，本章假设社交、环境、心理和观点等因素对超边属性值的贡献无显著差异，故超边属性值 A_i 可进一步定义如下：

$$A_i = \frac{A_{ia} + A_{ie} + A_{ip} + A_{ik}}{4} \tag{3-4}$$

3.3.2　舆论超网络模型举例

依据上述建模准则，本节随机抽取“2011 年甬温动车事故舆论”的 20 个舆论主体，通过“方正舆情智思系统”抓取各舆论主体对动车事故的舆论表述及其相互关注关系，如图 3-4 所示。

若将图 3-4 舆论主体的各类属性进行分层处理，可得到“2011 年甬温动车事故舆论”部分舆论主体的超网络模型，如图 3-5 所示。第 1～4 层分别为社交子网、环境子网、心理子网和观点子网。此外，为对舆论超网络模型进行定量描述，可依据上述子网属性值的定义准则，采用人机交互的方式确定舆论主体在各层子网的属性值（表 3-7）。其中，社交子网和心理子网的节点属性值是通过德尔菲法获取，本节选取 30 名专家对相应舆论主体的社交属性值和心理属性值分别进行多轮评分，专家具体包括 10 名政府官员、10 名专家教授和 10 名普通民众。环境子网和观点子网的节点属性值则由计算机切词分析软件和“方正舆情智思系统”直接获取。

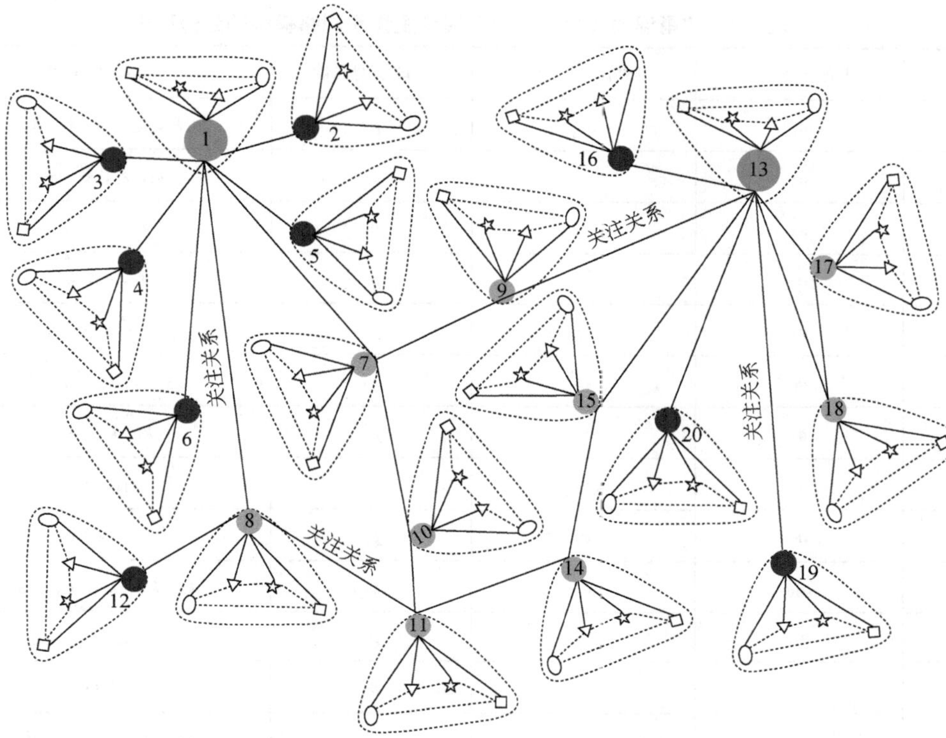

图 3-4　“甬温动车事故”的部分舆论主体及其相互关注关系

注：○表示舆论主体在社交子网的属性，△表示舆论主体在环境子网的属性，☆表示舆论主体在心理子网的属性，□表示舆论主体在观点子网的属性

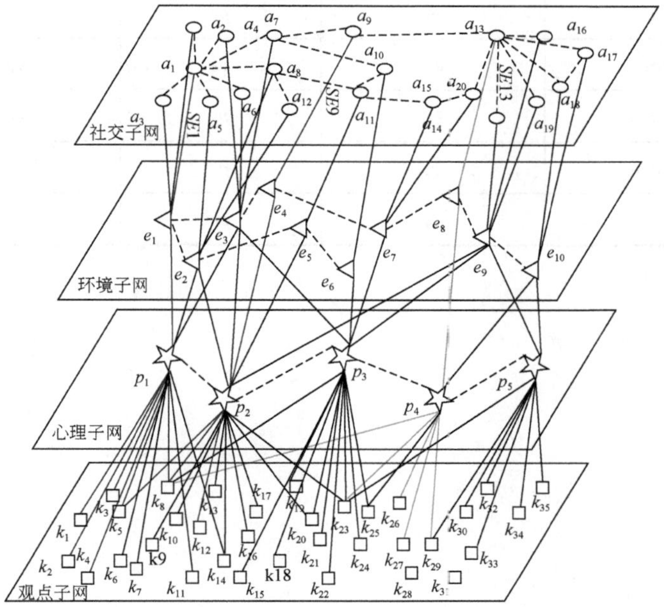

图 3-5　“甬温动车事故”部分舆论主体的超网络模型

表 3-7　“甬温动车事故”部分舆论主体超网络模型的超边列表

超边	社交子网属性	环境子网属性	心理子网属性	观点子网属性
SE_1	a_1	e_1	p_1	k_1、k_2、k_3、k_4、k_5
SE_2	a_2	e_1	p_1	k_1、k_2、k_6、k_7
SE_3	a_3	e_1	p_1	k_3、k_7、k_{11}
SE_4	a_4	e_3	p_1	k_3、k_5、k_8
SE_5	a_5	e_2	p_1	k_2、k_6、k_7、k_{14}
SE_6	a_6	e_3	p_2	k_5、k_9、k_{10}
SE_7	a_7	e_3	p_3	k_8、k_{15}、k_{18}
SE_8	a_8	e_2	p_2	k_9、k_{14}、k_{16}、k_{17}
SE_9	a_9	e_4	p_2	k_5、k_8、k_{12}
SE_{10}	a_{10}	e_6	p_3	k_8、k_{15}、k_{19}、k_{20}、k_{21}
SE_{11}	a_{11}	e_5	p_2	k_8、k_{12}、k_{20}、k_{23}
SE_{12}	a_{12}	e_2	p_2	k_5、k_8、k_{16}、k_{23}
SE_{13}	a_{13}	e_8	p_4	k_8、k_{23}、k_{26}、k_{27}、k_{29}
SE_{14}	a_{14}	e_7	p_3	k_{20}、k_{22}、k_{24}
SE_{15}	a_{15}	e_7	p_3	k_{20}、k_{23}、k_{24}、k_{25}
SE_{16}	a_{16}	e_9	p_1	k_3、k_5、k_7、k_{11}
SE_{17}	a_{17}	e_{10}	p_4	k_{23}、k_{25}、k_{28}、k_{31}
SE_{18}	a_{18}	e_{10}	p_5	k_{23}、k_{30}、k_{32}、k_{33}
SE_{19}	a_{19}	e_9	p_3	k_8、k_{20}、k_{23}、k_{25}
SE_{20}	a_{20}	e_9	p_5	k_{29}、k_{30}、k_{34}、k_{35}

第 4 章　舆论研究的系统仿真方法及其工具平台

随着信息技术的飞速发展，互联网已被公认为是继报纸、广播、电视之后的第四媒体，并逐渐成为思想文化信息的主要集散地和社会舆论的重要放大器。作为一个新兴交叉科学研究领域，社会舆论的传播、演化及舆情态势分析、预警研究在理论与实践的紧密结合中不断拓展和创新，引起学者和公众的广泛关注和重视，形成了基础理论、支撑工具两个层次的研究领域。从研究方法来看，由于网络舆论系统的演化往往无法在现实世界中进行实验，许多学者将计算机建模与仿真方法引入网络舆论传播、演化机理的探索，并逐渐形成了网络舆论研究的一个热点。仿真是通过构建系统分析模型模拟现实经济、社会系统，并对新系统开发设计相关规则的过程。20 世纪初，仿真技术和工具已经在水利、航空、航天和原子能等领域得到广泛应用。60 年代计算机技术的突飞猛进，进一步加速了仿真技术和工具的改进和优化。现代仿真技术和工具不仅可以应用于传统的工程研究领域，而且日益广泛地应用于经济、社会、管理等各个领域。

4.1　舆论仿真建模理论与方法

网络舆论仿真系统要准确反映实际社会网络系统，就需要在仿真主体、网络传播及交互结构等方面建立与客观世界相一致的模型。舆论仿真建模过程往往综合了元胞自动机模型、系统动力学模型、复杂网络理论、风险社会理论、社会协同理论等多学科理论与方法。

4.1.1　元胞自动机模型

元胞自动机（cellular automata，CA）是指定义在具有离散、有限状态的元胞空间上，并按照一定的局部规则，在离散的时间维度上演化的动力学系统（Galam，2002）。元胞自动机不是由严格定义的物理方程或函数确定，而是由一系列模型构造的交互规则构成。凡是满足这些规则的模型都可以算作是元胞自动机模型。因此，元胞自动机是一类模型的总称，或者说是一种建模的方法框架。

元胞自动机模型的构建没有固定的数学公式，构成方式繁杂，变种很多，行为复杂。因此，自元胞自动机模型产生以来，对其分类的研究就是元胞自动机的一个重要课题和核心理论。基于不同的出发点，元胞自动机模型可分为多种类型，其中最具影响力的分类研究是由 Wolfram 在 20 世纪 80 年代初提出的基于动力学行为的元胞自动机分类。除此之外，Gutowitz 在 1990 年提出基于元胞自动机行为的马尔科夫概率量测的层次化、参量化的分类体系（Gutowitz，1990）。本节借鉴上述研究分类，将元胞自动机模型的动力学行为归纳为以下四大类。

1）平稳型：自任何初始状态开始，经过一定时间运行后，元胞空间趋于一个空间平稳的构形。这里的空间平稳是指每一个元胞均处于固定状态，且不随时间变化而变化。

2）周期型：经过一定时间运行后，元胞空间趋于一系列简单的固定结构（stable patterns）或周期结构（perlodical patterns），这些结构可定义为一种滤波器（filter）。

3）混沌型：自任何初始状态开始，经过一定时间运行后，元胞自动机表现出混沌的非周期行为，所生成结构的统计特征不再变化，且通常表现为分形分维等特征。

4）复杂型：在元胞自动机模型中，会出现复杂的局部结构，或者说是局部的混沌，其中有些个体会不断地传播。

元胞自动机可用来研究众多经济、社会现象，其具体应用领域涉及社会学、生物学、生态学、信息科学、计算机科学、数学、物理学、材料学、化学、地理学、环境学、军事学等。在社会学领域，元胞自动机模型主要用于研究经济危机的形成与爆发过程、个人行为的社会流行性现象、服装流行色的形成等；在生物学领域，元胞自动机模型的应用则更为广泛，如元胞自动机用于肿瘤细胞的增长机理和过程的模拟等；在生态学领域，元胞自动机模型可用于兔子-草，鲨鱼-小鱼等生态动态变化过程的模拟，并展示出令人满意的动态效果；在信息学领域，元胞自动机模型主要用于研究信息的保存、传递、扩散过程；在物理学领域，除了格子气元胞自动机在流体力学上的成功应用外，元胞自动机模型还可应用于磁场、电场等场的模拟，以及热扩散、热传导和机械波的模拟。总之，元胞自动机作为一种动态模型，其应用几乎涉及社会和自然科学的各个领域。

4.1.2 系统动力学模型

系统动力学（system dynamics）模型最早出现于 1956 年，其创始人为美国麻省理工学院的福瑞斯特（Forrester）教授，模型最初是为分析生产管理及库存管理等企业问题而提出的系统仿真方法，是一门分析研究信息反馈系统的学科，也是一门认识系统问题和解决系统问题的交叉综合学科。

从系统方法论来说：系统动力学是结构方法、功能方法和历史方法的统一，它基于系统论，吸收了控制论、信息论的精髓，是一门综合自然科学和社会科学的横向交叉学科。系统动力学运用“凡系统必有结构，系统结构决定系统功能”的系统科学思想，根据系统内部组成要素互为因果的反馈特点，从系统的内部结构来寻找问题发生的根源，而不是用外部的干扰或随机事件来解释系统行为特征。

最初的系统动力学模型将组织运作模式以六种流加以表示，具体包括订单流、人员流、资金流、设备流、物料流与信息流，这六种流归纳了组织运作所包含的基本结构（Forrester，1994）。在真实世界中，积量表示可随时间递移而累积或减少的事物，既可包含存货水平、人员数等可见变量，又可包含认知负荷的水平或压力等不可见变量。率量则表示某一个积量，在单位时间内量的变化速率，它可以单纯地表示增加、减少或是净增加率。辅助变量在动力学模型中有三种含义，即中间过程变量、参数值、测试变量。系统动力学建模的基本过程是构建资讯回馈环路（information feedback loops）。其中，环路由积量、目标及积量与目标间差距所产生的调节行动（率量）所构成。环路行为的特性是消弭目标与积量间的差距。除了目标追寻的负回馈环路外，还有一种具有自我增强效果（self-reinforced）的正回馈环路，即因果彼此相互增强的影响关系，系统动力学模型还须包括时间滞延的过程，如组织中不论是实体的过程（如生产、运输、传递等），或是无形的过程（如决策过程），以及认知的过程等都存在或长或短的时间延迟。总之，系统动力学的建模主要是通过观察系统内六种流的交互运作过程，讨论不同流积量的变化与影响积量的各种率量行为。

4.1.3　复杂网络理论

复杂网络理论的基本思想是结合数学图论的知识，以网络的形式描述不同系统的骨架结构，研究网络的结构特征和动力学行为。自 1736 年图论起源后，复杂网络研究经历了三个主要阶段（汪小帆等，2006）。

第一阶段：最初的网络模型均具有规则的结构，即节点之间按照确定的规则相连，如全局耦合网络或最近邻耦合网。

第二阶段：从 20 世纪 60 年代开始，随机网络模型一直是网络研究的基础。与规则网络相反，随机网络在给定节点数之后，由概率决定任意两个节点间是否有边相连，其中最具代表性的是 Erdös 和 Rényi 提出的 ER 随机网络模型。在网络规模比较小时，这两类网络模型能描述某些实际系统的特性。然而随着网络规模的日益增大，事物之间的联系更具多样性，规则网络和随机网络在研究实际复杂系统时都表现出局限性。

第三阶段：20 世纪末以来，物理学家首先采用概率统计的方法对实际网络的结构进行分析，提出了小世界网络模型和无标度网络模型。小世界网络强调了少数随机连接的重要作用，无标度网络则揭示了实际系统的增长和优先连接的演化机制。对通信网络、生物网络和电力系统等各类复杂系统的实证研究表明，这两种网络模型能更好地反映复杂系统的结构特征和动力学性质。

此后，复杂网络理论的研究进入了新的阶段。由于采用无权边代表系统元素之间的相互作用，丢失了元素的地理位置、联系强弱等信息，加权网络和空间网络在小世界网络和无标度网络的基础上，结合实际系统的某些特点，改进了相应的网络模型，促进了复杂网络理论的发展。

复杂网络理论的研究涉及经济、生物、交通和电力等不同的领域，为了更好地描述不同类型的网络在结构上的共同特征，一些新的概念也逐渐被提出来，如度数（degree）和度数分布（degree distribution）、平均路径长度（average path length）、介数（betweenness centrality）及聚集系数（clustering coefficient）等。

（1）度数

复杂网络中节点 i 的度是指与该点连接的边的总数目，用 k_i 表示。为对各个测度指标清晰阐述，建立以下具体的复杂网络关系如图 4-1 所示，且图 4-1（a）为无向图，图 4-1（b）为有向图。其中，点数为 6，边数为 5。无向图中每条边是由一对点 i 和 j 定义，表示为（i，j）或 l_{ij}；有向图中，两个点的顺序很重要，l_{ij} 表示一条由点 i 指向点 j 的边，且 $l_{ij} \neq l_{ji}$。

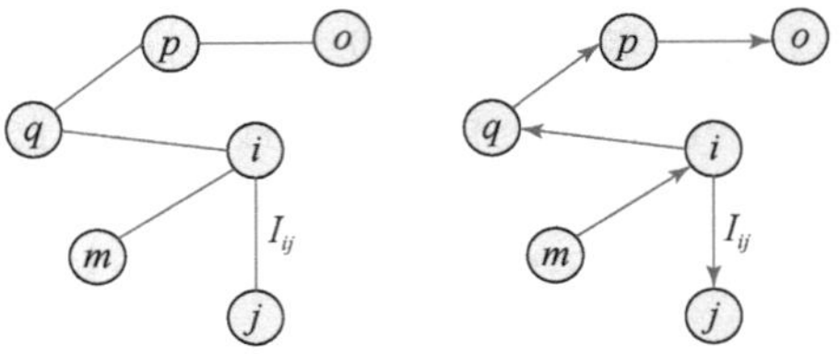

(a) 无向图　　　　(b) 有向图

图 4-1　复杂网络关系图

图 4-1（a）中，节点 i 的度 k_i=3。有向图中，节点 i 的度包含两部分，从节点 i 出发的连接边数，记为出度 k_i^{out}；指向节点 i 的连接边数，记为入度 k_i^{in}。图 4-1（b）中，节点 i 的出度 k_i^{out}=2，节点 i 的入度 k_i^{in}=1。

（2）度分布

网络中节点的度分布由概率分布函数 $p(k)$ 刻画，其含义为一个任意选择的节点恰好有 k 条边的概率，即网络中度数为 k 的节点个数占网络节点总个数的比值。规则网络仅有一个单一的度序列，它的度分布呈脉冲型，因为所有节点都拥有相同的边数；完全随机网络的度序列则服从泊松分布，而泊松分布在峰值 $\langle k\rangle$ 以外以指数速度下降，因而要去发现一个具有 $k \gg \langle k\rangle$ 条边的节点概率已小到可以忽略的程度。

（3）距离

社会网络中节点 i 和 j 之间有边连接，则认为节点 i 和 j 之间有路径（path）存在。图 4-1（a）和（b）中，节点 i 和 o 之间并没有边直接连接，但可以通过节点 q 和 p 连接到 o，因此可以说，节点 i 和 o 之间有路径存在，若边的权重均为 1，则节点 i 和 o 的距离为 3。若是有权网络，即节点对之间的连边是有权重的，则节点对之间的距离根据模型定义，由相应的具体算法得出。一个网络的直径 D 是指网络中所有节点对间的距离中的最大值，图 4-1（a）和（b）中，网络的直径均为 4。

（4）平均路径长度

网络的平均路径长度 l 是所有节点对之间距离的平均值，它描述了网络中节点间的分离程度，即网络有多小。复杂网络研究中的一个重要发现就是绝大多数真实的平均路径长度比想象的小得多，称为“小世界效应”。

（5）介数

图 4-1（a）和（b）中，节点 m 和 o 之间的联系，依赖于连接 m 和 o 路径上的其他节点 i、q 和 p，所以度量一个给定点的关联性可以通过计算经过该节点的最短路径的数量，即点的介数。节点 i 的介数 b_i 可定义为

$$b_i = \sum_{m,o\in V, m\neq o} \frac{n_{mo}(i)}{n_{mo}}$$

式中，n_{mo} 为连接节点 m 和 o 的最短路径的数量；而 $n_{mo}(i)$ 为连接节点 m 和 o 且经过节点 i 最短路径的数量。

（6）聚集系数

聚集系数 C 用来描述网络中节点的群聚情况，即网络有多紧密，整个网络的聚集系数

C 为所有节点的聚集系数 C_i 的平均值。

设网络中节点 i 通过 k_i 条边与其他 k_i 个节点相连接，如果这 k_i 个点完全连接，将有 $\frac{k_i(k_i-1)}{2}$ 条边，而节点 i 与这 k_i 个节点间的连接边数仅为 E_i，则定义节点 i 的聚集系数 C_i 为

$$C_i = \frac{E_i}{k_i(k_i-1)/2} \tag{4-1}$$

显然，$C \leqslant 1$。只有当网络是完全图时，$C=1$；在由 N 个节点组成的完全随机网络中，$C \sim 1/N$。

实证结果表明，大部分大规模的真实网络中的节点倾向于聚集在一起，尽管聚集系数 C 远小于 1，但也远大于 $1/N$（Albert and Barabási，2002）。

4.1.4　风险社会理论

“风险社会理论”由德国学者乌尔里希·贝克提出，理论从风险的视角对现代社会的状况做了阐述和解释（Beck，1986）。“风险”是风险社会理论最基本的概念，是构建风险社会理论的基石，只有明确了“风险”的基本内涵，才能正确地阐发“风险社会”的实质与基本特征。“风险”本意是指冒险和危险，从字面意义上来理解，风险是遭受损失、伤害、不利或毁灭的可能性，或者说是有可能发生的，会造成灾难的事件。从最宽泛的意义上说，风险是人类生存和发展的伴随物，既包括地震、海啸、飓风等不可避免的自然灾害，又涉及金融危机、恐怖主义等人为灾害。贝克将“风险”的概念规定为八个方面：既非毁坏也非信任，而是真实的事实；与事实相反的是，一种具有威胁性的未来变成了影响当前行为的参数；在数学化的道德中，它结合了事实声明及价值声明；在人为的不确定性中所表述的控制和控制的匮乏；在认知或重新认知的冲突中被意识到的知识或无知；被同时重构为全球性的、地区性的“全球地区性”风险；知识、潜在的影响和有症状的后果间的差异；失去了自然和文化间的二元性的一个人造的混合世界。

贝克所规定的“风险”含义涉及三个层面：现象层面，风险是一种潜在的事实或事实的隐伏状态；制度层面，风险是处置或应对危机的方式或制度化回应；思维层面，风险是现代性的思维范式和制度理念。上述三种层面的“风险”含义客观地描述了处于不安全状态下的现代社会，并将风险置于反思现代性的背景下来理解，即贝克提出的“风险”是一种反思现代化的概念模式。由于从工业化的视角思考现代化，可以将现代性社会描述为工业社会，从资本的本质出发，则可以将现代性社会称为资本主义社会。因此，贝克从风险的模式思考和审视现代性社会，可将工业社会和资本主义社会统一定义为“风险社会”。

自贝克提出“风险社会理论”以来，相关学者从不同的角度对风险社会进行了阐述，这些论述普遍认为风险社会具有如下三方面特征。首先，风险具有全球性。风险的传播不再受地理空间的限制，远离风险源的地方也可能受到风险的冲击，如美国次贷危机、中国 SARS 事件等均在一定区域内爆发并迅速遍及全球。其次，风险具有人为性。风险是人类活动和生产力高度发展的反映，如环境污染、全球变暖等风险问题都是人类活动的结果

（Stewart et al.，2007）。最后，风险具有难以预测性。风险发生的原因和造成的结果间具有复杂的叠加关系，很难区分出风险产生的具体原因，如工业污染问题的责任主体众多，通常难以确定谁是主要负责人。

贝克的风险社会理论将风险问题和现代性的反思问题相结合，这对正确理解和应对现代化发展的副作用具有重大的意义。首先，风险社会理论打破了传统思想意识，唤醒了人们的反思和自省意识，为我们提供了一个反思常态社会的新视角。其次，风险社会理论的提出使全社会都认识到，全球化和科技迅猛发展给人类带来不同于以往的抑或更多的风险，这也进一步增强了人们的风险意识。最后，风险社会理论在制度层面具有极为重要的意义，强调风险的全球性及建立全球风险防范体系的必要性。

4.1.5 社会协同理论

社会协同理论是系统理论的重要分支，形成于 20 世纪 70 年代（哈肯，1984）。1971 年，赫尔曼·哈肯（Herman Haken）教授首先提出“协同”的概念，即在由大量子系统所构成的系统中，子系统间通过非线性的相互作用产生的协同相干效应，使系统形成有一定功能的自组织结构（陈安等，2009）。协同学的诞生，使得对社会系统采用建立定量模型的方法进行研究成为可能，并可以通过对比社会发展的真实过程和计算机模拟演化结果检验理论的正确性。此外，社会管理系统由公民、社会组织、政府和社会环境四大要素构成，每个要素又都嵌套着多个次级要素，内部呈现出非线性的特征。社会管理的这种复杂性和开放性进一步促进了社会协同学的诞生和发展。

协同学解决问题的一般步骤如下：首先，将具体问题构建为系统的数学模型和相应的方程组。其次，对系统的方程组，在参考态附近进行线性稳定性分析；再次，区分稳定模式和不稳定模式，后者即为相应于参考态的序参量。然后，运用役使原理，消去快弛豫变量，得到系统演化最主要的序参量。最后，分析和求解这个方程，并将所得到的结论与实验比较。上述步骤强调社会协同学的交叉性，即协同学是在多学科研究基础上逐渐形成和发展起来的一门新兴学科，涉及的相关基本理论如下：

1）外部选择和内部演化定理。首先，每个社会系统都必须与外部环境相协调，外部干扰小时社会系统稳定，干扰大时系统不稳定。其次，环境决定着系统的开放或者孤立性。当环境不利时，社会系统只能选择孤立（张一方，2000）。

2）社会系统的黄金分割定理。黄金分割是指一个单参数系统中，两部分之比为 0.618，又称为内外分割比。社会协同的黄金分割定理包括两个方面：当内外因素同时存在时，外部条件常常为主要的决定因素，它所占的比例约为 0.618；当外部因素相对稳定时，内部的协同因素应占约 0.618。这是一种求大同，存小异的社会管理要求，因为完全一致的社会是虚假的、暂时的、不稳定的。

3）人类完全相关定理。人类作为地球上一个不可分割的整体，具有全局性的共同环境和共同利益。社会管理者应当具备这一全局性、全球性的战略观点，对全人类负责。这要求我们将社会管理的问题看作是一个全球性的问题。其中任何一部分，包括我们每个人都必须生存在这个相互作用、彼此共存、不可分割的统一的社会系统中。

4）社会发展的新方向。《增长的极限》一书从人口、工业化资金、粮食、不可再生资源和环境污染五大方面，通过一系列论证，说明如果不对现在增长的趋势加以限制，我们这个星球上的增长会在今后 100 年内达到饱和，从而使人类社会处于崩溃状态。这说明人类已经清楚地认识到地球只是一个有限的系统，而任何有限的系统在任意层次都不可能无限的发展。因此，人类社会的发展方向应当从向外部扩张更多地转为关注人类社会内部各子系统的协同运行。

总之，“社会协同学”即“在社会中如何通过对不同的社会领域和社会作用之间的相互协同，以期在社会整体形成在微观个体层面不存在新的结构特征的科学”。哈肯等首先应用协同学的有关理论、概念和方法，对社会舆论、就业、失业等社会问题进行了定量描述。现代协同学已经被用到了社会管理的诸多方面中。在协同学对有序性结构产生规律进行揭示的基础上，社会协同学的重点，是运用这些规律调动社会系统中的资源（物质、能量和信息）以协同社会领域中各层次的不同部分，构建一个新的有序结构并使其发挥特定的功能。

4.2 舆论仿真的主要工具平台

仿真模型建立完成后，需要通过计算机平台加以实现和运行。根据文献调研，目前在网络舆论仿真建模领域学者经常用的工具和平台有 Vensim、NetLogo、MATLAB、StarLogo 等。不同工具平台对仿真模型的处理过程不同：NetLogo、StarLogo 等多 Agent 系统平台在确定仿真 Agent 对象后，要设定 Agent 个体的成员特性、行为标准、交互规则及 Agent 系统的演化机制和相关约束条件等；Vensim、Stella 等平台通常采用系统动力学方法绘制相关因果关系图和存量流量图，再根据其中的影响因素进行仿真；MATLAB、Visual Studio 等平台则是在相应的集成开发环境下，应用 C++或 Java 等计算机语言，设计定制化仿真程序的工具平台。

4.2.1 StarLogo 系统仿真平台

StarLogo 是由麻省理工学院多媒体实验室开发的一个可编程的建模环境，用于研究分散系统的运行机制。分散系统是指没有组织者和协调者，而系统整体却呈现出有组织的、协调的、形态的系统平台。在现实世界中存在很多分散系统，如鸟群、蚁群、交通运输及市场经济，之所以说它们是分散系统是因为在这些系统中，不存在集中的控制，每一个个体都是按照一定的规则在运转，而整体却呈现出有序模式。由于多数人工生命都具有分散系统的特性，StarLogo 可以适用于研究人工生命。随着人们对分散系统认知程度的逐渐加深，越来越多的研究者选用分散模式创立组织机构、构造科学技术（朱毅华等，2013）。此外，还有很多学者反对这种观点，他们坚持认为某些根本不存在集中控制的地方存在集中控制。例如，他们错误地认为鸟群中存在领导者，市场经济中有一只“看不见的手”。

StarLogo 采用的是基于主体的建模方法（ABM）。其中，“主体”是一只只的海龟（turtles），我们可以并行地控制数千只海龟，同时也可以为它们制定不同的行为模式。而这些主体所处的“环境”则是用点（patch）表示，数千个点拼成一块大的背景（canvas），代表主体所处的大环境系统。StarLogo 允许对海龟和点进行编程，这使得海龟和环境都具有了自己的变化方式。海龟和点之间是可以彼此交互，如可以编程让海龟在它的世界里到处“闻”，根据它所在点上闻到的“气味”来决定它的行为。海龟和海龟之间也可以交互，如可以让海龟朝着一个方向前进，如果前面的海龟离自己很近，就走慢一点，以免撞到，否则，就走快一点追上。在这里，海龟和点之间的交互作用体现了主体与环境的关系，海龟与海龟之间的相互影响则体现了主体之间的关系。

因此，可以用海龟代表现实世界中的任何一种物体，如蚁群中的蚂蚁、交通堵塞中的汽车、免疫系统中的抗体、气体中的分子等，海龟具有位置、方向、颜色等一些固有的属性。StarLogo 允许对海龟进行分类，如可以创建两类海龟：狼和兔子，然后对这两类海龟分别定义它们的属性和行为，这一点对于模拟现实世界来说非常必要，因为即使是在一个很小的系统内，也常常存在多种具有不同属性和行为方式的角色，上面所说的狼和兔子是生态系统中的一个常见例子。此外，StarLogo 的图形化表现方式是它的一大优点，其简单直观的图形界面使得 StarLogo 的建模和应用范围更加广泛。

4.2.2　NetLogo 系统仿真平台

NetLogo 是美国西北大学网络学习和计算机建模中心推出的基于多智能体的可编程建模平台，它能对自然系统和社会系统进行仿真，尤其适合于随时间演变的复杂系统建模。由于操作过程简单，NetLogo 倍受各个领域研究者的推崇。建模者可以让几百甚至几千个独立的 Agent 接收指令同时运作，这使得微观个体宏观行为的研究成为可能。NetLogo 包含完备的帮助文档和教程，还提供了许多可直接使用和修改的模型库，特别适合于初学者学习。NetLogo 提供的模型库涉及生物、医药、物理、化学、数学、计算机科学及经济和社会哲学等多个自然科学和社会科学领域。此外，NetLogo 还提供了一种 Hunnet 技术，这不仅可以实现在网络上共享一个仿真模型，还能让人参与到仿真过程中。NetLogo 系统仿真平台突破了仿真模型只能按照指定规则运行的传统，使仿真模型中的智能体不仅可以遵从指定的规则运行，还能直接受控于参与仿真的人。

由于采用 Java 语言编写，NetLogo 系统仿真平台可以跨多种主流平台运行（Mac、Windows、Linux 等）。NetLogo 同时提供单机和网络环境两种版本，其模型既可以保存为 Java applets，还可嵌入到网页运行。NetLogo 提供了应用程序接口，用户可以通过 Java 编程对 NetLogo 功能进行外部控制或扩展。NetLogo 是下一代的多智能体建模语言，它起源于 StarLogo，但增加了许多新的特性，语言和用户界面也重新设计且更加友好。

在 NetLogo 系统仿真平台中，智能体分为三类：海龟（turtle）、块（patch）和观察员（observer）。前两类智能体构成了整个仿真世界，观察员可以观察和控制仿真世界的运行。海龟可以代替现实世界中任何一种有活动特性的物体，如一只昆虫、一辆汽车、一个人或一棵树；而块则代表了海龟所生存的环境，若干个块构成整个环境，如一片绿叶、一条道路、一个城市或一片土地。通过对海龟和块进行编程，可设定各种属性和运行规则，可以并行地控制成千上万的海龟和块，使其具有自己的变化方式并彼此进行交互作用。这里的交互作用包括海龟和块的交互及海龟和海龟的交互，前者体现了主体与环境的关系，后者则体现了主体之间的关系。例如，在微观交通仿真中，上述两种交互关系可模拟车辆与道路的相互作用及车辆之间的相互作用。

4.2.3 Swarm 系统仿真平台

Swarm 平台是圣塔菲研究所（Santa Fe Institute）人工生命研究小组开发的 Agent 建模仿真平台，广泛用于社会、政治、经济、生态等领域的建模与仿真。Swarm 支持分级建模，具有递归结构。对于模型的嵌套结构，个体可由其他个体的 Swarm 组成；父 Swarm 可以由子 Swarm（subSwarm）组成。Swarm 提供了面向对象的可重用组件库，可用来建模并进行分析、显示及对实验进行控制。一个 Swarm 模型包括模型 Swarm（model Swarm）及观察者 Swarm（observer Swarm）。model Swarm 中的每一个对象对应模型世界中的一个主体，包括模型中行为的时间表及一系列输入和输出。observer Swarm 则包括一组个体和一个行为时间表，分别用来描述观测的探测器和各探测器采样的间隔、顺序。Swarm 提供了一系列支持仿真程序设计的软件库，其最显著的特点如下。

1）Swarm 的代码是面向对象的。Swarm 库由名为“Objective-C”的计算机语言编写而成，这种语言是 C 语言的超集。Objective-C 提供了创建软件“类”的能力，进而可以创建实例个体，这里的实例是自包含的实体。

2）Swarm 程序是层次结构的。Swarm 应用程序大体具有如下结构：首先，创建最顶层的一级，通常叫作“observer Swarm”，主要负责屏幕的显示；其次，创建下一层结构，叫作“model Swarm”；最后，在“model Swarm”中创建主体个体，调度主体的活动，搜集有关主体的信息，并在“observer Sarm”需要时提供。

3）Swarm 提供了很多方便的工具。在 Swarm 手册的后续部分不难发现，Swarm 库提供了很多有利于主体模型设计的代码，这些代码工具方便了内存的管理、表的维护、活动的调度及其他很多琐碎工作。

Swarm 是自由软件（http://www.gnu.org/philosophy/free-sw.html）。当前版本的 Swarm，遵循 2GNU general public license 许可。由于提供了完全的源代码，Swarm 软件的建模者可以在操作系统级别上跟踪方针的执行，这对于可重复性很重要，最终使得建模者可以（在抽象的数学意义上）证明仿真的正确性。由于 Swarm 软件是开源的，因此可以利用开发者的智慧，即技术水平比较高的开发者找出 Swarm 的缺陷，编写补丁程序，实现新的特性等。

4.2.4 Vensim 系统仿真平台

Vensim 由美国温塔娜系统公司（Ventana Systems，Inc.）所开发，可提供一种简易而具有弹性的方式，以建立包括因果关系图、流量存量图等相关模型。使用 Vensim 建立动态模型，只要用图形化的各式箭头记号连接相关变量记号，并将各变量之间的关系以适当方式写入模型，各变量之间的因果关系便随之记录完成。在建立 Vensim 模型的过程中，我们可以了解变量间的因果关系与回路，并可透过程序中的特殊功能了解各变量的输入与输出关系，便于使用者分析模型架构，也便于模型建立者修改模型内容。Vensim PLE 是 Vensim

系统动力学模拟环境的个人学习版，也是 Vensim 软件的一种，是为了更便于学习系统动力学而设计的原型系统仿真平台。Vensim PLE 主要有以下几个特点。

1）利用图示化编程建立模型。Vensim 的用户界面是标准的 Windows 应用程序界面，除支持菜单和快捷键外，还提供多个工具条或图标。在 Vensim 用户界面中，“编辑”实际上并不存在，只有建模的概念，即只要在 Vensim PLE 主窗口中，依据操作按钮（画图工具）画出简化流量存量图，再通过 equation editor 输入方程和参数，就可以直接进行仿真模拟。在 Vensim PLE 中，方程及变量不带时标，模型建立围绕变量间的因果关系展开。

2）提供多种模型分析方法。Vensim 所提供的分析工具可以分为两类。一类是结构分析工具，如 cause tree 功能可以将所有工作变量之间的因果关系用树状图形形式表示，loops 功能则可以将模型中所有反馈环以列表形式表示。另一类是数据集分析工具，如 graph 功能可以将各变量在整个模拟周期内的数值以图形形式直观给出，causes strip graph 功能则可将多个工作变量的模拟数值并列展示，以追踪系统变量间的影响关系。

3）真实性检验。对于所研究的系统及模型中的一些重要变量，依据常识和基本原则，可以预先提出正确性检验要求，这些假设是真实性约束。将这些约束加入建好的模型中，专门模拟现有模型在运行时对这些约束的遵守情况或违反情况，就可以判断模型的合理性和真实性，从而调整结构或参数。

4.2.5 Stella 系统仿真平台

Stella 同样是一款系统动力学工具软件，可以提供一个交互的环境，使别人能方便地试验你所模拟的动态系统。Stella 系统仿真平台的上述特性对建模者来说非常有用，它提供了改变模型参数与方案的简捷方法，帮助建模者更全面地了解模拟结果。Stella 软件提供了一个实用的方法来动态展现及表达复杂系统和概念实际是如何工作的。Stella 软件有 Windows 和 Macintosh 两个版本。建模人员都可以通过 Stella 来探索和回答如下所示的无穷无尽的问题：长期的气候变化对生态系统有什么影响？如果哈姆雷特早一点杀掉克劳地亚斯，他的命运会不会得到改变？油价将如何回应市场供求的振荡？臭氧层消失之后将会怎样？宏观经济学的原理如何影响收入和消费量？……

Stella 软件的图表和动画可帮助视觉学习者发现等式中变量间的关系。文字学习者可以用视觉模型周围环绕的文字和附加文件，解释一个新环境策略的影响。Stella 软件的主要特点包括：用直观的基于图标的图形界面简化模型构建；库存和物流的图表展现了系统内部是如何运行的；因果环图表展示了所有的因果关系；加强了仓储类型，使得离散的和连续的过程都支持队列、容器和加强的传送带；数组简单表征了重复的模型结构；子模型支持分层的模型结构等。使用 Stella 软件可以长时间做系统仿真，可以将理论同现实世界连接在一起，还可以清楚地理解系统输入和输出，并同时展示输入和输出结果。

4.2.6 MATLAB 系统仿真平台

MATLAB 是 matrix 和 laboratory 两个词的组合，意为矩阵工厂（矩阵实验室），是由美国 MathWorks 公司发布的主要面对科学计算、可视化及交互式程序设计的高科技计算环境。

MATLAB 将数值分析、矩阵计算、科学数据可视化及非线性动态系统的建模和仿真等诸多强大功能集成在一个易于使用的视窗环境中，为科学研究、工程设计提供了一种全面的解决方案，并在很大程度上摆脱了传统非交互式程序设计语言的编辑模式，代表了当今国际科学计算软件的先进水平。MATLAB 还包括 Toolbox（工具箱），即各类问题的求解工具，可用于求解特定学科的问题，其特点如下。

1）可扩展性，即 MATLAB 最重要的特点是易于扩展，它允许用户自行建立指定功能的 M 文件。对于一个从事特定领域的工程师来说，不仅可利用 MATLAB 所提供的函数及基本工具箱函数，还可方便地构造出其专用函数，从而大大扩展了 MATLAB 的应用范围。当前支持 MATLAB 的商用 Toolbox 有数百种之多，而由个人开发的 Toolbox 则不可计数。

2）易学易用性，即 MATLAB 不需要用户有高深的数学知识和程序设计能力，不需要用户深刻了解算法及编程技巧。

3）高效性，即 MATLAB 语句功能十分强大，一条语句可完成十分复杂的任务。例如，fft 语句可完成对指定数据的快速傅里叶变换，这相当于上百条 C 语言语句的功能。

总之，MATLAB 系统仿真平台大大加快了工程技术人员从事软件开发的效率。据 MathWorks 公司声称，MATLAB 软件中所包含的 MATLAB 源代码相当于 70 万行 C 代码。MATLAB 可以认为是一种解释性语言，它可以直接在 MATLAB 命令窗口键入命令，也可以在编辑器内编写应用程序，这样 MATLAB 软件首先对命令或程序中的各条语句进行翻译，然后在 MATLAB 环境下对其进行处理，最后返回运算结果。MATLAB 语言的基本语句结构为变量名列表=表达式。其中，等号左边的变量名列表为 MATLAB 语句的返回值，等号右边是表达式的定义，它可以是 MATLAB 允许的矩阵运算，也可以是函数调用。等号右边的表达式可以由分号结束，也可以由逗号或回车结束，但它们的含义是不同的。如果用分号结束，则左边的变量结果将不在屏幕上显示，否则将把结果全部显示出来。MATLAB 语言和 C 语言有所不同，在调用函数时，MATLAB 允许一次返回多个结果，这时等号左边则是用 [ ] 括起来的变量列表。

第二篇　机理分析篇

第 5 章　社会舆论危机演化阶段分析

不同于第 2 章各独立学科视角下的舆论传播、演化规律研究，本章从交叉科学的视角出发，不仅关注某具体公共危机事件的社会舆论，也不只是从某一个或几个环节研究舆论传播、演化机理，而是侧重对社会舆论一般性传播、演化过程的分析，提出一套社会舆论危机传播、演化机理体系，即从社会舆论生命周期分析出发，通过探讨典型舆论危机的传播、演化和升级过程，总结舆论危机传播、演化的一般性机理，并进一步根据演化的具体特征，对其演化阶段进行分析。

5.1　社会舆论危机生命周期分析

客观世界的任何事物都会经历一个持续的过程，涉及事物的形成、发展、变化、高潮和衰亡等不同阶段，即事物的全生命周期现象。公共危机生命周期理论也指出危机的发展变化是一个持续过程，即随着风险因素的变化，公共危机会呈现出不同的特征。相关领域的学者根据公共危机的风险性质及其发展演变周期特点，对其发展的生命周期做出划分，提出了不同的公共危机生命周期模型，典型的有三阶段模型、四阶段模型、五阶段模型和六阶段模型（表 5-1）。其中，“五阶段”危机生命周期模型（Crable and Vibbert，1985；Steven，1986）在学界得到普遍共识，其过程具体包括酝酿期、爆发期、扩散期、处理期和后遗症期五个发展阶段。

表 5-1　公共危机的生命周期划分方式

公共危机生命周期模型	持续过程的阶段划分
六阶段模型（Augustine and Norman，2001）	危机避免、危机准备管理、危机确认、危机控制、危机解决、危机中获利
五阶段模型（Steven，1986）	酝酿期、爆发期、扩散期、处理期、后遗症期
四阶段模型（斯蒂芬·芬克，1987）	前驱阶段、急性阶段、慢性阶段、治愈阶段
三阶段模型（罗伯特·希斯，2004）	事前、事中、事后

作为一种典型的公共危机事件，社会舆论危机同样会经历从产生到消亡的全过程，且每个阶段均会有不同的舆论现象和风险特征。例如，“宁波 PX 项目事件”的社会舆论危机持续时间约 1 个月，分别经历媒体关注、舆论聚集、谣言散布及政府辟谣等过程。因此，根据舆论危机整个生命周期过程中的风险特征，结合 Crable 和 Steven 等学者提出的公共危机“五阶段”演变周期理论，本节从社会舆论形成、演化、升级的一般过程出发，将舆论

危机的生命周期具体划分为酝酿期、爆发期、演化期、转折期和终结期等（图 5-1）。

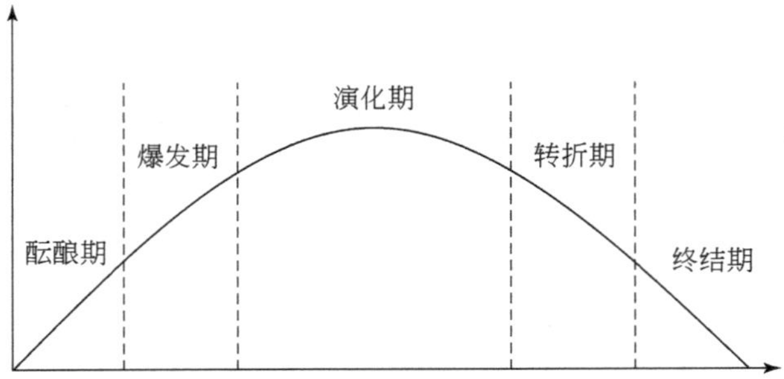

图 5-1 社会舆论危机的生命周期分析

如图 5-1 所示，社会舆论生命周期各发展过程的特点如下：在酝酿期，初始事件信息在社会或网络出现，形成新闻议题；在爆发期，网民逐渐关注、转载、评论新闻议题，使其形成热点事件；在演化期，热点事件形成公共议题，公众高度参与舆论讨论，使其社会影响达到最大化；在转折期，政府有针对性地采取措施，进行事件的深度介入；在终结期，舆论事件得到妥当处置，其社会影响逐渐减弱。由此可见，舆论危机演化期是其社会影响达到最大化的时期，即大规模网民持续的网络交互，社会舆论危机在网络媒体迅速传播扩散，热点事件形成公共议题，公众高度参与，导致事件舆论持续发酵，社会影响不断扩大。因此，演化期是社会舆论事件热度及媒体和网民参与度均达到顶点的时期，也是网络信息形成舆论危机的主要阶段。

5.2 社会舆论危机演化的理论基础

现代社会物理学是应用自然科学（以物理学为核心）的思路、概念、原理和方法，经过有效拓展合理融汇和理性修正，揭示、模拟、移植、解释和寻求社会行为规律和经济运行规律的交叉学科。经过多年的发展，社会物理学取得了长足的进步，其支撑性的三大理论包括“社会燃烧理论”“社会激波理论”“社会行为熵理论”（牛文元，2016）。其中，“社会燃烧理论”是社会稳定的机制探讨；“社会激波理论”是社会稳定的时空分布形式；“社会行为熵理论”是社会稳定的本源研究（牛文元，2001）。以上三种理论分别可以从不同的角度解释社会舆论传播、演化过程中的行为和作用原理，下面简要加以介绍。

5.2.1 社会燃烧理论

“社会燃烧理论”于 2001 年提出，该理论将社会的无序、失稳及动乱与自然界的燃烧现象进行合理类比。自然界中的燃烧现象，既有物理过程，也有化学过程。物理过程主要指物质的平衡和能量的守衡，化学过程则主要指物质的变化及变化所依赖的基本条件。加以总结，燃烧的发生必须具备三个基本条件，即“燃烧物质”“助燃剂”“点火温度”。因此，“社会燃烧理论”认为社会的失衡、失序和失控状态，犹如自然界物质燃烧那样也必须具备三大基本条件，即需要“社会燃烧物质”“社会助燃剂”“社会点火温度”（牛文元，2001）。

应用“社会燃烧理论”分析舆论传播、演化过程，可将各种各样的议论、见解和诉求理解为“燃烧物质”的集合（潜伏期），舆论“场”中开始出现的等级分布，将会催生见解向一致意见靠拢的机会，这可以理解为“社会助燃剂”在起作用（加速期），最终引发舆论形成的则可能是一个突发事件或其中舆论领袖的言论，这就是“点火温度”（拐点）（刘怡君等，2013），如表 5-2 所示。

表 5-2　基于“社会燃烧理论”的社会舆论传播、演化机理分析

项目	状态期		状态意义
常态	常态期		指事务经常性、固定性的正常状态，各主体的意见随机分布
非常态	潜伏期（开始期）		意见缓慢集聚，密度增长缓慢
	活跃期	加速期	意见集聚，且集聚速率是正变化
		转折期（拐点）	意见集聚，但集聚速率是负变化
		减速期	意见聚合为整体，舆论形成
	衰减期（消亡期/饱和期）		舆论随着焦点事件的结束逐步消散
常态	常态期（新一轮）		新的一种固定状态

5.2.2　社会激波理论

“激波”是气体高速运动过程中最重要的社会现象之一。它是气体受到强烈压缩后产生的强压缩波，也叫强间断面，这种很薄的间断称为激波。“社会激波理论”是指在本来很平静的社会中，一个事情就像一个石头投到湖水中，就开始了激波。在不同的人群中、不同的社会利益集团中产生不同的反响，有的高有的低，就像激波一样。但更可怕的是同时扔进去几个，事情就更为复杂难办，这实际上是社会动乱的时空表现形式（牛文元，2001）。

目前，多有借用激波理论的思想以解决社会问题的研究。例如，“社会激波理论”在车流、人群流动等方面已有应用。另外，舆论是一种表层意识的传播，呈现上下起伏状态，由于人们接受意见的快慢和能力等区别，出现了不同的反应强度，这种因传播强弱造成的落差，可以感受到如同一种波状的起伏，这种动势就被称为“舆论波”（刘建明，2002）。舆论传播的强弱落差可以被感知和测度，反应强烈的地区处于舆论的波峰，反应微弱的地区则处于舆论的波谷。舆论波是民心波动的再现，由舆论中心向外震荡起伏地扩展。舆论波通常以连续的冲击方式蔓延，在一定社会环境中回旋、共振，不同的舆论波之间相互抵消或叠加，最终形成一种合力。舆论波表现为社会的冲击力，在时空中时急时缓、忽高忽低地波动，使舆论定势更曲折、更复杂（刘怡君等，2013）。在舆论波形成过程中，存在“发生—发展—高潮—平息”的不同阶段，其中在“发展”阶段往往存在该舆论事件中的“一呼百应者”，具有较强的号召力和领导力，即舆论领袖，他们参与事件之中能引起激烈讨论，在舆论波曲线上表现为曲线迅速上升（图 5-2）。

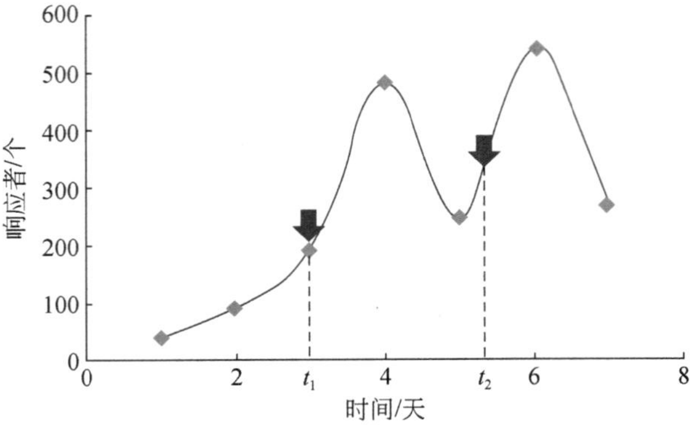

图 5-2　社会舆论波曲线示意图

5.2.3　社会行为熵理论

“社会行为熵”理论则借用物理学上的“熵”理论来解释个体组成群体的行为，理论认为“社会行为熵”是社会动乱的本源。该理论共包括以下六大原则（牛文元，2016）：

1）人类普适的“最小努力”原则；

2）自发追寻“熵最小”原则；

3）自觉维系“心理平衡”原则；

4）持续激发“情商共鸣”原则；

5）社会取向“倒 U 形走势”原则；

6）都希望有让别人遵守而自己可以例外的社会公约。

舆论形成及其演化研究中，参与讨论的舆论主体在不知不觉中遵从社会行为熵理论中的某条或某几条规则行事。例如，“人类普适的‘最小努力’原则”中，当有舆论领袖代大众舆论参与者发表了心声和意见时，这些舆论参与者只需简单跟从，无须付出多大努力便可实现表达欲望，这时就助长了舆论的形成；再如，“持续激发‘情商共鸣’原则”中 “情商共鸣”是指一个人只愿意接受他最为尊敬、最为崇拜或最为认可的人开导自己的某种不如意。小到社会公众、大到政府领袖，树立起榜样，其力量和作用就是无穷的。

5.2.4　其他相关理论

（1）马太效应

马太效应（Matthew effect）是指好的愈好，坏的愈坏，多的愈多，少的愈少的一种现象，即随着时间的推移不断增加多者与少者之间的鸿沟（Daniel，2010）。马太效应常用来描述经济上贫者愈贫，富者愈富的现象，但马太效应并不仅限于经济学领域，它也被广泛应用于社会学、管理学等诸多其他领域中。

1968 年，美国科学史研究者罗伯特 • 莫顿（Robert K. Merton）提出“马太效应”这个术语用以概括一种社会心理现象，即相对于那些不知名的研究者，声名显赫的科学家通常可以得到更多的声望即使他们的成就是相似的。同样地，在同一个项目上，声誉通常会给予那些已经出名的研究者，如一个奖项几乎总是授予最资深的研究者，即使所有工作都是一个研究生完成的（Merton，1968）。

在网络舆论传播过程中同样存在马太效应，而舆论领袖可以应用该效应发挥其巨大的传播作用。例如，在网络舆论传播过程中，网民虽然有选择信息的自由，但出于从众的本能，网民的注意力总是投向那些已经显示关注度较高的事件和集聚效应强的舆论领袖言论，而这种迅速聚集的人气反过来会吸引更多的人参与对这一事件的关注。当这种关注达到一定程度时，网上舆论所积聚的能量甚至会扩散到网下，从而吸引更多的社会公众力量参与其中。滚雪球的结果使相关事件的舆论影响力越来越大，逐渐由一般事件演变成为热点甚至焦点。

总结来看，无论是“知沟”造成的网民结构失衡，还是小群体集聚化导致的信息窄化，以及对权威、“精英”用户的不断强调造成的话语权“马太效应”，都使得网络社会舆论演化主驱动力偏向于一个特定的群体而非普通大众，即“舆论领袖”是推动社会舆论传播、演化的核心。

（2）多米诺效应

“多米诺效应”（domino effect）是从多米诺骨牌游戏中概括及延伸出来的。多米诺骨牌游戏的规则很简单，即“将骨牌按一定间距排成单行，或分行排成一片。推倒第一张骨牌，其余骨牌发生连锁反应依次倒下”。由此，研究者提出了“多米诺效应”的概念，具体是指在一个相互联系的系统中，一个很小的初始能量就可能产生一连串的连锁反应。

在对社会稳定的研究中发现，社会骚乱往往只需要第一个人参与，然后由于集体行为可能非常敏感地依赖于个体行为，“集体意识”被这第一个人的行动所激活，迅速卷入骚乱，升级为“社会动乱”。

在网络舆论传播过程中，“多米诺效应”也频频出现，这与新媒体时代网络媒体互动性强、覆盖面广、传播速度快等特征有关，以上特征促进了信息在全社会范围内快捷而广泛地传播，为“多米诺效应”的出现奠定了巨大的群众基础，而“舆论领袖”的存在则对“多米诺效应”的产生具有推动作用。因此，可以将“舆论领袖”视为“多米诺效应”发生的“催化剂”。但在网络环境下，舆论领袖不再局限于精英阶层，越来越多的草根阶层开始扮演起舆论领袖的角色。同时，人际关系也不再局限于人与人直接的接触，彼此陌生的人都可以借助于网络建立起人际关系。尤其是社交网络兴起之后，人们往往会因为有相同的兴趣或话题而形成一种人际关系的聚合，如微博中的“关注”功能，就使得很多彼此陌生的人因为共同的话题和兴趣而结识。

（3）墨西哥波

Farkas 等在分析 1986 年墨西哥世界杯赛体育场中观众表现出来的“人群波”（human wave）现象的基础上，提出了一个解释体育场中人群波产生和演化的 Mexican Wave 模型，即墨西哥波模型（Farkas et al.，2002，2003）。他们认为体育场中的观众 i 在 t 时刻可处于三种状态：静息状态（inactive）、激发状态（active）和不应状态（refracter）。处于静息状态的观众是坐着的，但能被他人影响站立起来；处于激发状态的观众是正在站起来或已经站立起来的人，不受他人影响；而处于不应状态的观众是正在坐下或已经坐下并被动地从前面的激发状态恢复过来的人。只有处在静息状态的人能被他人影响（被激发），只有处在激发状态的人才能影响他人（图 5-3）。

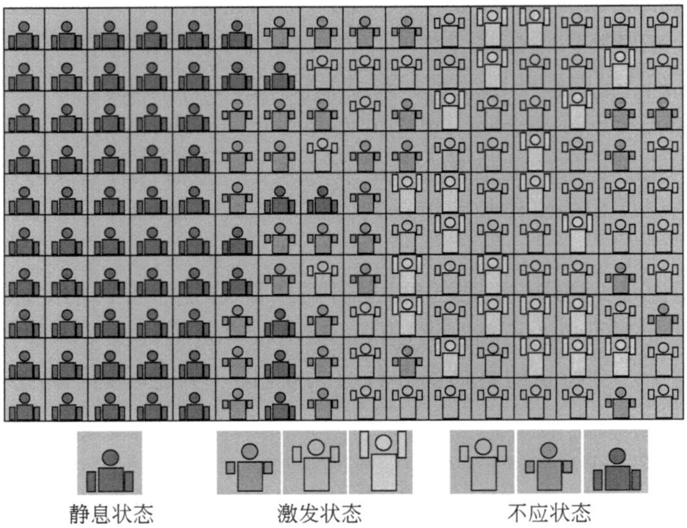

图 5-3　墨西哥波的演示图

每位观众所处状态的更新规则为对于每个处于静息状态的人，如果他周围处于激发状态的人对他的影响强度 W_i 超过他的活跃阈值 c_i，它将活跃起来，这个人一旦被影响而活跃起来后，他将决定性地按步骤经过 n_a 个激发状态，再经过 n_r 个不应状态，最后重新回到静息状态。每个人都有一个活跃阈值，这个阈值将随机地在（$c-\Delta c$，$c+\Delta c$）之间选择，同样每个人都需要一个反应时间 τ 来更新他周围处于激发状态的人的影响强度。在网络舆论中，热烈的议论或回应能够形成一定的舆论氛围。这种舆论氛围与体育场中的人群波有很多相似之处，也可看作是无形的“舆论波”，它可以影响人们的感知，从而影响舆论的形成和演化。

5.3　社会舆论危机演化过程分析

鉴于“演化期”在舆论危机生命周期中的位置，对其演化过程及机理的分析和研究已成为舆论危机研究的重点。本节将从典型舆论危机形成和演化过程的分析出发，进一步探讨舆论危机的一般性演化机理。考虑舆论事件发展过程的完整性、舆论交互过程的显著性，可将“甬温动车事故”作为典型案例，对其演化过程进行分析（图 5-4）。

如图 5-4 所示，“甬温动车事故”的社会舆论在媒体持续关注、新闻发布会迟开、掩埋车体行动、事故原因发布、车体下幸存者发现、CCTV 缺席新闻发布会、遇难者名单未公布、京珠高速客车起火、京沪高铁故障停车、遇难同胞悼念等因素的作用和交互下不断发酵，并分别经历了事故发生、新闻舆论、舆论扩散、舆论异化、舆论叠加和舆论升级等发展阶段。其中，舆论扩散、舆论异化、舆论叠加共同构成了“甬温动车事故”的舆论危机演化过程。舆论扩散是指公众或网民依托网络、手机等社交工具大范围传播事故舆论，并开始热议事故发生的原因；舆论异化是指公众在掩埋车体行动、事故原因发布、车体下幸存者发现等因素的作用下，相应的舆论关注点开始发生形态、指向、功能变异，即从讨论追尾事故极化为质疑中国高铁技术和事故善后赔偿；舆论叠加是指在动车追尾事故社会舆论持续发酵的过程中，由于京珠高速和京沪高铁也发生类似事故，网民开始进一步讨论三起事故背后的共同原因，即公众进一步热议事故背后的国家交通安全监管机制。

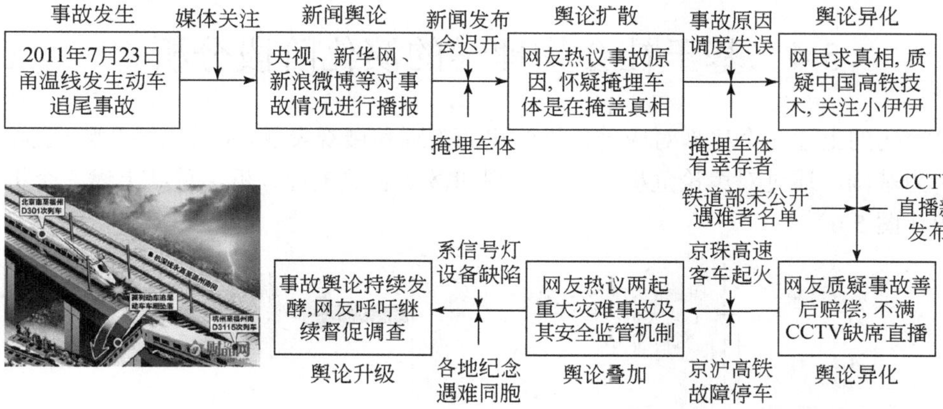

图 5-4　“甬温动车事故”的舆论演化过程分析

结合“甬温动车事故”舆论演化过程的上述分析思路，研究还对“浙江钱云会事件”“郭某某炫富”“公交纵火案”“渤海湾溢油”“天津港爆炸案”“山东毒疫苗案”等的社会舆论发展过程进行总结和梳理。总结和梳理的结果显示舆论演化的上述过程并不是特例，而是具有一定普遍性的社会规律，即可利用“机理”的分析思路，总结相应舆论危机的演化过程，以便找到社会舆论孕育的源头，发现其形成的规律和发展演化的推动力。若将舆论扩散、舆论异化、舆论叠加现象一般化处理，舆论危机的演化机理可具体分为发展机理、异化机理和耦合机理，各机理之间的相互关系如图 5-5 所示。

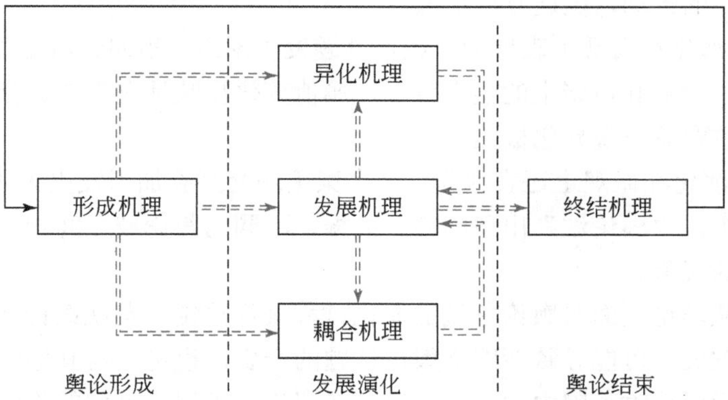

图 5-5　舆论危机的演化机理分析

如图 5-5 所示，舆论危机传播、演化的三个机理有着很强的逻辑性：发展机理是最基本的舆论演化现象，舆论发展同时体现在空间上横向的涨落和时间上纵向的涨落，发展期间极易产生舆论信息的极化和叠加现象。异化机理是舆论演化机理体系的重点，随着舆论信息量的增加，异化的信息将导致舆论发生极化或变异等现象，从而对社会产生更强的消极影响。耦合机理是舆论演化机理体系的难点，不仅关注一起舆论事件的演化过程，更关注多起舆论事件之间的交互过程，即讨论个别舆论事件的发生及其影响力依赖于其他灾害事件发生及其扩散动力的程度。

5.4 基于社会物理学的演化阶段分析

舆论演化的上述三个机理对应着危机演化的宏观和微观表现。本节以社会物理学的“三大理论”为基础，通过对舆论危机演化的宏观和微观表现进行分析，总结上述三个机理的演化效应（图 5-6）。

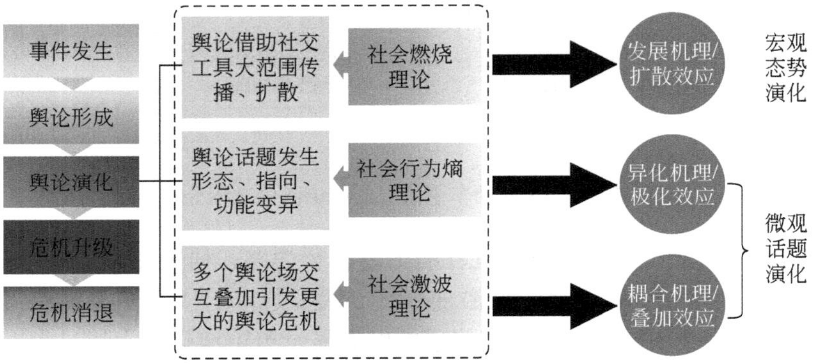

图 5-6 基于社会物理学的舆论危机演化阶段分析

1）舆论危机演化在宏观上表现为“舆论借助社交工具大范围传播、扩散”，即各种议论、见解和诉求等“燃烧物质”，在社交舆论场等“助燃剂”的催化作用下，通过意见领袖等“点火温度”的推动，迅速发展扩散。

2）舆论危机演化在微观上表现为“舆论话题发生形态、指向、功能变异”，即以舆论熵表示公众态度、意见和情绪上的混乱程度，熵值变化反映话题形态、指向和功能变异规律，这种变化导致舆论出现异化极化。

3）舆论危机演化在微观上还表现为“多个舆论场交互叠加引发更大的舆论危机”，即在一定舆论环境中，“舆论波”出现回旋、共振，不同的舆论波之间相互抵消或叠加，最终形成一种合力的现象。

社会物理学从理论层面对舆论危机的演化过程进行总结，发现舆论演化可能在空间和时间范围内继续发展，可能导致新网络舆论话题的产生，也可能与其他网络舆论危机话题相互叠加耦合，形成更大范围内的舆论危机。在舆论危机演化过程的阶段划分方面，本节还进一步探讨和总结了舆论危机演化的阶段和路径，并由此提出舆论演化的三种基本模式：

发展机理的扩散效应、异化机理的极化效应及耦合机理的叠加效应（表 5-3）。

表 5-3　社会舆论演化模式及其阶段划分

演化模式	演化阶段	演化效应	演化路径
发展机理	演化初期	扩散效应	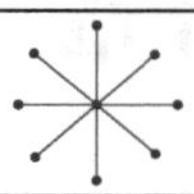
异化机理	演化中期	极化效应	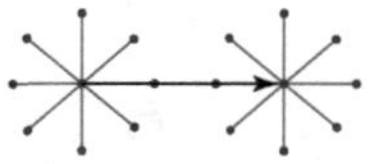
耦合机理	演化后期	叠加效应	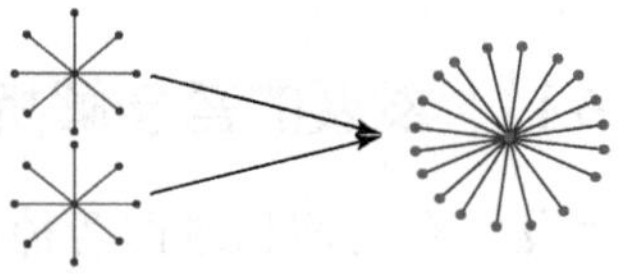

发展机理：舆论危机的发展机理通常出现在其演化初期，即舆论演化的第一个阶段。在发展阶段，社会舆论的演化呈现扩散效应，具体的演化路径表现为舆论话题在时间和空间维度不断扩散的过程。在话题扩散过程中，舆论主体的主要行为是参与话题讨论，但并未造成舆论话题的变异。因此，舆论的发展机理可定义为公共危机事件受互联网的作用和影响，经过网络内部个体或群体的讨论和交互，迅速传播和扩散，并导致网络负面舆论的集中涌现现象。

异化机理：舆论危机的异化机理通常发生在演化中期，即舆论演化的第二个阶段。在异化阶段，社会舆论的演化呈现极化效应，具体的演化路径表现为舆论话题在异化驱动因素的作用下，不断产生异化话题并导致舆论态度倾向发生极化，如话题 A 逐渐异化为话题 B，这里的话题 B 是与话题 A 不同的舆论话题。因此，舆论的异化机理可定义为网络舆情信息在网民相互询问、交谈、转述中不可避免会出现分叉或异化现象。

耦合机理：舆论危机的耦合机理通常发生在演化后期，即舆论演化的第三个阶段。在耦合阶段，社会舆论的演化呈现叠加效应，具体的演化路径表现为舆论话题 A 与同时发生的舆论话题 B 具有相似的舆论中心，两个话题舆论场在耦合驱动因素的作用下将产生叠加效应，并进一步形成舆论话题 C。舆论话题 C 通常是对其舆论话题 A、B 背后深层次问题的讨论和分析。因此，舆论的耦合机理可定义为舆论事件演化过程中，个别舆论事件的发生及其影响力依赖于其他舆论事件发生及其扩散动力的程度。

第 6 章　社会舆论发展演化机理研究及实证

6.1　舆论发展演化机理的基本内涵

6.1.1　发展的哲学解析

“发”有动词和量词两种词性，作为动词的本义为“放箭”。《史记·李将军列传》有句：“其射，见敌急，非在数十步之内，度不中不发，发即应弦而倒”。随后，其动词词义逐渐被拓展为“开展，张大，扩大”等意思。“展”形声，小篆字形为假卧的人形，其本义与人体动作有关，即为“转动”。《广雅》有句：“展，转，反侧也”。本义可引申为“延长；放宽”的意思，如《史记·王温鉥列传》有句“令冬月益展一月，卒吾事矣”。上述引申义又可进一步延伸为“扩大、张开、舒张开”的意思，如《庄子·盗跖》有“盗跖大怒，两展其足，案剑瞋目”。由此可见，“发”和“展”均有扩大、张开的意思。

“发展”一词在《辞海》明确了其为合成词后，可解释为“事物从出生开始的一个进步变化的过程，是事物不断更新，连续变化的过程，这种过程既有量的变化，又有质的变化，既有正向变化，也有负向变化”。若对上述变化过程进一步解析，“发展”的过程强调事物由小到大、由简单到复杂、由低级到高级的变化。《孽海花》有这样的描述：“他们兄弟俩，各依着天赋的特性，各自向极端方面去发展”。由此，“发展”的内涵强调事物变化的过程，如“围绕一个点向四面八方无规则扩张”的动态过程，这种动态过程既可表示有形事物的扩张、扩散，也可表示无形事物的空间传播、散步。例如，“城市发展”是指无计划的、分散的、低密度的郊区外围扩展，即由城市远郊土地的开发与利用带来城市空间扩大；“火势发展”是指围绕起火点向四面八方的火势扩展，在程度上有一个明显的渐深过程；本章则借鉴“发展”传播和扩展的意思，用以表示社会舆论在客观世界或网络媒体的扩散过程。

6.1.2　舆论发展的基本内涵

考虑到“发展”的本意及其哲学解析，社会舆论危机的发展特征可理解为公众、网络个体或群体围绕着某些社会公共事件，进行持续大规模的网络互动，使热点事件经过迅速传播和扩散等连锁反应，进入社会公共领域，给政府和社会带来更大范围内难以估量的损失。鉴于媒体传播的及时性、快速性、广泛性和互动性等特征，本节进一步将网络舆论危机发展机理定义为社会公共事件受互联网的作用和影响，经过网络内部个体或群体的讨论和交互，导致网络负面舆论的集中涌现及其快速传播扩散过程。网络舆论危机的发展机理不仅具有传播性、扩展性和散布性等发展的一般特征，还具有危害性和集聚性等特点。

1）传播性是指突发事件的新闻发布后，其他媒体、公众或网民会通过线下的口口相传或线上的转发、评论，将这则舆论信息以不同的方式发送出去，舆论新闻的这种传播速度通常是爆炸式的，即呈现幂指数增加。

2）扩展性是指突发事件社会舆论每经过一次传播或扩散，媒体、公众或网民就会对其进行加工，即根据个人心理或媒体的社会定位，将个人和媒体对于事件的态度倾向融合进舆论信息后再进行传播。

3）散布性强调社会舆论发展后的分布状态，即公共突发事件社会舆论经过媒体、公众或网民的传播，其相关舆论信息会广泛散布于线下日常交流、传统媒体和网络媒体的各个环节。

4）危害性是指公共危机事件经媒介，尤其是网络媒体的发展，可能迅速引爆全国舆论，并与当前存在的社会矛盾及其风险因素相互关联，产生极端的社会舆论内容或谣言信息，这将严重危害社会稳定。

5）集聚性强调社会舆论的传播和发展可能导致的公众社会心理聚集形式，是指随着公共危机事件相关信息占用网络空间规模的扩展，线下客观世界和网络媒体中，事件舆论参与人群规模的逐渐增加，在“沉默螺旋效应”的作用下，事件负面舆论所呈现的集中爆发趋势或现象。

6.2　舆论发展演化机理的效应分析

6.2.1　舆论发展的表现形式

（1）网络舆论危机发展的宏观表现

为把握网络舆论危机发展在时间维度上的宏观表现，本节以 2010 年 1 月～2011 年 12 月发生的网络舆论事件为研究对象，分别对事件舆论发展前期、发展中期（高峰期）、发展后期的舆论关注量进行整理和统计。如表 6-1 所示，开始时间一般为事件在网络媒体曝光的时间点；发展前期是指网络舆论关注量突破一定临界点的时间；发展中期是指网络舆论关注量达到峰值的时间；发展后期是指网络舆论关注量跌至临界点的时间；结束时间是指事件得到最终处理，舆论关注度降低，讨论趋于停息的时间。此外，发展周期是指发展前期至后期的持续时间，发展幅度则指发展峰值的关注量与事件全过程最低关注量的差值。

表 6-1　网络舆论危机事件的统计分析

网络舆论危机	开始时间/关注量/个	发展过程			结束时间/关注量/个	发展周期/天	发展幅度/个
		发展前期/关注量/个	发展中期/关注量/个	发展后期/关注量/个			
邳州暴力征地事件	2010-01-09/6	2010-01-18/210	2010-01-19/302	2010-01-22/156	2010-01-26/7	5	296
谷歌退出中国事件	2010-01-12/31	2010-01-13/448	2010-01-15/1071	2010-01-20/170	2010-01-23/9	8	1040

续表

网络舆论危机	开始时间/关注量/个	发展过程			结束时间/关注量/个	发展周期/天	发展幅度/个
		发展前期/关注量/个	发展中期/关注量/个	发展后期/关注量/个			
新泰 23 岁副局长事件	2010-02-20/3	2010-02-21/262	2010-02-23/564	2010-02-26/153	2010-03-05/9	6	561
烟草局长“香艳日记”	2010-02-28/17	2010-03-01/460	2010-03-09/1118	2010-03-19/101	2010-04-01/10	19	1101
庄河政府下跪事件	2010-04-15/13	2010-04-21/91	2010-04-23/242	2010-04-26/110	2010-05-01/1	6	229
农民炮轰强拆队事件	2010-06-05/1	2010-06-07/241	2010-06-07/241	2010-06-08/51	2010-06-10/2	2	240
唐某“学历门”事件	2010-07-04/1	2010-07-06/62	2010-07-11/429	2010-07-15/54	2010-07-23/11	10	428
宜黄强拆自焚事件	2010-09-08/3	2010-09-12/102	2010-09-13/306	2010-09-21/117	2010-09-27/3	10	303
江西上饶拆迁事件	2010-09-11/2	2010-09-12/85	2010-09-13/275	2010-09-20/65	2010-09-25/6	9	273
京城安元鼎截访事件	2010-09-13/11	2010-09-25/371	2010-09-26/601	2010-09-28/106	2010-10-06/18	4	590
腾讯与 360 互攻事件	2010-11-03/1	2010-11-03/552	2010-11-05/1428	2010-11-10/135	2010-12-01/19	8	1428
山西富豪警察案事件	2010-11-15/14	2010-11-19/51	2010-11-22/298	2010-11-23/51	2010-11-24/7	5	284
浙江钱某某事件	2010-12-26/8	2010-12-30/190	2011-01-02/543	2011-01-04/104	2011-01-09/7	6	535
双汇瘦肉精事件	2011-03-15/1	2011-03-15/118	2011-03-16/190	2011-03-25/54	2011-04-03/10	11	190
药家药某某师妹捅人事件	2011-04-02/2	2011-04-04/431	2011-04-04/431	2011-04-06/120	2011-04-08/11	3	429
邵阳官员抢婴儿事件	2011-05-08/1	2011-05-09/51	2011-05-10/283	2011-05-14/52	2011-05-15/6	6	282
故宫失窃事件	2011-05-10/18	2011-05-11/177	2011-05-12/436	2011-05-18/112	2011-05-21/9	8	418
故宫错字门事件	2011-05-13/2	2011-05-14/313	2011-05-14/313	2011-05-17/94	2011-05-23/6	4	311
甬温动车事故	2011-07-23/13	2011-07-24/702	2011-07-26/922	2011-08-11/138	2011-08-13/13	19	909
固镇集体停职事件	2011-08-07/7	2011-08-08/54	2011-08-10/249	2011-08-11/95	2011-08-12/2	4	242

数据来源：方正舆情智思系统

上述 20 起网络舆论危机的发展周期和发展幅度各有差别，但其舆论关注量的总体变化趋势相对一致，其统计结果显示，共有 16 起网络舆论危机的发展模式为单峰曲线，所占比例为 80%。鉴于单峰发展模式的普遍性，为总结网络舆论危机发展的宏观表现，本章将 20 起网络危机事件的舆论关注量加和平均，得出各阶段舆论关注量的平均值，并将其绘制成趋势图（图 6-1）。根据网络舆论危机的全生命周期假说，舆论危机事件在经历孕育期和爆发期两阶段后，积累的能量将在发展期完全释放出来，危机信息在更大范围内快速传播、扩散，公众接触、了解和参与危机事件的程度将达到较高水平，事件影响力在达到最高峰之后，会持续影响社会稳定，直至进入处理期和休眠期。如图 6-1 所示，网络舆论危机的平均关注量在发展期迅速扩散，并会达到最大值。因此，本章认为网络舆论危机的发展在宏观上呈现扩散效应，即网络危机事件爆发后，相关话题参与人数在时间维度呈现数量剧增趋势和在空间维度呈现能量辐射效果。

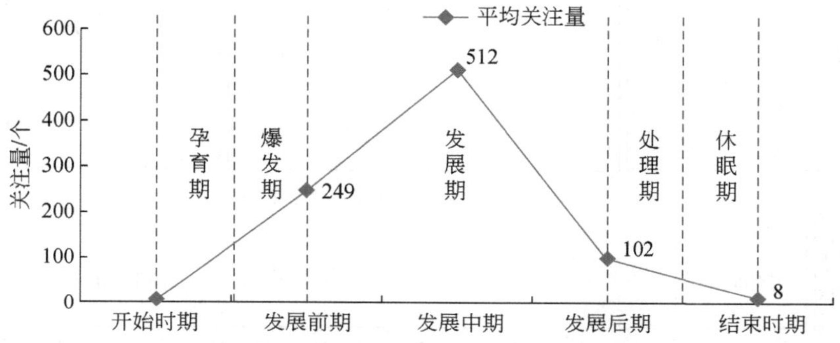

图 6-1　网络舆论危机发展的宏观表现

（2）网络舆论危机发展的微观表现

网络舆论危机的发展扩散是一个复杂的过程，为进一步分析发展扩散效应的内在机理，本节以“浙江钱云会事件”为例，通过“方正舆情智思系统”抓取该事件的网络在线数据，即各时间点该事件在论坛上的回复关系。以图 6-1 的发展扩散波形图为基础，利用 Gephi 软件分别绘制舆论危机开始时期、发展前期、发展中期、发展后期和结束时期的在线回复关系网络，并通过“波网联合分析”，得到发展各阶段的网络意见领袖核心节点及其涌现形式。

如图 6-2 所示，上述网络图分别表示舆论危机开始时期、发展前期、发展中期、发展后期和结束时期的在线回复关系网络。开始时期包括舆论危机孕育期和爆发期，该时期的舆论关注度呈现缓慢上升趋势，网民从各自视角对公共事务议题展开讨论，但并未形成统一观点，网络回复关系相对较为简单。在舆论发展前期，随着传统媒体的介入，舆论关注度持续上升，并以大 V 的形式出现相对较为集中的观点。例如，在“浙江钱云会事件”舆论发展的前期，“不给力”“Ly776a”“duanshaohui”等网络大 V 通过较大的网络“出度”推动更多网民参与讨论。在舆论发展中期，舆论事件关注度达到最高值，特定的时空因素和环境因素会导致网络舆论危机话题的衍生，并产生新的大 V 和更为集中的观点。例如，在“浙江钱云会事件”舆论发展中期，“刘某某”“周某某”“中华 1 青年”将舆论议题由交通事故引至官民矛盾，并导致更大范围内的舆论危机。在舆论发展后期，随着政府对网络舆论的引导，事件舆论的关注度逐渐降低，相应的回复关系网络也开始瓦解，此时只存在网络大 V“周某某”及其简单的回复关系。结束时期则包括舆论危机处理期和休眠期，该时期的舆论关注度和网络在线回复关系均回归常态。总之，舆论危机的“波网联合分析”显示，网络舆论危机的发展受公共事务议题、网络大 V 和舆论时空因素等多种因素的驱动。这些因素不仅涉及网络舆论的构成因素，还关系到舆论演化各阶段的特征因素。

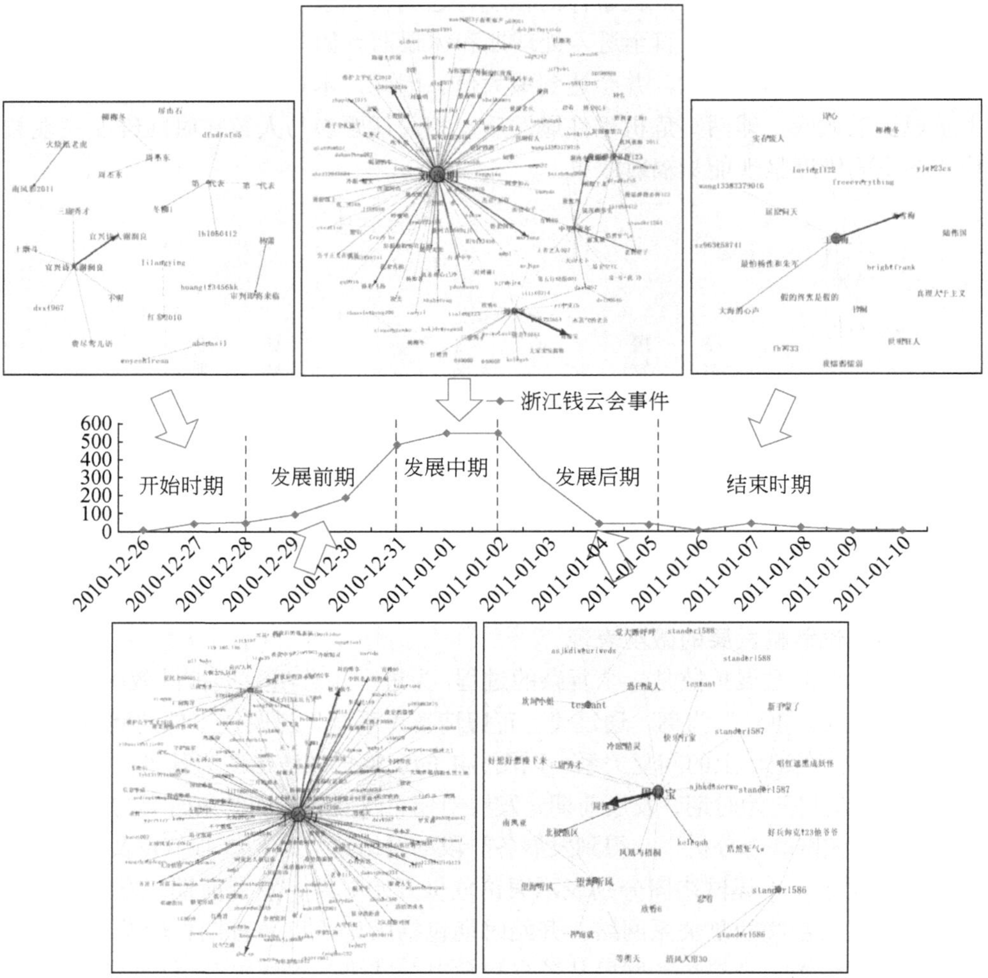

图 6-2　网络舆论危机发展的微观表现

6.2.2　舆论发展的基本模式

图 6-1 从时间维度上，探讨了网络舆论危机发展的一般表现形式，但对于某一特定的舆论危机事件，其发展的程度和范围则各不相同。通过案例调研与分析，结合上述 20 起网络舆论危机事件的发展规律，本节将网络舆论危机的发展模式分为无发展模式、单峰发展模式、多峰发展模式三类（图 6-3）。

（1）无发展模式

无发展模式是指网络舆论事件发生后，其舆论关注热度较低，未达到舆论危机爆发的质变点，具体的发展过程如图 6-3（a）所示。符合无发展模式的网络舆论事件通常没有形成舆论危机，且对社会的影响程度也相对较弱，如固镇集体停职事件、山西富豪警察案事件、邵阳官员抢婴儿事件、京城安元鼎截访事件、邳州暴力征地事件均属于无发展模式的舆论事件，其网络舆论关注量较低，且事件舆论发展一天后快速平息，未给社会造成较大影响。

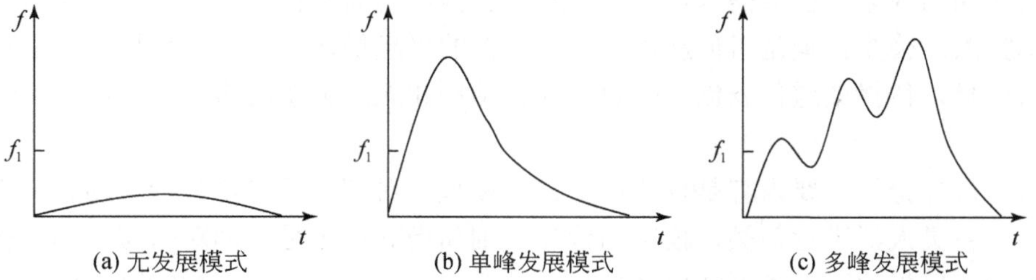

图 6-3　网络舆论危机发展的基本模式

注：纵轴 f 表示网络舆论的关注度；横轴 t 表示网络舆论的持续时间；f_1 表示舆论危机爆发的质变点

（2）单峰发展模式

单峰发展模式是指网络舆论事件发生后，事件舆论的关注量在较短的时间内达到舆论危机爆发的质变点，并形成舆论危机。对于相应的舆论危机，其发展与扩散具有一个明显且持续的过程，具体模式如图 6-3（b）所示。符合单峰发展模式的舆论危机事件会给社会造成持续性的影响，如腾讯与 360 互攻事件、谷歌退出中国事件、甬温动车事故、唐某“学历门”事件等均属于单峰发展模式。

（3）多峰发展模式

某些网络舆论危机发展过程的持续时间比较长，其影响范围或破坏程度存在间歇性增强的特点，即破坏性减弱一段时间后会再次增强。同一网络舆论事件的破坏性往往存在多个波峰，其峰值或是递增的，或是递减的，或是相似的，具体模式如图 6-3（c）所示。由于多峰发展模式具有多个舆论峰值，会给社会稳定造成持续、反复性的影响，如双汇瘦肉精事件、浙江钱某某事件、烟草局长“香艳日记”事件的发展过程均属于多峰发展模式。

6.3　超网络视角下舆论发展的扩散效应模型

舆论发展的扩散效应体现危机舆论在网民中的传播和扩散现象，即舆论在社交网络的发展。本节将以舆论超网络模型为基础，借鉴创新扩散理论、二级传播理论等，提出网络舆论发展的扩散模型，并对其极值点和拐点进行分析。

6.3.1　发展扩散效应模型的构建原则

社会舆论的发展扩散既遵循新闻传播的一般规律，又与创新扩散过程具有诸多相似性，本节即以创新扩散理论和二级传播理论作为社会舆论发展扩散效应模型构建的理论原则。

（1）创新扩散理论

创新扩散是由美国新闻传播学者 Rogers 和 Everett（1995）于 20 世纪 60 年代提出，理论描述了媒介劝服公众接受新思想、新观念、新产品的过程，这里的创新扩散过程可描述为五个步骤，即认知、说服、决定、实施及确认。根据 Rogers 的假设，影响创新扩散步骤的主要因素包括创新性质、社会需求、公众兴趣、传播渠道等。创新性质是指新观念、新事物、新产品的内容；社会需求代表社会对创新内容的需求程度，社会有需求的产品才可能大范围扩散；公众兴趣是对创新内容采用人群的兴趣描述，公众有兴趣才会不断寻求更多的创新信息；传播渠道代表创新扩散的社会结构和人际关系网络，直接决定了创新扩散的速度。

创新扩散理论的主要内容是构建创新扩散模型并对其进行定量分析。创新扩散模型将创新采用的各类人群进行归类，模型的构建原则和指导思想是在创新面前，不同利益诉求的公众对创新思想的开放和采纳程度具有差异性（Bass，1969）。在最初的模型构建过程中，理论将创新扩散的受众人群分为 5 类（图 6-4），分别为创新者、早期采纳者、早期大多数、后期大多数、落后者。

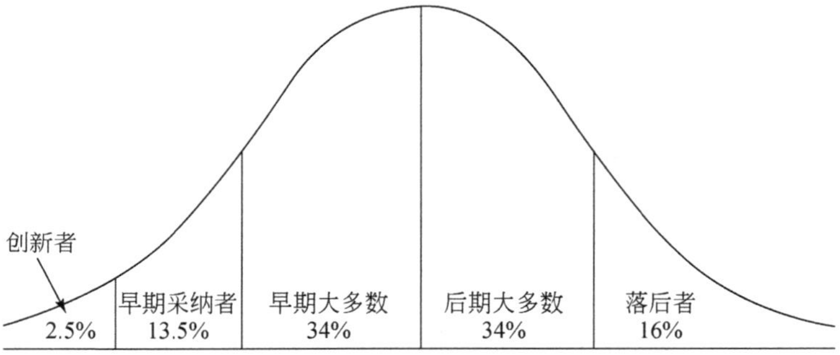

图 6-4　创新扩散模型的受众人群分类（Bass，1969）

根据模型假设，新观念、新产品等的创新内容通常是从一小撮（2.5%）狂热变革者（创新者）开始，他们将创新的概念传播到早期采纳者，这部分人群（13.5%）通常具备快速传递信息的网络。随着早期采纳者成功采纳创新思想，“深思熟虑”的早期大多数（34%）开始慢慢认知到创新内容的有效性，随后遵守习惯的后期大多数（34%）也会逐渐接受创新内容。从左到右的创新扩散路径并不是必然的，所有的创新内容必须要经过创新者的推动才能够扩散和传播。

（2）二级传播理论

传播学研究中的“二级信息传播”这一经典传播模式认为信息并不直接从媒体传递到受众，而是经过中间信道的再传递才能被受众接收（Lazarsfeld et al.，1965；Katz，1957）。这个中间通道即是“意见领袖”，即在社会舆论传播演化过程中，意见领袖扮演着经纪人的角色，将媒体与终端受众维系起来。

意见领袖是指在信息传递和人际互动过程中少数具有影响力和活动力的人。1940 年哥伦比亚大学研究当年美国伊利县的选举，发现在传媒影响政治生活和选民投票时，存在一个必不可少的中介群体，研究者把这个群体称为意见领袖。人们在做投票决定时往往会从朋友、亲戚和熟人那里受到影响，而这种影响比广播、报纸等大众媒体要大得多。这些“朋友、亲戚和熟人”起到了意见领袖的作用，他们接触大众媒体中关于竞选的信息，然后将信息传递给媒介接触度、知识水平和兴趣度较低的人。大众媒体所传播的信息也往往是先被这些意见领袖所接受，然后再通过人际传播途径转给追随者。研究者认为，在人们生活的每个领域都存在不同形式的意见领袖。当今意见领袖的概念早已不限于传媒领域，而是延伸到广告、销售等诸多领域。众多商家产品的代言人，各类明星推介产品，都借用了意见领袖效应。

目前，互联网正成为重要的传媒之一。互联网上也存在意见领袖，并且发挥越来越重要的功能。网络上存在一批活跃人群，他们在频繁的网络活动中凭借发言的质量和频率，逐渐成为网络舆论的“中间通道”。意见领袖最有可能从群体性交流场所产生。他们通过在微博、聊天室、论坛、公司网站和博客上进行信息传播，从而创造或改变舆论、建构潮流、引领时尚、左右股市。就网络论坛来说，一些网民通过张贴文章，依托文章内容和文字水平，体现出人格化和能力特征，影响信息的传播与共同话题的表达。

6.3.2　舆论超网络发展演化的驱动分析

在舆论超网络模型中，舆论发展演化可以分为关系的扩散、环境的发展、心理的蔓延和观点的演进四个层次（图 6-5）。关系的扩散，即社交子网的演化过程，是网络舆论发展的“表达层”，直接体现舆论的扩散效应。环境的发展，即环境子网的演化过程，是网络舆论发展的“环境层”，通过舆论时空环境等外驱动因素的作用，为关系的发展提供外驱动力。心理的蔓延，即心理子网的演化过程，是网络舆论发展的“物理层”，通过大 V 人物等内驱动因素的作用，为关系的发展提供内驱动力。观点的演进，即观点子网的演化过程，是网络舆论发展的“会话层”，通过环境子网和心理子网中正反观点的交互，对关系的发展进行引导和反馈。

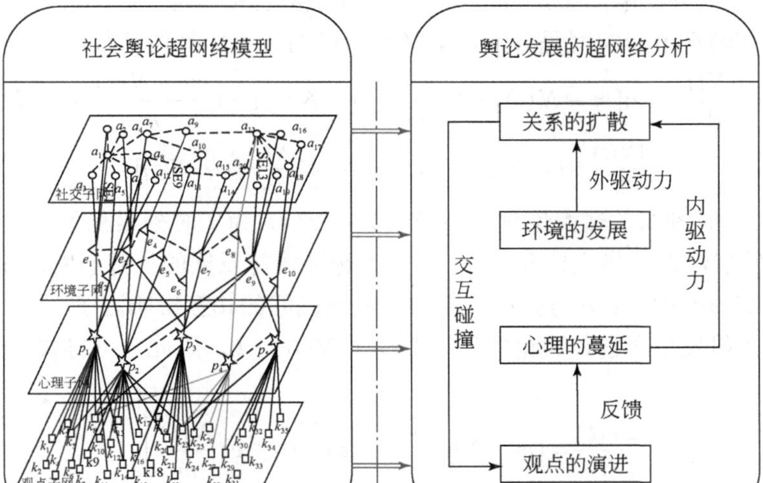

图 6-5　舆论发展扩散的超网络分析

6.3.3 舆论发展机理的扩散效应模型

网络舆论发展的扩散效应体现舆论危机在网民中的传播过程，“波网联合分析”指出舆论危机的发展扩散受舆论系统内外部因素的联合驱动。本节借鉴“创新扩散模型”的基本形式和“二级传播理论”的理论机理，提出网络舆论单峰发展的扩散模型，并对其极值点和拐点进行分析。

（1）模型假设

模型的研究对象是舆论发展的扩散效应，为简化建模过程，做如下假设：①假设舆论危机以突发事件为始点，网民间相互交互导致舆论的形成；②假设模型仅考虑原发性危机事件，不考虑多个事件的叠加和耦合；③假设舆论的潜在被影响网民同时受到其他所有网民的影响；④假设每个网络用户发帖的社会影响力无显著差异；⑤假设舆论危机的发展遵循“超网络”的演化规律（刘怡君，2012），即同时受环境、心理和观点等维度因素的影响；⑥假设模型仅考虑网络舆论危机发展的主要模式，即单峰发展模式。

（2）模型构建

基于上述假设，舆论的发展扩散同时受环境、心理和观点等多维因素的影响。环境维度通过时空环境等因素的作用，为舆论发展提供外驱动力；心理维度通过大 V 等因素的作用，为舆论发展提供内驱动力；观点维度通过正反观点的交互和碰撞，对舆论发展进行反馈。而由 Rogers 等学者提出的对创新采用人群进行研究的创新扩散过程也受创新、信息渠道、时机和社会系统等多种因素的共同作用（Rogers and Everett，1995），这些因素恰与网络舆论危机的公共事务议题、网络大 V 或传统媒体、时空因素及网络社会系统等驱动因素相对应。这些隶属于舆论扩散环境、心理和观点维度的驱动因素共同组成舆论危机发展的内外影响因子。因此，借鉴创新扩散模型的基本形式（Bass，1969；Strang and Tuma，1993），考虑上述内外影响因子，舆论发展扩散模型应包括三部分，即外部环境、内部已被影响网民和内部潜在被影响网民分别对被影响网民的作用，具体函数形式如下：

$$n(t)=\frac{\mathrm{d}N(t)}{\mathrm{d}t}=a[m-N(t)]+b\frac{N(t)}{m}[m-N(t)]-c\frac{m-N(t)}{m}[m-N(t)] \tag{6-1}$$

$$\frac{\mathrm{d}N(t)}{\mathrm{d}t}=(a-c)[m-N(t)]+(b+c)\frac{N(t)}{m}[m-N(t)] \tag{6-2}$$

式中，$n(t)$ 为 t 时刻新关注舆论危机的网民数；$N(t)$ 为 t 时刻累积关注舆论危机的网民数；m 为舆论发展涉及的最大饱和人数；a 为舆论环境等发展的外部影响因子；b 为舆论心理等发展的内部影响因子；c 为舆论潜在被影响网民间的相互影响因子。

假设公共危机发生之前，舆论的累积关注量 $N(0)=0$。因此，可将式（6-2）变形，并求解微分方程。

$$\frac{\mathrm{d}N(t)}{\mathrm{d}t}=\left[m-N(t)\right]\left[(a-c)+(b+c)\frac{N(t)}{m}\right] \tag{6-3}$$

$$\frac{\mathrm{d}N(t)}{[m-N(t)]\left[\frac{(a-c)m}{b+c}+N(t)\right]}=\frac{(b+c)}{m}\mathrm{d}t \tag{6-4}$$

$$\left[\frac{1}{N(t)+\dfrac{a-c}{b+c}m}-\frac{1}{N(t)-m}\right]\mathrm{d}N(t)=-(a+b)\mathrm{d}t \tag{6-5}$$

式（6-5）两端积分，并求解上述齐次微分方程得

$$N(t)=m\left[\frac{(a-c)-(a-c)\mathrm{e}^{-(a+b)t}}{(a-c)-(b+c)\mathrm{e}^{-(a+b)t}}\right] \tag{6-6}$$

如式（6-6）所示，累积关注舆论危机的网民数 $N(t)$，同时受舆论发展的最大饱和人数 m、发展外部影响因子 a、内部影响因子 b 和发展时间 t 等因素的影响。其中，$N(t)$ 与最大饱和人数 m 通常成正比例关系，且与时间 t 的函数关系呈 S 形曲线的关系。

6.3.4　舆论发展扩散模型的特征分析

舆论发展扩散模型描述了舆论危机发展的一般规律，本节将进一步对舆论扩散的极值点和拐点进行分析。

（1）模型极值点分析

舆论危机的监控者和管理者通常比较关心舆论发展的规模，而舆论发展时间和规模即是对舆论发展扩散模型 $N(t)$ 极值点的分析。由于可导函数在某点取得极值的充分必要条件是导数为零且该点两侧导数异号。因此，对 $N(t)$ 求一阶导数，并整理可得 $n(t)$ 如下：

$$n(t)=m\left\{\frac{(a-c)(a+b)^2\mathrm{e}^{-(a+b)t}}{\left[(a-c)+(b+c)\mathrm{e}^{-(a-b)t}\right]^2}\right\} \tag{6-7}$$

如式（6-7）所示，根据 S 形曲线的基本趋势，连续函数 $N(t)$ 的极值点存在。当 $n(t)>0$ 时，$N(t)$ 为增函数，网络舆论呈现发展趋势；当 $n(t)=0$ 时，$N(t)$ 取得最大值，网络舆论达到发展顶点；当 $n(t)<0$ 时，$N(t)$ 为减函数，网络舆论呈现衰减趋势。由于 a、b、m 均为时间 t 的非负函数，则若 $n(t)=0$，可得 $a=c$，即当某时刻舆论的外部影响因子和舆论潜在被影响网民间的相互影响因子相等时，舆论发展的扩散趋势将达到最大值。

（2）模型拐点分析

舆论发展的极值点体现舆论危机发展的整体规模，但舆论发展对于社会的冲击力，多以舆论发展扩散的速度表示。根据 S 形曲线的基本趋势，舆论发展扩散的最大速度多出现在模型的拐点位置。由于拐点存在的必要条件是函数在定义域范围内二阶可导，且其二阶导数为 0。因此，对 $N(t)$ 求二阶导数并令其为 0，可求得拐点的时刻及在该时刻下的 $N(t)$ 和 $n(t)$ 值，简要的求解结果如下：

$$N(t)''=0 \tag{6-8}$$

$$t^*=\frac{1}{a+b}\ln\left(\frac{a-c}{b+c}\right) \tag{6-9}$$

$$n(t^*)=\frac{m}{4(b+c)}(a+b)^2 \tag{6-10}$$

$$N(t^*)=m\left[\frac{1}{2}-\frac{a-c}{2(b+c)}\right] \tag{6-11}$$

由于函数 $N(t)$ 符合 S 形曲线的基本形式，若将式（6-9）和式（6-11）标注在舆论发展扩散模型的 S 形曲线上，舆论发展扩散的拐点是时刻 t^*，对应的舆论累积关注量为 $N(t^*)$。在拐点 t^* 时刻（图 6-6），舆论扩散的速度最快，具体达到 $n(t^*)$ 表示的数值，该速度对于社会稳定的冲击力最大，是舆论监管和控制的关键环节。

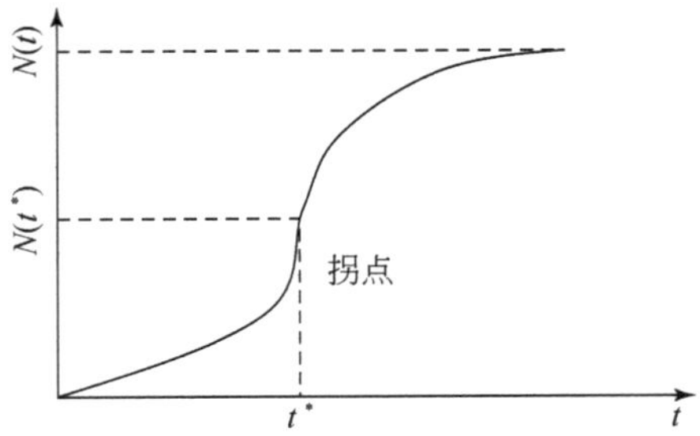

图 6-6　舆论发展扩散的 S 形曲线

6.4　舆论发展扩散效应模型的实证分析

在案例分析环节，本节选取事件过程较为完整、舆论交互作用显著的“甬温动车事故”作为案例，对网络舆论发展的扩散模型进行实证分析。

6.4.1　案例背景介绍

2011 年 7 月 23 日晚间，北京开往福州的 D301 次列车运行至甬温线永嘉至温州南间，与前行的杭州开往福州南 D3115 次列车发生追尾事故，造成 40 人死亡，近 200 人受伤。事故发生后，公众和媒体高度关注政府和交通部门对事故处置的进展，网友纷纷通过微博、网上论坛等形式参与事故讨论，通过公共舆论对事故发生原因、救援措施、伤亡人数及善后、事故责任追查、主流媒体表现等方面提出深刻质疑。例如，7 月 24 日微博舆论的发展扩散速度快速上升，公众和网民纷纷质疑为何宣布无生命迹象后又救出一名女孩，并怀疑政府掩埋车体是为了掩盖事故真相；7 月 25 日，微博舆论的发展扩散速度达到最大值，网民开始质疑事故救援和中国的高铁技术，并对幸存女孩“小伊伊”高度关注和支持；8 月 5 日，随着政府的介入、铁道部新闻发布会的召开和微博辟谣工作的开展，网友逐渐趋于理性，微博事故舆论的发展扩散速度降至较为正常的水平。总之，“甬温动车事故”的舆论和谣言通过广大网民的交互、传播，在网络空间迅速聚集并发展扩散，引发全社会的舆论危机。

6.4.2　案例数据获取

在“甬温动车事故”舆论的发展过程中，微博舆论构成网络舆论的主流。本节将微博作为事故舆论主要研究平台，以"温州+动车"为关键词，对 7 月 22 日～8 月 15 日的每日微博原创量进行检索和整理，得到事故微博舆论的每日增加量和累积增加量，见表 6-2。

表 6-2　"甬温动车事故"微博舆论的发展量统计

日期	日扩散量 $n(t)$	累积发展量 $N(t)$	日期	日扩散量 $n(t)$	累积发展量 $N(t)$
7 月 22 日	0	0	8 月 4 日	18 128	2 061 648
7 月 23 日	74 160	74 160	8 月 5 日	8 240	2 069 888
7 月 24 日	337 840	412 000	8 月 6 日	8 240	2 078 128
7 月 25 日	535 600	947 600	8 月 7 日	9 888	2 088 016
7 月 26 日	303 232	1 250 832	8 月 8 日	4 944	2 092 960
7 月 27 日	262 032	1 512 864	8 月 9 日	3 961	2 096 921
7 月 28 日	166 448	1 679 312	8 月 10 日	4 944	2 101 865
7 月 29 日	121 952	1 801 264	8 月 11 日	6 592	2 108 457
7 月 30 日	84 048	1 885 312	8 月 12 日	2 330	2 110 787
7 月 31 日	52 736	1 938 048	8 月 13 日	4 944	2 115 731
8 月 1 日	52 736	1 990 784	8 月 14 日	6 592	2 122 323
8 月 2 日	36 256	2 027 040	8 月 15 日	8 240	2 130 563
8 月 3 日	16 480	2 043 520			

6.4.3　模型验证及扩散效应趋势分析

6.4.3.1　扩散模型的验证分析

由于"甬温动车事故"发生于 2011 年 7 月 23 日，本节将 7 月 22 日的日扩散量 n（0）和累积发展量 N（0）均定义为 0，依此选取 25 天的微博舆论日扩散量数据，并由日发展量数据得到累积发展量数据。若将单位时间 dt 定义为一天，则式（6-3）可做如下变形：

$$n(t)=\frac{\mathrm{d}N(t)}{\mathrm{d}t}=(a-c)[m-N(t)]+(b+c)\frac{N(t)}{m}[m-N(t)] \tag{6-12}$$

$$n(t)=N(t+1)-N(t)=(a-c)[m-N(t)]+(b+c)\frac{N(t)}{m}[m-N(t)]$$

$$n(t)=-\frac{b+c}{m}N^2(t)+(2c-a+b)N(t)+(a-c)m \tag{6-13}$$

由于式（6-13）是一个一元二次方程，其自变量 $N(t)$ 为舆论的累积发展量，因变量 $n(t)$ 为舆论的日扩散量。对于"甬温动车事故"，本节以表 6-2 的数据为基础，利用 SPSS 统计分析软件，对式（6-13）进行一元二次回归分析，具体的回归结果见表 6-3。

表 6-3　模型的总结和参数估计

因变量：$n(t)$　　　　自变量：$N(t)$

方程式	模型概要					参数估计		
	R^2	F	df_1	df_2	Sig.	Constant	b_1	b_2
二次方程式	0.879	80.120	2	22	0.000	5.195×10^4	0.657	-3.270×10^{-7}

如表 6-3 所示，在“甬温动车事故”舆论发展扩散模型的回归分析中，拟合优度 R^2 为 0.879，说明自变量和因变量形成的散点与回归曲线的接近程度较高，回归结果较为理想。此外，在上述结果中，回归关系的显著性系数 Sig.为 0.000<0.05，接近 0，表明自变量和因变量之间具有显著的二次关系，且回归结果具有统计学意义。因此，基于表 6-3 的参数估计，可以将“甬温动车事故”网络舆论发展扩散的模型定义如下，见式（6-14）。

$$n(t)=-3.270\times10^{-7}N^2(t)+0.657N(t)+51\,950 \tag{6-14}$$

6.4.3.2　发展扩散效应的趋势分析

式（6-14）是一个开口向下的抛物线函数，具体的函数图像如图 6-7（a）所示。拟合曲线表示舆论日扩散量 $n(t)$ 随其累积发展量 $N(t)$ 的增加和时间的延续，呈现先增大后减小的趋势，相应的 $N(t)$ 则随时间 t 的持续则表现为 S 形曲线的变化规律［图 6-7（b）］。其中，舆论发展扩散速度最快的时刻出现在 S 形曲线的拐点位置，此时是舆论监管和控制的关键时期。

对于“甬温动车事故”的网络舆论危机，图 6-7（a）的虚线表示，当累积蔓延量 $N(t)$ 为 100 万人时，舆论日扩散量 $n(t)$ 最大，达到 38.2 万人次。图 6-7（b）虚线所在的时间点是 S 形曲线斜率绝对值的最大点，即表示事故舆论扩散速度在第 3 天（7 月 25 日）与第 4 天（7 月 26 日）间达到最大值。这是因为事故发生后的第 3 天，网络舆论的关注点已由最初的事故灾难转化为对中国高铁技术的质疑和对铁道部掩埋车体的声讨等，这种转化引

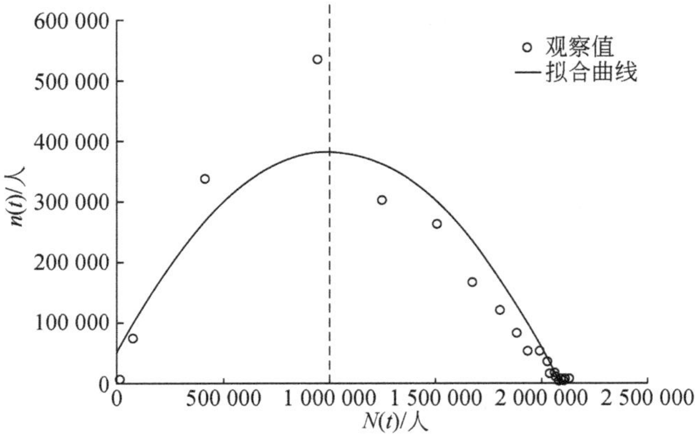

(a)

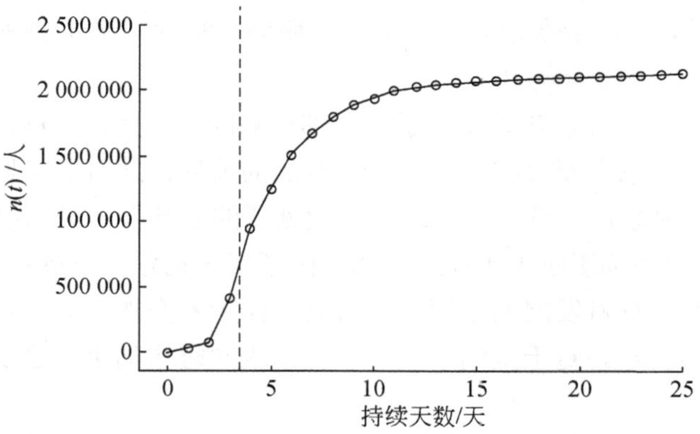

(b)

图 6-7　舆论的日扩散量和累积发展量的关系

发更大范围的网民参与。因此，“甬温动车事故”发生后，网络舆论监管部门应在舆论累积发展量 $N(t)$ 达到 100 万人次或事发后的第 3 天，对网络舆论采取相应的治理措施。结合舆论发展扩散模型的假设和分析，舆论发展的治理措施包括干预策略和引导策略。干预策略主要作用于环境等外部影响因素，如通过对舆论发展时空因素的报道，增加事故透明度，减少参数 a 的取值，以减少其对舆论发展扩散的外部驱动。引导策略主要作用于心理等内部影响因子，如通过对潜在被影响网民心理的疏导，增加参数 c 的取值，减少参数 b 的取值，以减少其对舆论发展扩散的内部驱动。

6.4.4　舆论发展影响因素分析

本节所构建的网络舆论扩散模型综合考虑到公共事务议题、网络大 V、时空环境等内外部影响因子的共同作用。因此，进一步分析“甬温动车事故”网络舆论的发展规律和特征，还需对模型的内外影响因子及其关联关系进行分析。本节以表 6-3 的参数估计结果为基础，建立如下关于模型系数的方程组：

$$\begin{cases} -\dfrac{(b+c)}{m} = -3.27\times10^{-7} \\ 2c-a+b=0.657 \\ (a-c)m = 51\ 950 \end{cases} \tag{6-15}$$

求解方程组（6-15），可得各系数的具体数值如下：

$$\begin{cases} m = 2.085\times10^{6} \\ a = 0.025+c \\ b = 0.682-c \end{cases} \tag{6-16}$$

方程组（6-16）给出案例事故舆论发展扩散模型的系数值及其相互关系。其中，$m = 2.085\times10^6$ 表示参与该事故“微博舆论”扩散的最大饱和网民数预计为 208.5 万人。此外，$a = 0.025+c$ 和 $b = 0.682-c$ 则表示参数 a 和 b 都与参数 c 相关，a 与 c 呈正相关关系，

b 与 c 呈负相关关系。但由于参数 c 的界定较为困难，实际案例主要考虑参数 a 和 b 的负相关关系。

1）当 $a>b$ 时，即外部影响因子大于其内部影响因子，舆论发展的主要动力更多源于舆论议题的影响。该状态主要存在于舆论危机发展的前期，此时舆论监管者应侧重对舆论环境的干预。对于案例事故，该时期应增加事故处置的公开性和透明度。

2）当 $a=b$ 时，即外部影响因子和内部影响因子对舆论危机发展扩散的作用效果相当。该状态主要存在于舆论危机发展的中期，此时舆论监管者在加强舆论环境干预的同时，还应侧重对网民心理的引导。对于案例事故，该时期应同时增加事故透明度和对网民心理的关注。

3）当 $a<b$ 时，即外部影响因子小于其内部影响因子，舆论发展的主要动力更多源于心理波动的影响。该状态主要存在于舆论危机发展的后期，此时舆论监管者应侧重对网民心理的引导。对于案例事故，该时期则应主要增加对网民心理的关注。

6.5 本 章 小 结

网络危机事件的风险源于其舆论的发展与扩散，正确认识和评估舆论发展的态势，可为政府进行舆论引导和控制提供决策的要素和依据，对营造良好的网络环境具有重要意义。本章以网络舆论危机的发展机理为研究对象，通过对舆论发展表现形式、基本模式和驱动因素的归纳和总结，提出和剖析了舆论发展扩散的一般性模型，并以“甬温动车事故”为例，对模型进行实证分析。实证分析的研究结论如下。

1）舆论发展前期的主要驱动力更多源于舆论议题的影响，此时舆论监管者应侧重对舆论环境的干预，增加事故处置的公开性和透明度。

2）舆论发展中期的内外驱动力对舆论传播发展的作用效果相当，此时舆论监管者在加强舆论环境干预的同时，还应侧重对网民心理的引导。

3）舆论发展后期的主要驱动力更多源于社会公众的心理波动，此时舆论监管者应侧重对网民心理的引导和疏解。

第 7 章　社会舆论异化演化机理研究及仿真

7.1　舆论异化演化机理的基本内涵

7.1.1　异化的哲学解析

“异”的繁体字从田从共，其本义是指“与私田及公田都不相同的田亩”，即奇特的田地。随后，“异”的引申义则强调不同的、特别的意思。《袁伯应诗集序》有句：“袁司农伯应（袁可立子），文武异才也”。上述引申义又可进一步延伸为“变化”，即强调事物方向、位置或情势的改变。“化”是会意字，在其甲骨文的字形中，“化”是由左右两部分组成：左边是一个面向左侧站立的“亻（人）”，右边是一个头朝下脚朝上倒过来的“人”。因此，“化”的本义表示“颠倒了”的意思，之后被逐渐被引申，用以表示事物的“变化”，如《庄子·逍遥游》有“北冥有鱼，其名为鲲，……化而为鸟，其名为鹏”。当前对于“化”字的用法，则经常作为词的后缀字出现，表示转变为某种性质或状态，如“异化”“简化”等。

“异化”是“异”和“化”的组合词，强调相似或相同的事物逐渐变得不相似或不相同，即在一定条件下，事物向着自己相对立的方向改变，并导致其内部特性和外部状态发生变化的现象，如事物 A 通过某种方法或途径转变为事物 B。由于“异化”一词可以较精确地表示事物的转变过程，其内涵在物理学、生物学等自然科学或工程科学领域得到广泛延伸。对于理论物理学，物质能量的转变和物态的相变都可从“异化”的内涵出发予以描述和研究。生物学的“异化”则强调生物体在新陈代谢过程中，自身的组成物质发生分解，同时放出能量的过程。作为一个复杂的动态系统，社会现象或问题的描述和研究同样需要关注其事物性质的状态和系统状态的演变过程。因此，“异化”的内涵可以进一步延伸，用于表示经济、社会系统的演变过程。本章对于舆论话题和态度演变的研究，就是借鉴“异化”本义及其在社会科学领域的引申义，用以表示社会舆论在客观世界或网络媒体传播、扩散的过程，出现的舆论话题及其公众态度的转变过程。

7.1.2　舆论异化的基本内涵

事件舆论传播是在不同的社交网络中实现的，其传播方式既包括线下社会中“一对一”或“一对多”的单向传播，还包括网络社会中“多对多”或“网状”形式的交互式传播（苏俊燕等，2006）。因此，事件信息的传播是在舆论主体单向或双向交互的过程中实现的。由于舆论传播主体的社会角色和利益诉求存在差异性，他们对相同社会事件的态度倾向通常也会具有差别，这就导致事件信息在传播过程中经常出现舆论观点的同化、转化、简化现象。鉴于事件舆论传播的上述现象与事物“异化”的本义相契合，本章从“异化”的基本内涵及其哲学解析出发，将舆论的异化演化机理定义为在不同的舆论交互环境下，线下社会公众和线上活跃网民从个人社会背景和利益诉求出发，通过对事件信息的相互询问、交谈、转述，将其社会态度逐渐融入信息传播过程，并最终导致事件舆论出现分叉或转变的现象。舆论异化是在信息发展扩散过程中出现的一种特殊演化现象，故舆论的异化机理不仅具有传播性、散布性和危害性等舆论发展演化的基本特征，还具有连续性、转变性、极化性等特点。

连续性强调社会舆论传播和异化的渐进性，即舆论主体对于事件信息的相互询问、交谈、转述及其加工是渐发性的过程，通常是在具有相同社会背景和利益诉求舆论主体的不断交互过程中出现的。

转变性是指突发事件社会舆论异化的结果，事件信息在连续性的传播或扩散过程中，主流媒体或网络大 V 通常借助其在舆论交互过程中的权威性和影响力，不断引导社会舆论向其理解的态度倾向转变。

极化性是舆论态度演化转变的主要形式，强调舆论主体对事件信息存在偏向性，他们对舆论的交互过程可能导致偏向意见者不断增多，并最终导致社会舆论态度走向极化的现象。社会心理学领域通常利用“沉默的螺旋”原理解释舆论态度的极化性：舆论主体对于舆论气候的感知决定了其公开表达意见的意愿，如果舆论主体感到自己的意见与主流舆论相矛盾，则会倾向于保持沉默，并导致与其相对的社会舆论不断增多和加强的过程。

7.2 舆论异化演化机理的效应分析

7.2.1 舆论异化的表现形式

事件信息在舆论主体间“多对多”的交互传播方式是社会舆论异化现象发生的主要原因。因此，要探究社会舆论异化的主要表现形式，就必须对事件舆论的交互传播过程进行分析。虽然不同舆论事件的话题具有差异性，但其“多对多”的交互传播过程通常是一致的。本节以“宁波 PX 项目”的舆论话题为例，基于新浪微博的舆论数据，对事件舆论话题和态度的异化过程进行描述。2012 年 10 月，宁波引进 PX 项目引发民众激烈反对，并由此产生四次规模较大的群众聚集事件。其中，10 月 27 日多名民众在镇海甬江隧道附近抗议时被警方逮捕，网络谣言“骚乱大学生被特警打死”在网络迅速传播，以新闻、帖子和微博的形式在媒介迅速聚集，引发事件舆论深度演化。

鉴于此，本节对该事件舆论信息异化现象的分析，将以 10 月 27 日谣言信息的曝光为起始时间，对此后 5 天社会舆论的传播过程进行分析。考虑事件微博数据的完整性，本节每隔 2h 实时采集新浪微博数据，得到事件在整个演化过程中每个时刻及 24h 累积微博量变化如图 7-1 所示，在事件演化的每个峰值，摘选浏览量较高的微博作为峰值形成的主题微博。

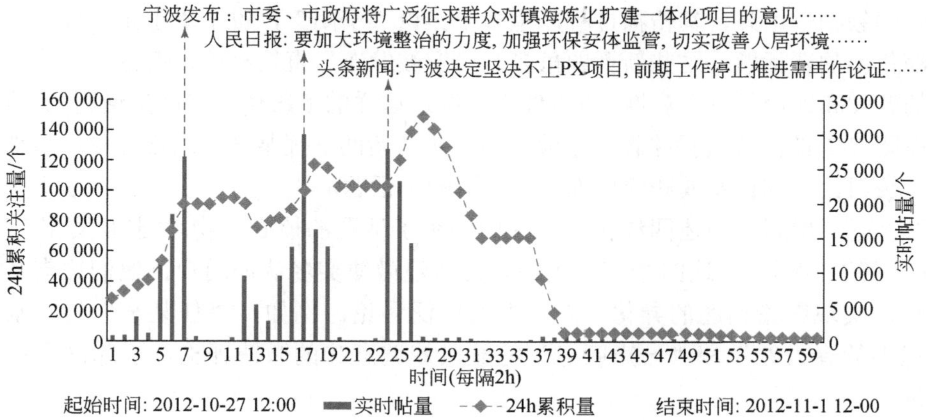

图 7-1　“宁波 PX 项目”的舆论演化趋势

为分析主体间“多对多”交互传播方式在舆论异化过程中的表现，将对以上舆情演化过程中初始影响最大的微博进行传播网络分析，构建“宁波发布”舆论主体的信息传播网络（Ren et al.，2014）。如图 7-2 所示，“宁波发布”传播网络结构较为复杂，除初始发布

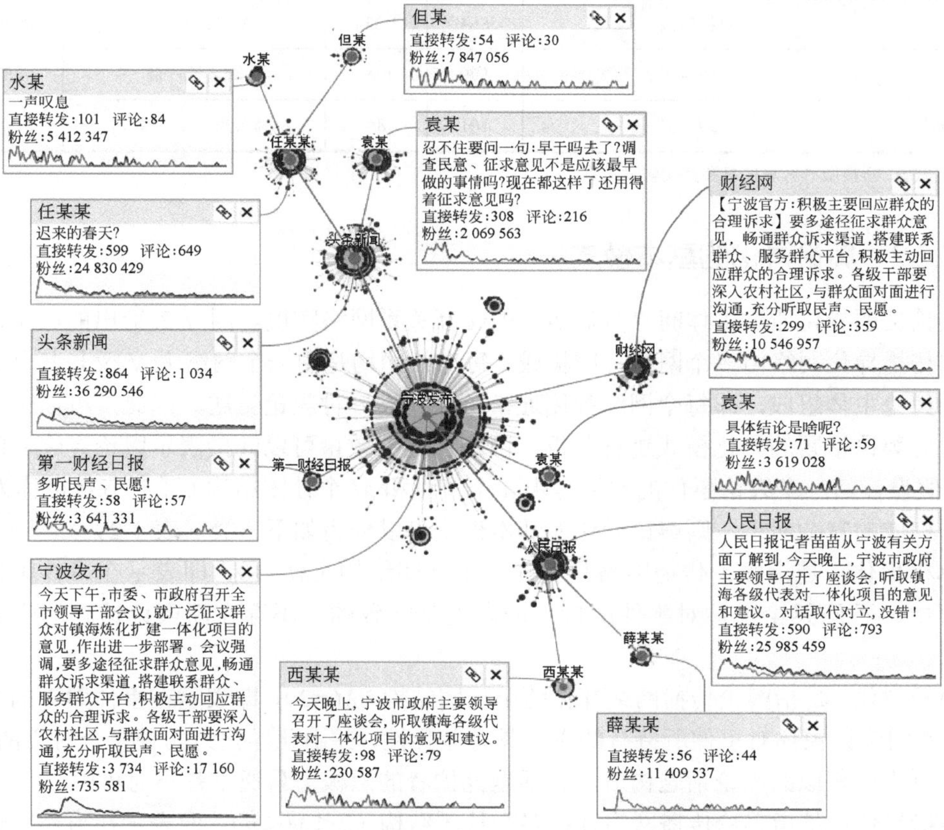

图 7-2　“宁波发布”所发微博的传播网络

资料来源：根据新浪微博客观信息和真实转发关系，借用 PKUV2S 微博可视分析工作绘制

者具有较强领袖作用外，其传播过程产生多个舆论“子团”，每个“子团”代表在该话题下发展演化出的新话题。这些新话题虽多与“宁波发布”直接相连，但由于舆论主体对事件信息的转发和评论具有主观性，故事件舆论经过这样的多级传播将产生话题的异化现象。例如，在图 7-2 的四级传播路径“宁波发布→头条新闻→任某某→水某”中，事件新闻话题在每一级舆论主体转发或评论后都会产生新的子话题。

表 7-1 进一步列出上述四级传播路径中四个子话题的核心人物：“宁波发布”“头条新闻”“任某某”“水某”。这四个核心人物均为新浪微博实名认证用户，他们凭借其拥有的大量粉丝，实现舆论话题的异化和新话题的广泛讨论。例如，“任某某”与“水某”两人以“迟来的春天？”和“一声叹息”等颇具戏谑意味的微博评论，引起网友的大量转发与评论。

表 7-1 “宁波发布”最长传播路径中的核心人物

博主	内容	转发	评论	身份	粉丝数
“宁波发布”	市委、市政府将广泛征求群众对镇海炼化扩建一体化项目的意见……	3 734	17 160	宁波新闻办公室官方微博	735 581
“头条新闻”	直接转发	864	1 034	新浪新闻中心	36 290 546
“任某某”	迟来的春天？	599	649	知名地产商	24 830 429
“水某”	一声叹息	101	84	《华夏时报》总编辑	5 412 347

数据来源：新浪微博客观信息和真实转发关系

7.2.2 舆论异化的基本模式

舆论话题异化通过主体间“多对多”的交互关系网络实现。图 7-2 给出的舆论事件微博话题传播异化网络由多个网络社团构成，每个社团均是由一个网络大 V 及与其具有相似观点的舆论主体组成，即每个网络社团通常可以代表一种舆论话题。因此，可以采用社团结构树对舆论话题的异化模式进行分析，网络社团的数量可以间接表示舆论异化后的话题数量。假设任何一个舆论事件的网络是由 n 个节点和 M 个社团结构（孤立节点也称为 1 个社团）构成的复杂网络，则舆论异化的基本模式可以分为如下三类（表 7-2）。

单极聚化：是指舆论传播网络只存在一个社团结构（$M=1$），即表示在事件舆论的演化过程中，不同舆论主体对事件所持有的态度是一致的，不存在新舆论话题的生成和异化现象。

两极裂化：是指舆论传播网络存在两个社团结构（$M=2$），即表示在事件舆论的演化过程中，不同舆论主体对事件所持有的态度具有差异性，并由此异化为两种完全对立的观点，每种观点均由相似的舆论话题构成，且话题拥护者的两极力量通常是不对称的。

多极异化：是指舆论传播网络存在多个社团结构（$2<M<n$），即表示在事件舆论的演化过程中，不同舆论主体对事件所持有的态度具有多样性，并由此异化为多种不同维度上的观点，每种观点均由相似的舆论话题构成，且每类话题拥护者的数量通常是不同的。

表 7-2　舆论异化的基本模式

异化模式	模式解释	社团结构数	直观表示
单极聚化	事件舆论的演化过程中，不同舆论主体对事件所持有的态度是一致的，不存在新舆论话题的生成和异化现象	M=1	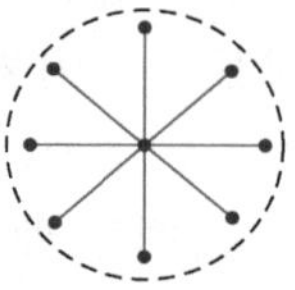
两极裂化	事件舆论的演化过程中，不同舆论主体对事件所持有的态度具有差异性，并由此异化为两个完全对立的观点，每种观点均由相似的舆论话题构成	M=2	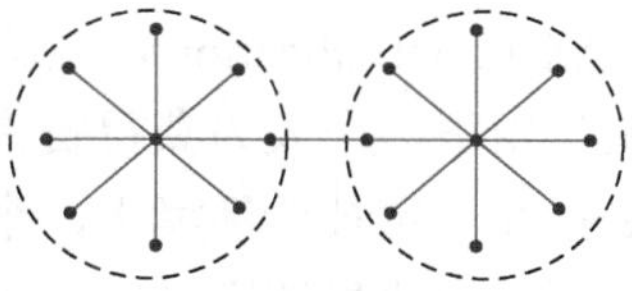
多极异化	事件舆论演化过程中，不同舆论主体对事件所持有的态度具有多样性，并由此异化为多种不同维度上的观点，每种观点均由相似的舆论话题构成	$2<M<n$	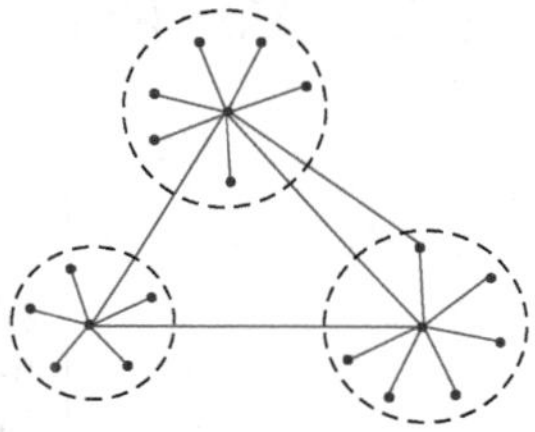

舆论异化的三类基本模式是基于社团结构的数量进行划分的，即将舆论传播网络的节点分为几个组团，每个组团内部的节点连接稠密，而组团之间的节点连接稀疏。因此，在舆论异化过程中，话题数量的度量可以采用复杂网络模块度的方式（汪小帆等，2006），具体的度量公式如下：

$$Q=\sum_i e_{ii}-a_i^2=\mathrm{Trace}(e)-\|e^2\| \tag{7-1}$$

式中，e_{ii} 为社区 i 内部边占总边数的比例；$a_i=\sum e_{ij}$（$i\neq j$）为社区 i 和 j 间的边数占比。

7.3　超网络视角下舆论异化机理的极化算法

舆论异化的极化效应体现危机舆论传播的话题演化规律，本节将同样以舆论超网络模型为基础，借鉴社会影响理论、羊群行为理论等，构建舆论异化机理的极化算法，并对其进行仿真模拟分析。

7.3.1　舆论异化极化算法构建原则

舆论异化极化既是社会外部环境影响的结果，更是舆论群体内部个体交互影响的结果。因此，“舆论异化极化算法构建”的理论原则主要为社会影响理论和羊群行为理论等。

（1）社会影响理论

社会影响是一种普遍的社会心理现象，反映个体思想、态度和行为因受外界作用所发生的改变。社会影响理论（social influence theory）是对上述社会影响现象的理论阐述，其基本框架最早是由美国社会心理学家 Kelman（1958）提出。根据社会影响理论，在不同社会影响情境下，个体行为态度的产生（或转变）机制通常是不同的，而不同的行为态度产生（或转变）机制又将进一步决定个体的后继行为。例如，在某些社会影响因素作用下，个体会对某一行为表现出表面化的公众附和，也会对其他行为产生由内及外的信念和价值观转变。

在社会影响理论中，个体态度或行为的产生和转变通过三种主观规范机制实现（Malhotra and Galleta，2003），即顺从机制（compliance）、认同机制（identification）、内化机制（internalization）。顺从机制是一种被动的态度转变过程，具体是指在特定社会影响因素作用下，个人为获得赞许或避免惩罚，而不得不采纳他人要求的行为或态度。认同机制是指在一定社会环境下，个人为保持与他人或群体的关系，而采取某种态度或行为的作用过程。内化机制则是一种主动的社会影响过程，是指在外界行为和个人价值观相符的情况下，个人积极采取特定态度和行为的过程（图 7-3）。

图 7-3　社会影响理论基本框架

社会影响理论给出社会态度和行为转变的三种基本模式，后续研究又结合特定的社会因素对相应的转变行为进行修订。例如，有学者认为顺从产生于控制性的社会影响因素，这些因素只会控制个人行为，但并不能改变个体的态度；认同和内化则更多地产生于自愿性的社会影响因素，这些社会因素会直接转变个体的态度，并通过态度的中介作用影响个体的行为意愿（Venkatesh and Davis，2000）。修订后的社会影响理论更为清晰地解释了个体态度和意愿的转变过程，有助于客观认识个体态度转变的本质和程度。由于舆论危机异化机理的关注点是态度和话题的转变过程，本节将借鉴社会影响理论设计舆论异化机理的极化算法。

（2）羊群行为理论

羊群行为（herd behavior），也称羊群效应，是指羊群中有一只领头羊，当领头羊朝一个方向运动时，羊群就朝这个方向运动；当领头羊停下来时，羊群也就停了下来，这只领头羊成了羊群的示范。这一理论描述了组内的个体如何可以在没有计划方向的情况下一起行动。该术语涉及的动物有牛群、羊群，也涉及人群的集聚、示威、暴乱和罢工，以及体育赛事、宗教集会、暴民暴力事件，日常决策、判断和舆论形成的行为（韩少春等，2011）。

在管理学上，“羊群效应”是一些企业市场行为中的常见现象。例如，某个羊群（集体）是一个很散乱的组织，平时大家在一起盲目地左冲右撞。如果一头羊发现了一片肥沃的绿草地，并在那里吃到了新鲜的青草，后来的羊群就会一哄而上，争抢那里的青草，全然不顾旁边虎视眈眈的狼，或者看不到其他地方还有更好的青草。羊群效应一般出现在一个竞争非常激烈的行业中，而且这个行业中有一个领先者（领头羊）占据了主要的注意力，那么整个羊群就会不断模仿这个领头羊的一举一动，领头羊到哪里去吃草，其他的羊也去哪里淘金。

羊群效应也是经常接触、经常交流的人群中的现象。人类学家认为，群体内信息的传递机制包括谈话分析（talking analysis）和社会认识（socio-cognition）两种方式。在长期进化的过程中，人类形成了以集体为单元共同行动、共享信息的机制，这种机制也具有一定的进化优势。羊群行为的产生可能是因为沟通方式对人思考能力和回忆的限制，使得群体行为发生收敛。

经济学中的羊群效应是指市场上存在那些没有形成自己的预期或没有获得一手信息的投资者，他们将根据其他投资者的行为来改变自己的行为。在市场中，普通大众往往容易丧失基本判断力，而其目光总投向资讯媒体，希望从中得到判断的依据。理性地利用和引导羊群行为，可以创建区域品牌，并形成规模效应，从而获得利大于弊的较佳效果，即寻找好领头羊是利用羊群效应的关键。

7.3.2　舆论超网络异化的驱动分析

异化机理主要发生在舆论演化中期，体现事件信息发展扩散过程中舆论话题的演变现象。因此，以舆论演化的超网络分析为基础，话题的异化机理研究同样可以采用超网络分析方法（图 7-4）。结合舆论超网络的构建准则，话题异化的外部影响由环境子网的节点属性及其演变关系决定；话题异化的内部影响则是心理子网和观点子网节点属性以主体从众性和可信水平等异化变量的方式作用于舆论异化过程。

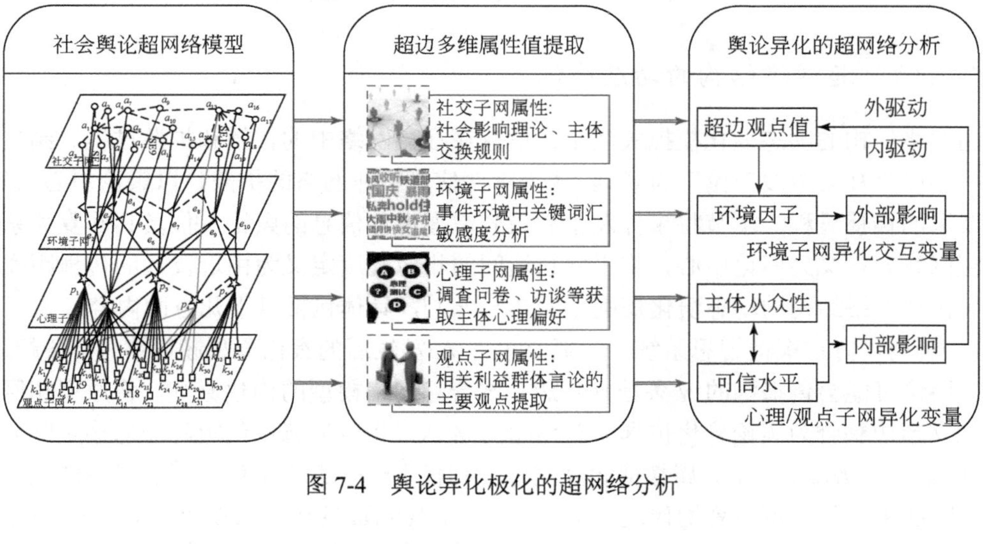

图 7-4　舆论异化极化的超网络分析

7.3.3　舆论异化极化算法的基本结构

舆论异化机理的主要表现是话题观点的极化，本节即以异化的极化现象为研究对象，结合社会影响理论、舆论羊群效应和舆论异化超网络分析，构建“舆论异化的极化算法”，以期对演化过程中话题的极化现象进行仿真分析。由于事件舆论的异化过程具有动态性，具体可体现在话题信息的传播和交互过程中，因此，这里构建的“异化极化算法”不仅关注舆论观点的交互过程，更考虑话题信息的传播和扩散过程，简要的算法结构主要包括两个环节（图 7-5），分别为超网络结构的动态演化和超网络内容的异化极化。

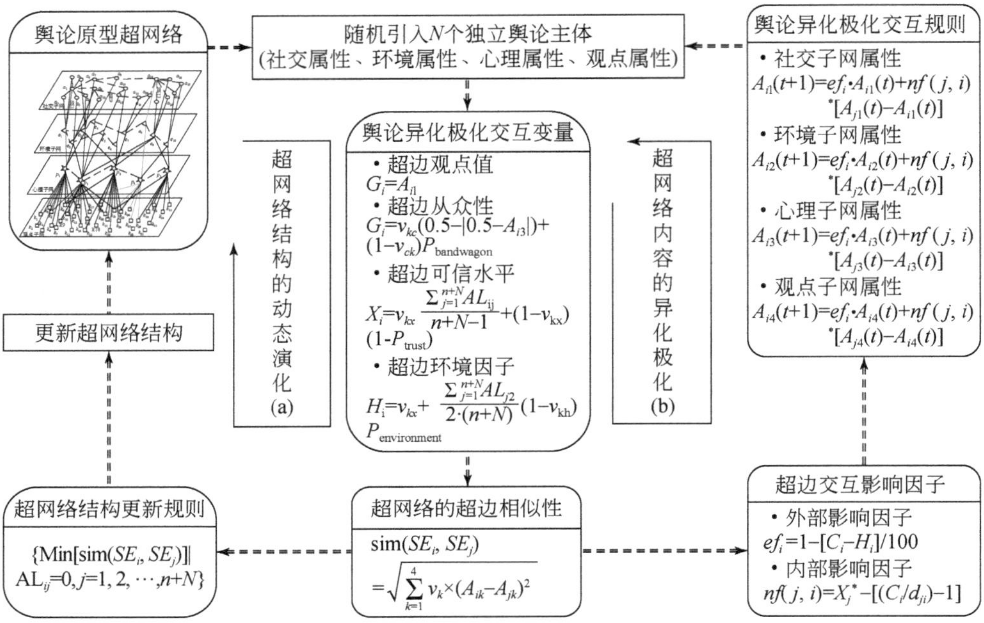

图 7-5　超边异化极化算法的基本结构

7.3.3.1　超网络结构的动态演化

超网络结构的动态演化模拟关注事件信息在社交网络中的传播和扩散过程。结构演化模拟规则以“社会激波理论”为基础，认为事件信息关注网络的扩散是以舆论中心为始点，由近及远的传播过程。本节将事件发生后最先掌握事件信息的舆论主体及其回复关系（即原型超网络）定义为舆论中心，将不同超边间的相似程度定义为由近及远的传播距离，构建了舆论超网络结构的动态演化规则［图 7-5（a）]，具体包括以下几方面内容。

1）利用“方正舆情智思系统”，抓取事件 A 发生后的舆论原型超网络（n 条超边），并引入舆论可能会传播到的 N 条独立超边。结合超网络模型的构建原则，将原型超网络和 N 条独立超边整合为舆论异化仿真的总体超网络 A，相应的属性值矩阵和邻接矩阵分别定义为 $A_{4(n+N)}$、$AL_{(n+N)(n+N)}$。属性值矩阵的每一列代表一个舆论主体在四层子网的属性值；邻接矩阵的每一行或每一列均代表一个舆论主体，其元素只有 1 和 0 两种形式（Abuelenina and Abul-Magd，2012）。

2）舆论话题的扩散及其异化遵循由近及远的传播规律，即舆论主体间观点的相似程度越近越容易出现话题传播和异化现象。舆论观点相似性的描述通常采用距离函数（Bhattacharya et al.，2011），即在四维超网络模型中，将网民对舆论事件的帖子或微博定义为四维空间中的一个点，进而使用广义距离（Kurata and Matsuura，2013）表示样本点之间的相似性，距离较近的样本点性质较相似，距离较远的样本点则差异较大。

3）根据人类最小努力原则（Zipf，2012），人们各种社会活动均试图以最小的代价获得最大的效益。超网络结构的动态演化和更新也遵循上述原则，即在选取潜在相连超边时，每条超边都会与不相连超边中最相似的超边最先相连。新连接的超边将导致超网络邻接矩阵发展变化，如当超边 SE_i 与超边 SE_j 产生连边关系时，它们的邻接关系也应由 0 调整为 1。

7.3.3.2　超网络内容的异化极化

超网络内容的极化规则是以舆论信息异化过程的分析为基础设计，即在事件信息传播过程中，舆论主体的态度或行为转变同时受到其邻居观点和事件环境属性的影响，而每种影响对舆论主体态度的影响程度是有限的。因此，以结构动态演化过程中的超网络模型为整体，借鉴“有限信任原则”，本节将从舆论超网络的内部属性和外部属性出发，分别构建舆论异化的内外影响因子，并由此设计相应的异化极化规则，具体涉及如下几方面内容[图 7-5(b)]。

1）交互变量选取是超网络内容极化规则设计的基础，本节采用连续区间表示法定义交互变量。对于任意超边 SE_i，可定义超边观点值、环境因子、主体从众性和信任水平等交互变量。超边观点值 G_i 由社交子网的观点属性值决定，表示舆论主体对公共事件所持有的态度倾向；环境因子 H_i 是交互的外部变量，由舆论超网络环境子网属性值和事件发展态势决定；主体从众性 C_i 则表示舆论主体对自身观点的确定性程度，主体从众性越高表示其确定性程度越低，越容易相信他人观点；信任水平 X_i 表示舆论主体间观点的可信程度，这种可信程度通常与主体的权威性和社会的公信力有关。

2）基于上述变量的定义方式，任何超边 SE_i 均存在一组交互变量集（G_i，H_i，C_i，X_i）。环境因子 H_i 是超边内容异化的外部驱动因素，其对舆论主体观点交互的影响强度受主体从众性的制约。当主体从众性高于环境因子的阈值时，环境因子将通过外部影响驱动力作用于超边。主体从众性 C_i 及其信任水平 X_i 是超边内容异化的内部驱动因素。根据有限信任原则，只有超边 SE_i 与超边 SE_j 观点的差异程度小于某阈值才能实现内部交互。假设 d_{ij} 是主体极化交互的判定阈值，当该阈值小于主体从众性时，网民观点将相互影响，反之则不发生影响。

3）在异化机理超网络分析中，舆论话题和主体观点的异化受其外部影响因子和内部影响因子的作用。假设超边 SE_i 在超网络中存在多条相连超边，本章以一定的概率 p 选取其中的交互超边 SE_j，并与其发生观点的交互，这种交互将同时作用于舆论超网络的四层子网，即社交子网、环境子网、心理子网和观点子网的属性值将同时发生变化。此外，由于超边 SE_i 和 SE_j 的主体从众性和信任水平存在差异，主体间内容的交互具有方向性。

7.3.4　舆论异化极化算法的具体流程

依据算法的构建原则和基本结构，本节选取舆论事件 A 的 n 维原型超网络和 N 条独立超边作为异化极化算法运行的总体，并将舆论超网络异化极化算法的流程细化如下，具体包括两个环节、十二步流程。

7.3.4.1　超网络结构的动态演化

第一步：抓取事件发生后的原型超网络（n 条超边），原型超网络的属性值矩阵 A 和邻接矩阵 AL 如下：

$$\boldsymbol{A}=\begin{bmatrix} A_{11} & \cdots & A_{n1} \\ \vdots & & \vdots \\ A_{14} & \cdots & A_{n4} \end{bmatrix} \quad \boldsymbol{AL}=\begin{bmatrix} AL_{11} & \cdots & AL_{1n} \\ \vdots & & \vdots \\ AL_{n1} & \cdots & AL_{nn} \end{bmatrix}$$

第二步：随机引入 N 条独立的超边（不存在连边关系），超边属性值随机定义，取值0～1。

$$\boldsymbol{A}'=\begin{bmatrix} A'_{11} & \cdots & A'_{N1} \\ \vdots & & \vdots \\ A'_{14} & \cdots & A'_{N4} \end{bmatrix} \quad \boldsymbol{AL}'=\begin{bmatrix} 0 & \cdots & 0 \\ \vdots & & \vdots \\ 0 & \cdots & 0 \end{bmatrix}$$

第三步：将第一步和第二步的超边整合为一个超网络，即含有 $n+N$ 条超边。

$$\boldsymbol{A}=\begin{bmatrix} A_{11} & \cdots & A_{(n+N)1} \\ \vdots & & \vdots \\ A_{14} & \cdots & A_{(n+N)4} \end{bmatrix}$$

$$\boldsymbol{AL}=\begin{bmatrix} AL_{11} & \cdots & AL_{1(n+N)} \\ \vdots & & \vdots \\ AL_{(n+N)1} & \cdots & AL_{(n+N)(n+N)} \end{bmatrix}$$

第四步：计算每条超边之间的相似性（采用欧氏距离方法），v_k=0.25。

$$\mathrm{sim}(SE_i,SE_j)=\sqrt{\sum_{k=1}^{4} v_k \times (A_{ik}-A_{jk})^2} \tag{7-2}$$

$$\boldsymbol{SIM}_A=\begin{bmatrix} \mathrm{sim}(SE_1,SE_1) & \dots & \mathrm{sim}(SE_1,SE_{n+N}) \\ \vdots & & \vdots \\ \mathrm{sim}(SE_{n+N},SE_1) & \dots & \mathrm{sim}(SE_{n+N},SE_{n+N}) \end{bmatrix}$$

第五步：选取每条超边的相连超边，即与不相连超边中最相似的超边相连。例如，对于超边 SE_i，满足如下约束条件，则超边 SE_i 与超边 SE_j 产生连边关系。

$$\{\mathrm{Min}\,[\mathrm{sim}（SE_i,\ SE_j）]\ |AL_{ij}=0,\ j=1,\ 2,\ \cdots,\ n+N\} \tag{7-3}$$

第六步：更新超网络结构，即基于新的连边关系，更新超网络的邻接矩阵，将超边 i 与超边 j 的邻接关系由 0 调整为 1。

7.3.4.2　超网络内容的异化极化

第七步：对于任意超边 SE_i，存在如下交互变量。

1）超边 SE_i 的观点值用［0，1］区间的数值表示，见式（7-4），0 表示舆论主体观点最消极，0.5 表示主体观点中立，1 表示主体观点最积极。

$$G_i=A_{i1} \tag{7-4}$$

2）超边 SE_i 的从众性用［0，0.5］区间的数值表示，见式（7-5），0 表示舆论主体对各种观点具有确定的看法，其从众性最低，0.5 则表示其从众性最高。其中，式中 $P_{\text{bandwagon}}$ 表示社会平均从众性水平，v_{kc} 表示舆论主体从众性的内生化参数。

$$C_i= v_{kc}\,(0.5-|0.5-A_{i3}|) + (1-v_{kc})\,P_{\text{bandwagon}} \tag{7-5}$$

3）超边 SE_i 的信任水平用［0，1］区间的数值表示，见式（7-6），0 表示舆论主体的观点不具备可信性，对其他主体无内部影响，1 则表示舆论主体观点的可信性较强。其中，式中，P_{trust} 表示社会平均公信力水平，V_{kx} 表示舆论观点可信性的内生化参数。

$$X_i=v_{kx}\frac{\sum_{i=1}^{n+N}AL_{ij}}{n+N-1}+(1-v_{kx})(1-P_{\text{trust}}) \tag{7-6}$$

4）超边 SE_i 的环境因子用［0，0.5］区间的数值表示，见式（7-7），0 表示舆论环境最不乐观，0.5 表示舆论环境最乐观。其中，式中 $P_{\text{environment}}$ 表示事件平均环境因子，v_{kh} 表示舆论环境因子的内生化参数。

$$H_i=v_{kh}\frac{\sum_{j=1}^{n+N}A_{i2}}{2(n+N)}+(1-v_{kh})P_{\text{environment}} \tag{7-7}$$

第八步：选取交互超边，对于任意超边 SE_i，从与其具有连边关系的超边中，以一定的概率 p 选取交互超边 SE_j。

第九步：外部影响，即环境因子对超边 SE_i 的影响。

若 $C_i>H_i$，则外部影响因子为

$$ef_i=1-[C_i-H_i]/100$$

若 $C_i\leqslant H_i$，则外部影响因子为

$$ef_i=1$$

第十步：内部影响，即超边 SE_i（G_i，C_i，X_i，H_i）与超边 SE_j（G_j，C_j，X_j，H_j）交互变量差异程度小于某阈值才能实现内部交互，假设超边间的差异阈值 d_{ij} 受到超边观点值的影响。

$$d_{ij}=|G_i-G_j| \tag{7-8}$$

1）超边 SE_i 对超边 SE_j 的内部影响因子。

若 $d_{ij}>C_j$，则内部影响因子为 $nf(i,j)=0$

若 $d_{ij}\leqslant C_j$，则内部影响因子为 $nf(i,j)=X_i\times[(C_j/d_{ij})-1]$

2）超边 SE_j 对超边 SE_i 的内部影响因子。

若 $d_{ji}>C_i$，则内部影响因子为 $nf(j,i)=0$

若 $d_{ji}\leqslant C_i$，则内部影响因子为 $nf(j,i)=X_j\times[(C_i/d_{ji})-1]$

第十一步：内容交互，舆论超网络内容的交互同时受外部影响因子和内部影响因子的作用，以超边 SE_i 和其有连边关系的任一超边 SE_j 为例，可以将其内容交互的规则定义为

1）超边 SE_i 观点属性内容的变化。

$A_{i1}(t+1)=ef_i\times A_{i1}(t)+nf(j,i)\times[A_{j1}(t)-A_{i1}(t)]$

$A_{i2}(t+1)=ef_i\times A_{i2}(t)+nf(j,i)\times[A_{j2}(t)-A_{i2}(t)]$

$A_{i3}(t+1)=ef_i\times A_{i3}(t)+nf(j,i)\times[A_{j3}(t)-A_{i3}(t)]$

$A_{i4}(t+1)=ef_i\times A_{i4}(t)+nf(j,i)\times[A_{j4}(t)-A_{i4}(t)]$

2）超边 SE_j 观点属性内容的变化。

$A_{j1}(t+1)=ef_j\times A_{j1}(t)+nf(i,j)\times[A_{i1}(t)-A_{j1}(t)]$

$A_{j2}(t+1)=ef_j\times A_{j2}(t)+nf(i,j)\times[A_{i2}(t)-A_{j2}(t)]$

$A_{j3}(t+1)=ef_j\times A_{j3}(t)+nf(i,j)\times[A_{i3}(t)-A_{j3}(t)]$

$A_{j4}(t+1)=ef_j\times A_{j4}(t)+nf(i,j)\times[A_{i4}(t)-A_{j4}(t)]$

第十二步：依据上述规则，更新 $n+N$ 维超网络 A 的属性值矩阵，并进行新一轮超网络结构的动态演化和超网络内容的异化极化，直至达到事先设定的交互迭代次数，并返回最终的异化极化结果。

7.3.5 算法的程序实现及其应用环境

为快速模拟突发事件网络舆论的异化极化现象，本节以舆论超网络的"异化极化算法"为基础，在 MATLAB 和 NetLogo 等系统集成仿真编译开发平台上，采用 C++语言，同时编写了极化算法的运行程序。程序在两个仿真平台上的运行结果相似，具体包括 6 项输入和 2 项输出。

7.3.5.1 算法的输入

1）原型超网络属性值矩阵 $\boldsymbol{A}$ 和邻接矩阵 $\boldsymbol{AL}$。

2）随机引入的独立超边数 N。

3）结构演化和内容交互的迭代次数。

4）事件环境因子 $P_{\text{environment}}$，取值 0～0.5。

5）社会从众性水平 $P_{\text{bandwagon}}$，取值 0～0.5。

6）社会公信力水平 P_{trust}，取值 0～1。

7.3.5.2 算法的输出

1）$n+N$ 条超边每迭代一步所对应的观点值 G_i（散点图）。

2）$n+N$ 条超边迭代过程的态度倾向（正向、中立、负向）。

7.4 舆论异化极化算法的仿真分析

在实证分析环节，本节同样选取事件过程较为完整的"甬温动车事故"作为案例，对其社会舆论异化极化效应进行仿真分析。

7.4.1 案例背景介绍

本章选取同一案例进行仿真分析，其简要背景详见 6.4.1 节。

鉴于本章关注的重点是异化机理的极化效应，这里的案例背景介绍还将对"甬温动车事故”发生后的话题异化过程进行分析。根据第 6 章的分析结果，“甬温动车事故”舆论话题发展扩散速度较快的时间段是 7 月 23 日至 8 月 10 日。舆论话题的快速扩散极易导致主体观点发生异化，因此本章同样选取上述时间段作为案例研究时段，利用“方正舆情智思系统”采集与事件相关的微博数据，共 210 万条。通过对上述微博数据关键词的提取及其聚类分析，将事故发生后的话题异化过程分为如下几个阶段（表 7-3）。

表 7-3　“甬温动车事故”舆论话题的异化过程

异化阶段	异化发生前	异化前期	异化中期	异化后期	异化发生后
时段	7 月 23～24 日	7 月 25～28 日	7 月 29 日～8 月 1 日	8 月 2～5 日	8 月 6～10 日
舆论话题	网友热议/话题纷杂 ①关注事故发生时间 ②追踪事故发生原因 ③质疑事故救援过程 ④热议事故遇难人数 ⑤追问掩埋车体动机 ……	话题异化/关注点集中 ①质疑中国高铁技术 ②关注和支持小伊伊 ③不满政府善后处置	话题异化/开始极化 ①质疑事故赔偿金额 ②纪念事故遇难同胞	话题持续异化极化 呼吁人大代表介入、督促事故调查	舆论关注度降低，事故讨论趋于停息

7.4.2　案例数据获取

鉴于微博数据的完整性和可获取性，本章在案例研究环节主要采用事件的微博舆论作为研究对象。对于微博舆论主体样本的选取，本章从标签为财经类、传媒类、文学类、科技类、房产类、教育类、健康类、科普类、公益类和军事类博主中分别选取 100 名认证博主，构成包含 1000 名“大 V”的舆论主体样本。对于“甬温动车事故”，分别以“温州动车”“甬温事故”等为关键词，在“方正舆情智思系统”中对上述 1000 名认证博主在事故发生后前两天的相关微博进行检索，共获取 87 条微博数据。随后，将同一博主的微博数据进行整合，最终获得“甬温动车事故”的 50 条原型超边。依据网络舆论超网络的构建准则及其各层子网属性值的获取方式，本章采用人机交互的方式对上述舆论事件各条微博的社交、环境、心理和观点属性值进行评估，并采用“方正舆情智思系统”对微博博主的关注关系进行抓取，得到上述事件舆论超网络的属性值列表（表 7-4）。

表 7-4　“甬温动车事故”舆论超网络的属性值

博主	社交属性	环境属性	心理属性	观点属性	博主	社交属性	环境属性	心理属性	观点属性
xmz	0.000	0.500	0.400	0.125	hwf	0.200	0.520	0.400	0.200
hbdlj	0.000	0.500	0.200	0.273	yjr	0.000	0.500	0.200	0.190

续表

博主	社交属性	环境属性	心理属性	观点属性	博主	社交属性	环境属性	心理属性	观点属性
jwzy	0.000	0.510	0.400	0.200	yzt	0.200	0.500	0.400	0.300
hzjq	0.000	0.550	0.400	0.000	qytw	0.080	0.500	0.320	0.146
jlx	1.000	0.590	0.800	0.563	gd	0.400	0.550	0.550	0.283
jyk	0.100	0.575	0.500	0.167	cly	0.200	0.500	0.400	0.333
jyh	0.000	0.550	0.400	0.000	qg	0.133	0.530	0.433	0.242
hxj	0.333	0.583	0.667	0.345	zj	0.100	0.510	0.300	0.214
df	0.000	0.520	0.600	0.000	zgqtx	0.000	0.500	0.300	0.125
dl	0.067	0.533	0.500	0.157	qwz	0.200	0.580	0.400	0.000
dzhqs	0.333	0.560	0.600	0.384	fz	0.000	0.500	0.400	0.286
aq	0.000	0.500	0.300	0.286	m1986	0.500	0.550	0.600	0.400
yj	0.400	0.580	0.600	0.400	zgww	0.200	0.600	0.400	0.375
cch	0.133	0.533	0.400	0.219	ggxd	0.800	0.550	0.800	0.200
yy	0.800	0.600	0.800	0.500	xyxdf	0.067	0.523	0.467	0.200
qs	0.200	0.520	0.400	0.308	lslh	0.100	0.500	0.350	0.362
zyj	0.333	0.533	0.467	0.217	zlswy	0.000	0.500	0.200	0.200
hhhy	0.200	0.500	0.400	0.000	ygtw	0.120	0.500	0.240	0.283
mch	0.800	0.600	0.800	0.700	cshlh	0.000	0.500	0.200	0.115
hlbbdw	0.000	0.520	0.400	0.444	jxx	0.000	0.500	0.300	0.300
wx	0.200	0.520	0.500	0.200	yz	0.800	0.600	0.800	0.500
wy	0.800	0.550	0.800	0.429	hzhzj	0.100	0.510	0.322	0.271
agzfj	1.000	0.600	0.800	0.800	xt	0.200	0.550	0.500	0.500
qjg	0.200	0.520	0.400	0.421	cygdz	0.000	0.500	0.200	0.300
ymh	0.000	0.500	0.300	0.417	lwr	0.800	0.600	0.600	0.400

7.4.3　算法验证及极化效应趋势分析

7.4.3.1　极化算法的验证分析

“甬温动车事故”发生后，公众和网民纷纷通过微博、网上论坛等形式参与事故讨论，话题信息包括事故发生原因、救援措施、伤亡人数及善后、事故责任追查、主流媒体表现等方面。其中，事故话题中的谣言信息和辟谣信息在社交网络中的传播和扩散，给事故舆论环境带来诸多负面影响，导致舆论主体的从众性、信任水平和环境因子等变量发生波动。本节通过对“甬温动车事故”谣言信息和辟谣信息的梳理，进一步定义了上述交互变量的变化趋势，见表 7-5。

表 7-5　“甬温动车事故”话题异化极化的交互变量

异化阶段	异化发生前	异化前期	异化中期	异化后期	异化发生后
谣言信息	掩埋车体被解读为掩盖证据，传言增多	遗体未经家属同意集体火化	网传记者被关车内	传柴静调查动车事故被“失踪消息”	无
辟谣信息	铁道部回应，掩埋车体是便于抢险	记者调查“集体火化”等谣言不属实	参与记者辟谣“在车上是休息”	微博辟谣小组联系柴静本人辟谣	无
从众性	0.2	0.3	0.4	0.5	0.4
信任水平	0.8	0.6	0.4	0.2	0.6
环境因子	0.5	0.3	0.2	0.1	0.3

将表 7-4 和表 7-5 获取的案例数据引入“舆论异化极化算法”的仿真程序，可模拟“甬温动车事故”发生后，舆论态度或观点异化极化的过程，具体的仿真结果（图 7-6）表明事件话题在观点交互过程中出现了较明显的异化极化现象，且这种现象与表 7-3 的话题异化过程相对应，即事故异化过程包括五个话题极化阶段。

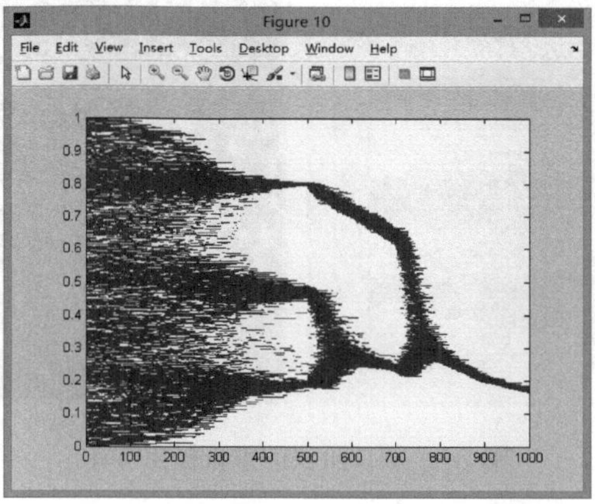

图 7-6　“甬温动车事故”舆论话题异化极化的仿真结果

7.4.3.2　异化极化的趋势分析：以“甬温动车事故”为例

为揭示舆论异化过程中的话题极化趋势，本节将图 7-6 与表 7-3 进行对比分析，并分别对各阶段的话题异化过程进行描述如下。

第一阶段：事故发生后的前两天，即 7 月 23～24 日。该阶段社会公众开始关注事故信息，舆论热度持续升级，事故话题纷杂多变（图 7-7），部分热议话题包括关注事故发生时间、追踪事故发生原因、质疑事故救援过程、热议事故遇难人数、追问掩埋车体动机等。

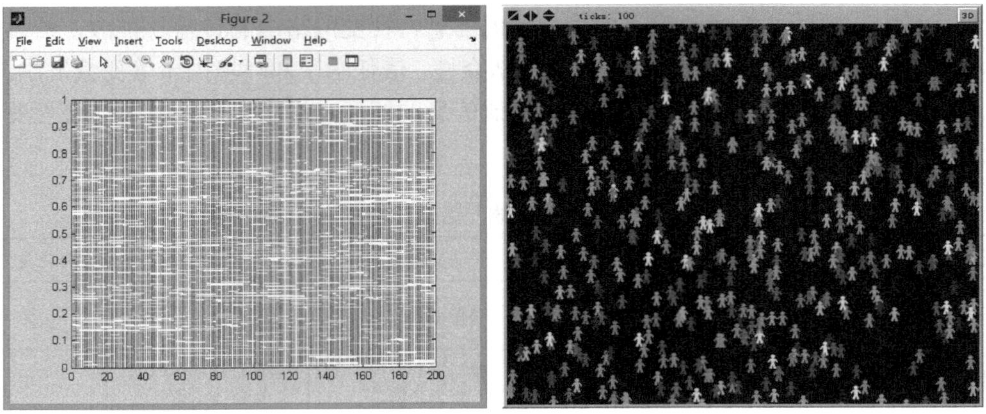

图 7-7 第一阶段的舆论极化仿真

第二阶段：舆论快速发展扩散时期，即 7 月 25～28 日。在该阶段，事故舆论开始发酵，部分谣言信息致使舆论环境恶化，公众从众性增加，社会公信力开始降低。在这些因素的影响下，事故舆论开始极化，出现三种主流舆论话题（图 7-8），分别为质疑中国高铁技术、关注和支持小伊伊、不满政府善后处置。

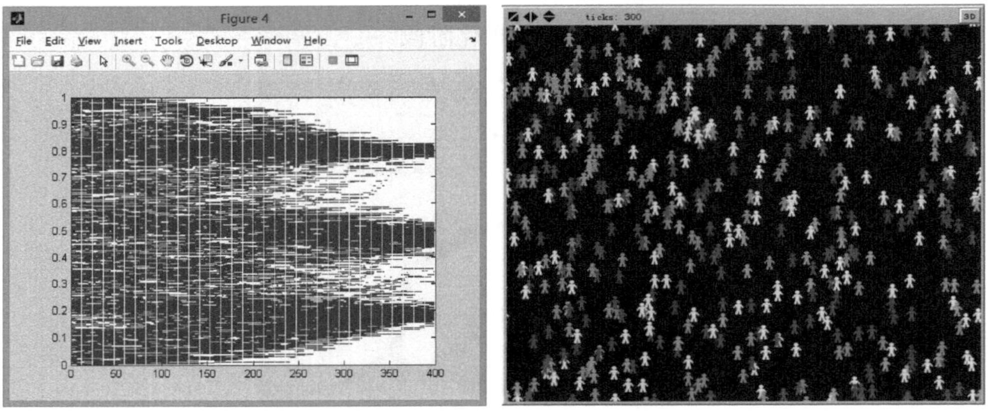

图 7-8 第二阶段的舆论极化仿真

第三阶段：舆论发展扩散速度达至顶点时期，即 7 月 29 日～8 月 1 日。在该阶段，事故舆论持续发酵，出现多种形式的网络谣言，公众从众性继续增加，社会公信力持续降低。在这些因素的影响下，事故舆论进一步极化，出现两种相对立的舆论话题，且负向舆论话题占上风（图 7-9），相应的话题分别为质疑事故赔偿金额、悼念事故遇难同胞。

第四阶段：舆论扩散速度仍处于较高水平的时期，即 8 月 2～5 日。在该阶段，事故舆论仍在发酵，事故谣言数量虽明显降低，但第三阶段的网络谣言仍在影响着公众从众性和社会公信力。在这些因素的影响下，事故舆论仍在极化，但当前的事故舆论以一种话题为主，且话题的性质多为负向（图 7-10），“甬温动车事故”在本阶段的话题为“呼吁人大代表介入、督促事故调查”。

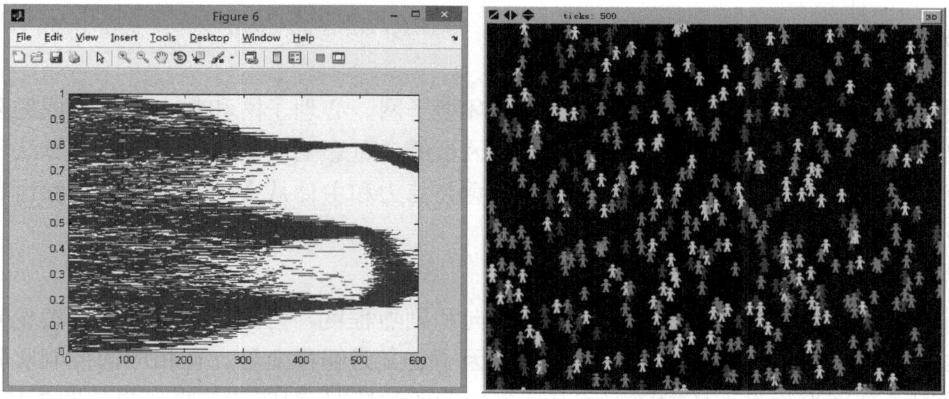

图 7-9　第三阶段的舆论极化仿真

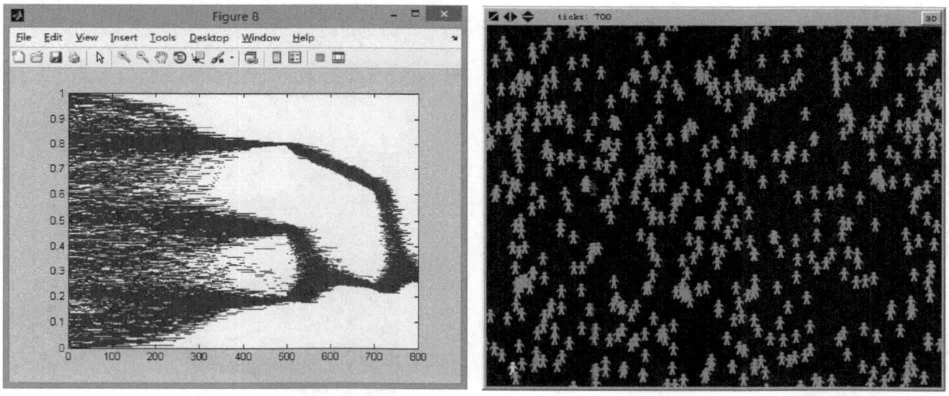

图 7-10　第四阶段的舆论极化仿真

第五阶段：事故舆论消退时期，即 8 月 6～10 日。在该阶段，事故舆论关注度持续降低，话题讨论趋于停息，公众从众性和社会公信力开始回归常态。在这些因素的影响下，单极化的事故话题虽仍在讨论（图 7-11），但热度明显降低。

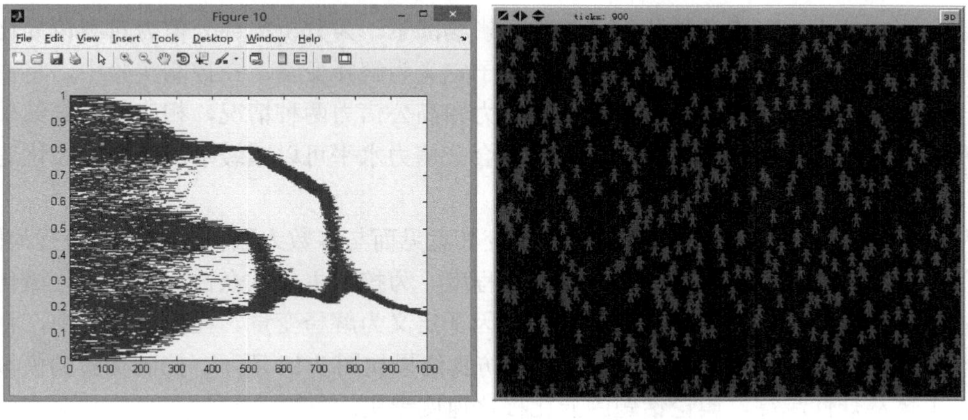

图 7-11　第五阶段的舆论极化仿真

7.4.4　舆论异化影响因素分析

网络舆论的超网络模型是由社交子网、环境子网、心理子网和观点子网组成的复杂系统，其异化极化过程受舆论内外部环境各种因素的多重影响。结合“异化极化算法”对舆论交互变量的定义，本节将从环境因素、社会公信力和主体从众性等角度分别探讨舆论异化极化的主要驱动因素。

（1）环境因素对舆论异化极化的影响

舆论系统的外部环境决定着其演化的方向和剧烈程度，为探究环境因素对舆论异化极化的影响，本节将“异化极化算法”的环境因子定义为解释变量。在相应的控制实验中，将环境因子分别设置为无环境影响和有环境影响两种情况，对应的仿真结果如图 7-12 所示。控制实验的模拟结果表明，舆论环境加速了事故话题的极化，负向环境会导致观点向消极方向持续偏移。

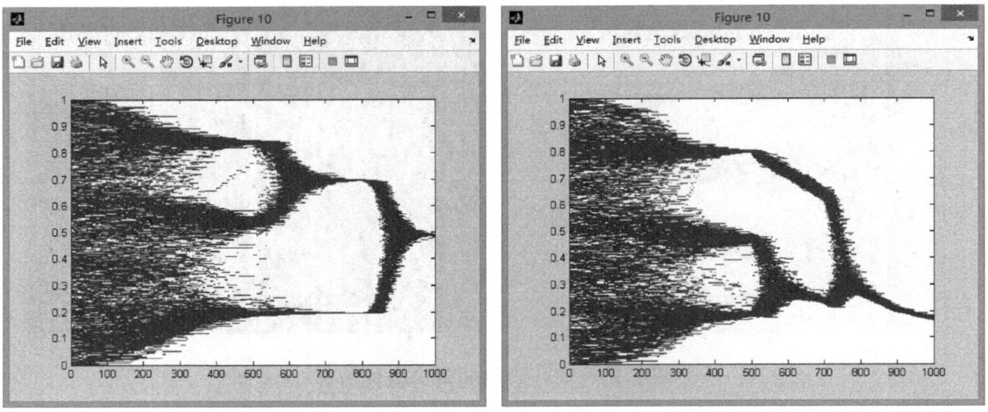

图 7-12　环境因素对舆论异化极化的影响

（2）社会公信力对舆论异化极化的影响

社会公信力反映政府在处理公共事务时所具备的为社会公众所认同和信任的影响能力，这种影响能力也是舆论异化演化的主要影响因素。为分析社会公信力对舆论异化极化的影响，本节将“异化极化算法”的信任因子定义为解释变量。在控制实验中，将决定信任因子的社会公信力水平分别定义为低公信力和高公信力两种情况，相应的仿真结果如图 7-13 所示。控制实验的模拟结果表明，高社会公信力水平可以减缓事故话题的极化速度。

（3）主体从众性对舆论异化极化的影响

从众性是指舆论主体在群体压力下，改变其意见而与多数人取得一致认识的行为倾向。主体从众性的高低也决定着舆论的异化演化程度。为挖掘主体从众性对舆论异化极化的影响，本节将“异化极化算法”的主体从众性因子定义为解释变量。在控制实验中，将主体从众性分别定义为低和高两种情况，相应的仿真结果如图 7-14 所示。控制实验的模拟结果表明，主体从众性越高，舆论话题的异化极化速度越快。

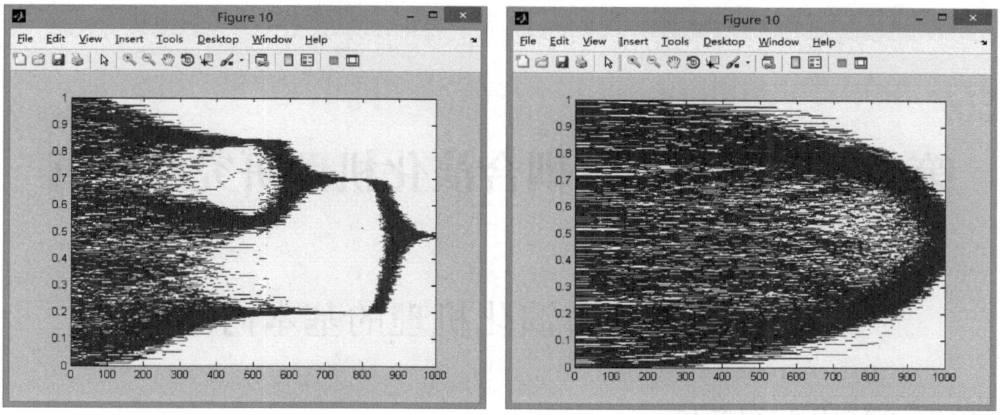

图 7-13　社会公信力对舆论异化极化的影响

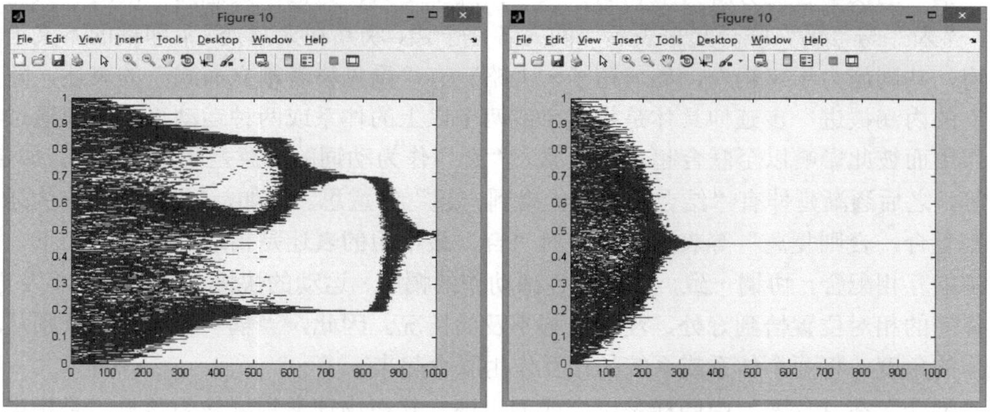

图 7-14　主体从众性对舆论异化极化的影响

7.5　本 章 小 结

在事件信息相互询问、交谈和转述的过程中，公众或网民易将其社会态度融入舆论话题，导致舆论危机出现分叉或转变，这种现象即为舆论异化。本章以网络舆论危机的异化机理为研究对象，对舆论异化的表现形式和驱动因素进行归纳和总结。鉴于舆论异化的主要表现为话题极化，本章结合社会影响理论、羊群行为理论和舆论异化机理的超网络分析，进一步构建了“舆论异化的极化算法”，并以“甬温动车事故”为例，对舆论话题极化现象进行仿真分析，仿真分析结果表明：

1）异化极化过程受舆论内外部环境各种因素的多重影响；

2）舆论环境加速了事故话题的极化，负向环境会导致观点向消极方向持续偏移；

3）高社会公信力水平可以减缓事故话题的极化速度；

4）主体从众性越高，舆论话题的异化极化速度越快。

第 8 章　社会舆论耦合演化机理研究及仿真

8.1　舆论耦合演化机理的基本内涵

8.1.1　耦合的哲学解析

“耦”的汉字首尾分解为耒和禺。耒”指翻土工具；“禺”则意为“两边一夹角”。因此，“耒”与“禺”联合起来表示“两人各在一边，农具在夹角处”，即耦的本义为“二人并肩，共同施力于耒耜”，如《荀子·大略》有“禹见耕者耦立而式”的表述。随后，“耦”的内涵被进一步延伸具体是指两个或两个以上的体系或两种运动形式之间通过各种相互作用而彼此影响以至联合起来的现象。“合”作为动词的本意是闭上、对拢，如合拢、合眼等，之后逐渐延伸有“结合到一起，凑到一起”的意思。例如，《吕氏春秋·大乐》有“离则复合，合则复离”等表述。现在对“合”最常用的表述是指运动时全身上下、四肢百骸都能互相配合，协调一致，使全身各部动作的幅度、运动的快慢、发力的大小及方向，各肢体间的相对位置恰到好处，没有过与不及的情况。因此，“耦”和“合”分别从现象和动作的角度，将两个体系或系统的相互作用联合起来。

“耦合”在《辞海》中同样是以合成词出现，其在物理学领域最为常见，是指电路元件的输入与输出之间存在紧密配合与相互影响，并通过相互作用从一侧向另一侧传输能量的现象，如电容耦合、电感耦合等。随后，若将电路元件扩展为一般的工程实体，通信工程、软件工程、机械工程等领域开始利用“耦合”泛指两个或两个以上的实体相互依赖于对方的程度，如软件控制耦合、齿轮耦合等。若将“耦合”的含义进一步扩展，还可以用于探讨两个或两个以上的系统或运动方式的相互作用、彼此影响和融合，进而形成成分更为复杂、结构更为合理、功能更为高级的统一体的状态和过程。因此，“耦合”的定义可被引申至更为一般的经济社会领域，泛指社会系统各组成要素相互作用的过程和结果，这在系统学、管理学等领域得到广泛应用，如风险耦合、资本耦合、舆论耦合等。

8.1.2　舆论耦合的基本内涵

舆论是由舆论主体及其交互关系形成的复杂社会系统，故舆论耦合是社会系统耦合的重要组成部分。因此，借鉴经济社会系统对“耦合”含义的延伸和解析，本节将舆论耦合定义为舆论事件情景演化过程中，两个或多个舆论事件的舆论场之间，通过社交、环境、心理、观点等维度文本数据的交互，形成个别舆论事件的发生、演化及其影响力依赖于其他舆论事件发展及其扩散动力，并最终导致两个或多个舆论事件的能量和社会影响力相互叠加的过程（图 8-1）。

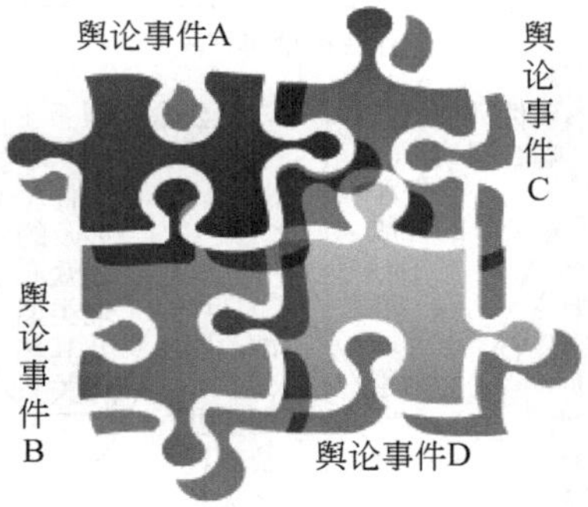

图 8-1　多起舆论事件的耦合叠加

如图 8-1 所示，多起舆论事件的耦合叠加是通过舆论要素的相互渗透而形成新的舆论事件。因此，网络舆论危机的耦合机理不仅具有传播性、散布性和危害性等舆论演化的基本特征，还具有相互性、交互性、叠加性等特点。

1）相互性是指参与耦合的两起或多起舆论事件的耦合力是相互的，但由于不同事件发生时间和舆论场强度存在差异，耦合过程会存在主事件和次事件。为了研究方便，通常主要讨论次事件对主事件的耦合作用。

2）交互性强调耦合现象的产生是由于两起或多起舆论事件在社交、环境、心理、观点等维度存在耦合因素，这些耦合因素通常是以文本数据的形式相互交互，既涉及交互数据的输入，又涉及交互数据的输出。

3）叠加性关注舆论耦合的效果，即多起舆论事件交互耦合产生的新舆论话题，通常是原有舆论耦合因素的叠加结果（Vallacher et al.，2002）。其中，当参与耦合的舆论事件社会影响力作用方向相同时，相互交互会产生“加强版”的叠加效应，这也是本章重点关注的耦合叠加现象。

8.2　舆论耦合演化机理的效应分析

8.2.1　舆论耦合的表现形式

在两个或多个事件的舆论场中，舆论耦合是通过舆论要素的交互叠加实现，这些要素主要涉及社交、环境、心理、观点等维度。借鉴齿轮系统相互耦合的表现形式，舆论耦合可以利用两个或多个舆论场相互吸引后，事件接口的啮合程度予以表示（图 8-2）。

如图 8-2 所示，舆论事件 A 和舆论事件 B 的耦合是建立在不同舆论事件社交关系、事件环境、公众心理和事件观点的相互啮合基础上的舆论演化状态。因此，本章所定义的舆论耦合是指不同舆论场中社交主体、事件性质、发生时间/地点、公众心理及舆论观点存在相互啮合，且在啮合的过程中不断实现舆论事件间信息量的传递，最终导致舆论事件能量和社会影响力相互叠加。因此，根据不同舆论事件间要素的啮合状态，舆论耦合的表现形式可以分为强耦合、中度耦合、弱耦合三种，见表 8-1。

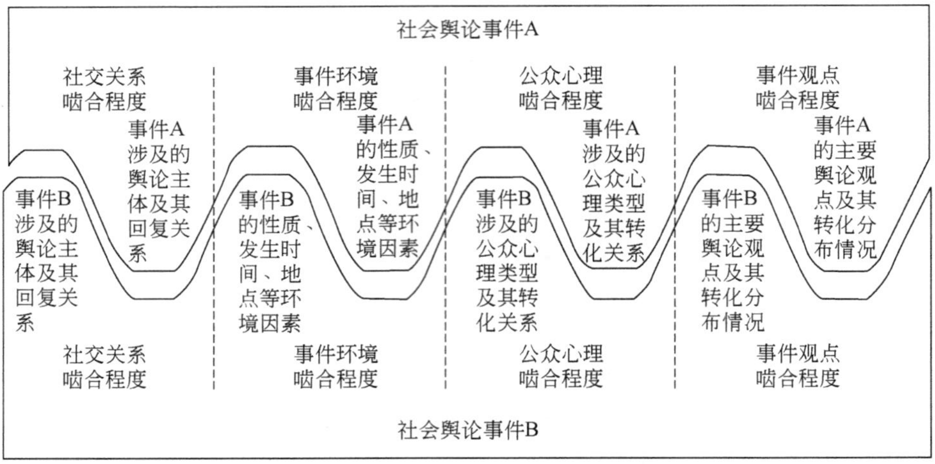

图 8-2　舆论事件间耦合要素的啮合现象

表 8-1　舆论事件耦合的主要表现形式

耦合类型	要素耦合的关系	耦合的表现形式
强耦合	事件 A、B 在社交、环境、心理、观点维度的舆论要素有较高的相似性，且存在相互吸引和啮合状态	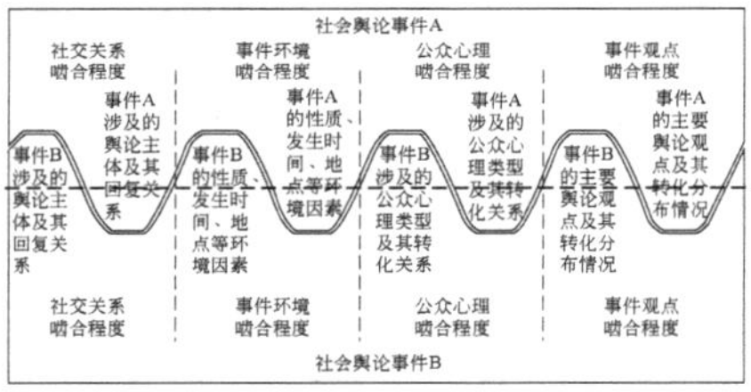
中度耦合	事件 A、B 的舆论要素部分具有相似性，虽不同事件社会舆论同时出现，但舆论要素的相互吸引和啮合程度不如强耦合	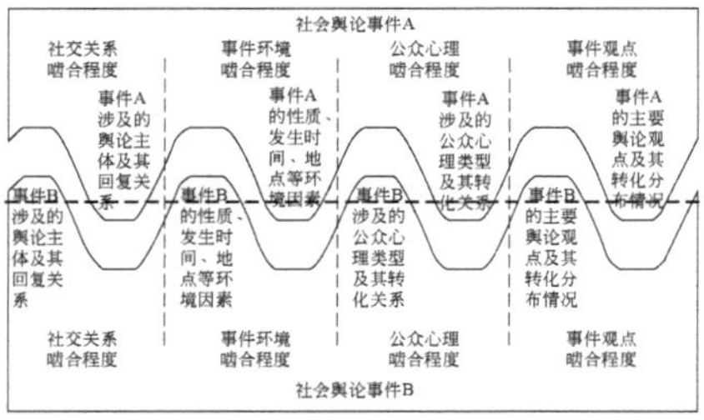
弱耦合	事件 A、B 的舆论要素不具有任何相似性，不同事件舆论要素的相互吸引和啮合程度最弱	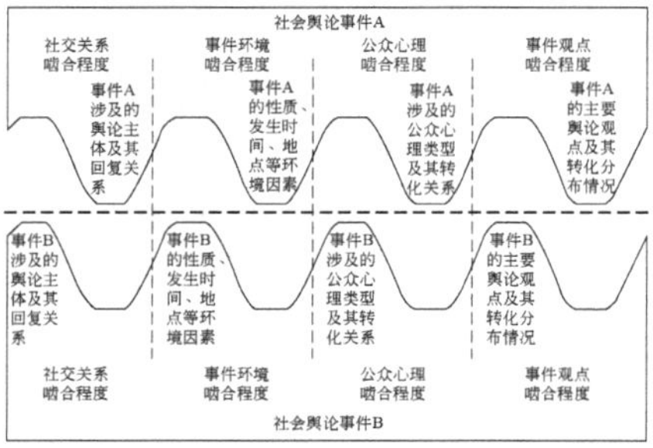

强耦合是指两起舆论事件 A、B 在社交、环境、心理、观点等维度舆论要素比较相似，公众在议论事件 A 的同时也会议论事件 B。在强耦合状态下，不同事件的社会舆论通常会同时出现，且舆论要素存在相互吸引和啮合的状态，这也是本章重点关注的耦合现象。例如，由于“郭某某炫富”和“红十字会危机”的社会舆论存在诸多共性舆论要素，这两起事件的耦合则属于强耦合。

中度耦合是指两起舆论事件 A、B 在社交、环境、心理、观点等维度的舆论要素部分具有相似性，公众在议论事件 A 的同时偶尔也会议论事件 B。在弱耦合状态下，不同事件的社会舆论虽然会同时出现，但其舆论要素的相互吸引和啮合程度不如强耦合。例如，“郭某某炫富”和“甬温动车事故”的社会舆论虽然同时出现，但两者的共性舆论要素不如强耦合，故这两起事件的耦合属于中度耦合。

弱耦合是指两起舆论事件 A、B 在社交、环境、心理、观点等维度的舆论要素不具有任何相似性，某公众在议论事件 A 的同时不会议论事件 B。在弱耦合状态下，不同事件的社会舆论虽然会同时出现，但其舆论要素的相互吸引和啮合程度最弱。例如，“郭某某炫富”和“蛟龙号深潜”的社会舆论虽然同时出现，但两者不存在任何共性舆论要素，故这两起事件的耦合属于弱耦合。

8.2.2　舆论耦合的基本模式

舆论耦合效应往往同时涉及多起社会舆论事件的叠加，相应的耦合系统既包括前驱舆论事件，又包括后驱舆论事件（Clarke et al.，2011；Chu et al.，2008）。前驱事件是舆论耦合现象产生的本体，根据前驱事件与后驱事件间舆论要素的作用方式不同，舆论要素耦合的基本模式可具体分为共力耦合、互力耦合和驱力耦合三种（图 8-3）。

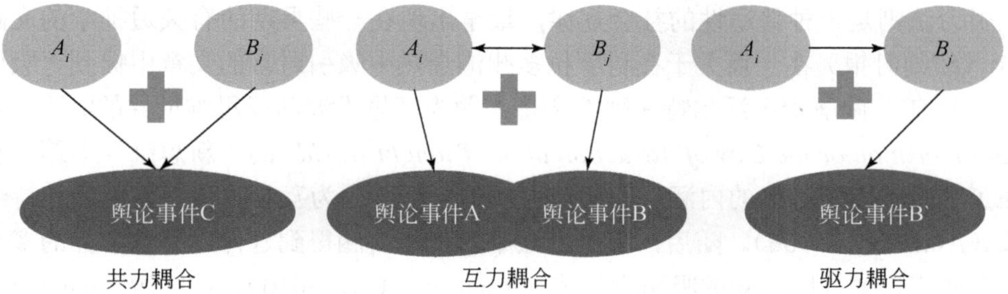

图 8-3　舆论事件耦合叠加的基本模式

共力耦合：若舆论事件 A 的要素 A_i（i=1，2，…，n）和 B 的要素 B_j（j=1，2，…，m）间存在耦合性关系，且事件 A 和 B 可导致事件 C 的出现，但两事件共同发生可使事件 C 的后果远大于事件 A 和 B 单独作用产生后果的和。

互力耦合：若舆论事件 A 的要素 A_i（i=1，2，…，n）和 B 的要素 B_j（j=1，2，…，m）间存在耦合性关系，且事件 A 和事件 B 都是独立的舆论事件，但当事件 A 和事件 B 交互影响时，各事件的社会影响均将被放大。

驱力耦合：若舆论事件 A 的要素 A_i（i=1，2，…，n）与 B 的要素 B_j（j=1，2，…， *m*）间存在耦合性关系，事件 A 和事件 B 都是独立的舆论事件，且事件 B 仅受事件 A 的单向影响后，其社会影响将被放大。

8.3 超网络视角下舆论耦合机理的超边耦合算法

基于舆论的超网络模型，本节对两起网络舆论事件的耦合机理进行定量分析，即借鉴舆论系统的吸引力法则，以舆论属性的相似性为依据，设计舆论超网络的超边耦合算法。算法的构建过程涉及如下基本概念。

耦合是指同时发生的两起网络舆论事件的社交、环境、心理或观点属性存在相似性且相互影响，并通过相互叠加、演化，将一起事件的社会影响向另一起事件转移的现象，并最终导致事件社会影响效果的放大。

超边耦合是以“网络舆论超网络模型”为基础，以“超边”为基本单元，通过对两起网络舆论事件超网络相似性的比较和分析，探讨超网络间超边的相互耦合过程。

超边耦合算法是“超边耦合”的定量实现方式，该算法假设参与耦合的两起事件同时发生，且其网络舆论的持续时间相同。其中，这两起事件分别定义为“被耦合事件”和“耦合事件”，而参与耦合的超边则相应定义为“被耦合超边”和“耦合超边”。

8.3.1 舆论超边耦合算法构建原则

社会舆论的叠加耦合涉及两起或多起舆论事件的交互，本节即以广义吸引力法则和蝴蝶效应理论作为舆论超边耦合算法构建和设计的理论基础。

（1）广义吸引力法则

吸引力法则是一种普适性的社会规律，最早出现在一些早期的有关通神学的文献中。1879 年《纽约时报》在一篇关于在科罗拉多州淘金热中吸引财富的文章中提到“吸引力法则”，1906 年，威廉姆 • 沃尔特 • 阿特金森在题为《思维波动或思维世界的吸引力法则》（*Thought Vibration or the Law of Attraction in the Thought World*）的“新思维”书籍中首次全面介绍了“吸引力法则”的内涵，即相似性质的事物会因为互相吸引，而不断地持续扩大或成长（Atkinson，1906）。随后，吸引力法则的基本内涵得到延伸，并在学界的多个领域得到广泛应用，如社区创新的吸引力规律（Yuan and Fei，2010）、地区游客的吸引力规律（Santana-Jiménez and Hernández，2011）及网瘾的形成（Tone et al.，2014）等。舆论形成和演化过程同样存在吸引力法则所描述的规律，即相似性质的观点或心理会相互吸引和耦合。Simons 等（1970）、Byrne 和 Griffitt（1973）及 Davis（1984）分别探讨了观点相似性、个体间信任程度等舆论内容的逻辑差异程度对舆论主体引力交互规则的影响。Kiesler 和 Pallak（1975）、Singh 和 Ho（2000）从舆论系统结构性的角度，分别分析了舆论观点的结构及其扩散方式对舆论引力交互规则的影响。Xiong 等（2011）则同时考虑了舆论系统内容属性和结构属性对舆论事件形成及其观点吸引力规律的影响。本节借鉴舆论系统的吸引力规律和法则，提出舆论超网络的超边耦合算法，具体分析超网络的超边影响规律，即当网络超边的社交属性、环境属性、心理属性和观点属性足够相似且高于耦合阈值时，超网络将存在相互吸引和交互耦合的现象。

（2）蝴蝶效应理论

蝴蝶效应（butterfly effect）是指在一个动力系统中，初始条件微小的变化能带动整个系统长期的、巨大的连锁反应。任何事物的发展均存在定数与变数，在事物发展过程中，其发展轨迹有规律可循，同时也存在不可测的“变数”，一个微小的变化能影响事物的发展。

蝴蝶效应是混沌学理论中的经典概念，它描述的是系统对初始条件敏感性的一种依赖现象，输入端微小的差别会迅速放大到输出端。蝴蝶效应的概念是由美国气象学家爱德华·洛伦兹（Edward Lorentz）于 1963 年提出：“一只南美洲亚马孙河流域热带雨林中的蝴蝶，偶尔扇动几下翅膀，可以在两周以后引起美国得克萨斯州的一场龙卷风”，其原因就是蝴蝶扇动翅膀的运动，导致其身边的空气系统发生变化，并产生微弱的气流，而微弱气流的产生又会引起四周空气或其他系统要素产生相应的变化，由此引起一个连锁反应，最终导致系统的极大变化。洛伦兹则将其称为混沌学（Wang et al.，2015），即“蝴蝶效应”是关于混沌学的一个比喻，是指系统中一个不起眼的小改变却能引起一连串的巨大反应。

对于一切复杂系统，在一定的“阈值条件”下，其长时期大范围的未来行为，对初始条件数值的微小变动或偏差极为敏感，即初值稍有变动或偏差，将导致未来前景的巨大差异，这往往是难以预测的或者说带有一定随机性的。复杂系统，是指非线性系统且在临界性条件下呈现混沌现象或混沌性行为的系统。非线性系统的动力学方程中含有非线性项，它是非线性系统内部多因素交叉耦合作用机制的数学描述。正是由于这种“诸多因素的交叉耦合作用机制”，才导致复杂系统的初值敏感性即蝴蝶效应，进而导致复杂系统呈现混沌性行为。当前，非线性学及混沌学的研究方兴未艾，这标志着人类对自然与社会现象的认识正在向更为深入复杂的阶段过渡与进化。从贬义的角度看，蝴蝶效应往往给人一种对未来行为不可预测的危机感；但从褒义的角度看，蝴蝶效应使我们有可能“慎之毫厘，得之千里”，从而可能“驾驭混沌”并能以小的代价换得未来的巨大“福果”。

蝴蝶效应在社会学研究中用来说明，一个微小的机制，如果不加以及时地引导、调节，可能会给社会带来非常大的危害，戏称为“龙卷风”或“风暴”；一个微小的机制，只要正确指引，经过一段时间的努力，就有可能产生轰动效应。

8.3.2　舆论超网络耦合的驱动分析

事件舆论耦合叠加是一个复杂的过程，任何一种耦合模式的发生均是由多个因素共同作用引起的。这些影响因素不仅包括网络舆论构成因素，还包括舆论演化各阶段的特征因素，即同时涉及社交子网、环境子网、心理子网和观点子网等维度的驱动因素（图 8-4）。

社交子网驱动因素是舆论耦合叠加的物理动因，决定着耦合演化的规模，包括网络大 V 和自媒体平台等。网络大 V 依靠其在网络上的特殊地位，参与多起事件舆论的讨论，并通过迎合广大网民的心理而获取关注。自媒体平台是向不特定网民传递舆论信息的新媒体，其可交互性直接决定事件舆论耦合的程度。

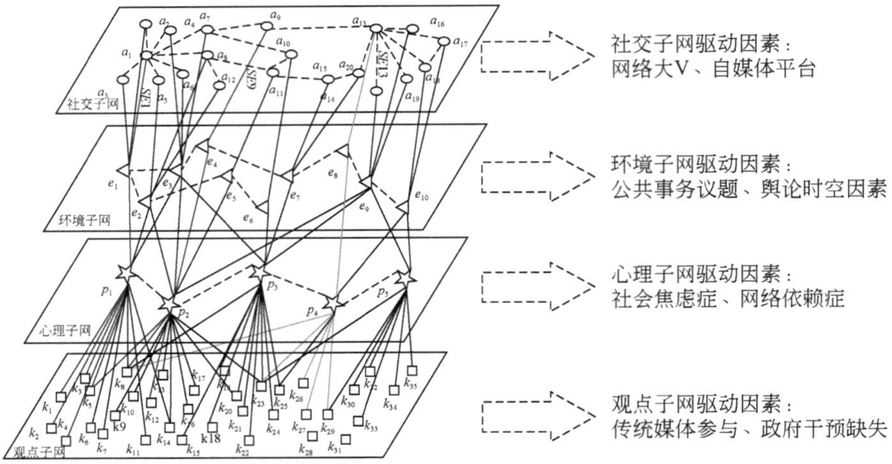

图 8-4　舆论事件耦合叠加的驱动因素

环境子网驱动因素是舆论耦合叠加的源头活水，决定着耦合演化的趋势，包括公共事务议题和舆论时空因素等。公共事务议题是社会矛盾在现实生活中的反映，“涉腐”“涉权”“涉黑”等议题极易引发舆论的耦合叠加。舆论的时空因素是指影响网络舆论危机发生、发展、演化和终结的时间和空间环境。

心理子网驱动因素是舆论耦合叠加的内在根据，决定着耦合演化的方向，包括社会焦虑症、网络依赖症等。社会焦虑症是指因工作、生活等而长期形成的紧张与不安心理，这种心理往往与事件舆论会形成共鸣。网络依赖症是指对网络产生依赖，沉溺在虚拟世界中不能自拔，而形成舆论事件交互耦合的空间。

观点子网驱动因素是舆论耦合叠加的外在动力，决定着耦合演化的强度，包括传统媒体参与和政府干预缺失等。在传统媒体的参与下，事件舆论将不局限在有限的网民中，而是在更广阔的空间中感染公众。政府干预的缺失则会激化原有社会矛盾，造成事件网络传播速度的加快和影响范围的过度放大。

8.3.3　舆论超边耦合算法的基本结构

超边耦合算法探讨主事件 A（被耦合事件）和辅事件 B（耦合事件）的耦合关系，通过不断对比耦合事件 B 超网络各条超边与事件 A 和 B 的引力强度（相似性），决定各阶段的耦合关系，简要的算法结构（图 8-5）包括五个主要环节，分别为构造舆论超网络 A、B；计算超边耦合条件；选择需要耦合的超边；超网络间的外部耦合；更新舆论超网络 A、B。

（1）构造舆论超网络 A、B

舆论超网络模型通过对舆论主体在社交子网、环境子网、心理子网和观点子网节点和连边的定义，可以综合反映其对相应网络舆论事件的态度（Liu et al.，2014）。本节将抽象的网络节点和连边定量化，在各层子网中提出可以表征网民舆论的属性值和关注关系，即利用属性值矩阵和邻接矩阵（图 8-5-①）表示舆论事件的实时数据。

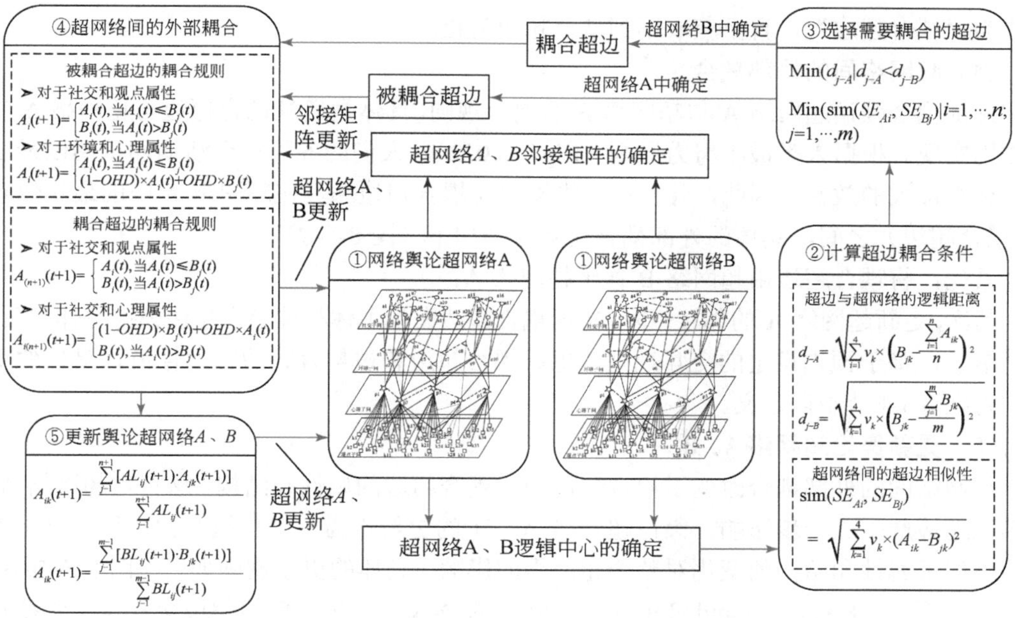

图 8-5　超边耦合算法的基本结构

1）舆论事件 A、B 的属性值矩阵分别定义为 A_{4n}、B_{4m}，矩阵的每一列代表一个舆论主体在四层子网的属性值。例如，A_{1i}、A_{2i}、A_{3i} 和 A_{4i} 分别表示参与 A 事件讨论的舆论主体 i 在社交子网、环境子网、心理子网和观点子网的属性值。

2）舆论事件 A、B 的超网络邻接矩阵则分别为 AL_{nn}、BL_{mm}，邻接矩阵的每一行或每一列均代表一个舆论主体，其元素只有 1 和 0 两种（Abuelenina and Abul-Magd，2012）。元素 1 表示行和列代表的舆论主体之间存在关注或回复关系；元素 0 则表示相应的舆论主体之间不存在关注或回复关系。

（2）计算超边耦合条件

舆论耦合强调相似观点或心理状态可以相互吸引和强化（Xiong et al.，2011）。舆论观点相似性的描述通常采用距离函数（Bhattacharya et al.，2011），即在四维超网络模型中，将网民对舆论事件的帖子或微博定义为四维空间中的一个点，进而使用广义距离（Kurata and Matsuura，2013）表示样本点之间的相似性，距离较近的样本点性质较相似，距离较远的样本点则差异较大。对于超网络间的耦合，本节主要计算如下两个超边耦合条件（图 8-5-②）：首先，计算超网络 B 中各超边 SE_{Bj} 与超网络 A 和 B 逻辑中心的欧式距离；其次，获取超网络 A 中各超边 SE_{Ai} 和超网络 B 中各超边 SE_{Bj} 的相似性。

（3）选择需要耦合的超边

考虑舆论耦合具有相互性，本节仅定义舆论事件 B 对舆论事件 A 的耦合作用。基于有限信任模型（Lorenz，2007；Lorenz and Urbig，2007），在超网络 B 的所有超边中，与超网络 A 最相似的超边将率先与其发生耦合，相应耦合超边的选取原则如下（图 8-5-③）：通过对超网络 A、B 及其超边间相似性的对比，获取耦合事件 B 中最易被事件 A“吸引”的超边作为“耦合超边”，直至获取不到耦合超边为止。

（4）超网络间的外部耦合

外部耦合强调超网络 A 与超网络 B 的耦合规则，具体是通过耦合超边与超网络 A 的交互作用实现。根据人类最小努力原则（Zipf，2012），人们的各种社会活动均试图以最小的代价获得最大的效益。因此，外部耦合将发生在耦合超边和其在超网络 A 中的最相似超边（被耦合超边）之间，具体的外部耦合交互原则如下（图 8-5-④）。

首先，将耦合超边由超网络 B 移至超网络 A；

其次，更新超网络 A 的邻接矩阵，实现耦合超边舆论主体与被耦合超边舆论主体的关联；

最后，基于预先设定的交互规则，更新耦合超边和被耦合超边的属性值，具体的交互规则将在 8.3.4 节予以定义。

（5）更新舆论超网络 A、B

超网络间的外部耦合改变了耦合超边和被耦合超边的属性和结构，这将对超网络 A、B 的其他超边产生进一步影响。舆论超网络 A、B 的更新作为一个自组织的过程，就是关注超网络局部属性和结构的变化对整个超网络的影响，具体的更新规则如下（图 8-5-⑤）：根据平均场理论（Kacperski and Hołyst，2000），超网络 A、B 内部的超边交互仅发生在具有连边关系的邻居之间，即超边属性仅由其自身和邻居节点的属性值决定。

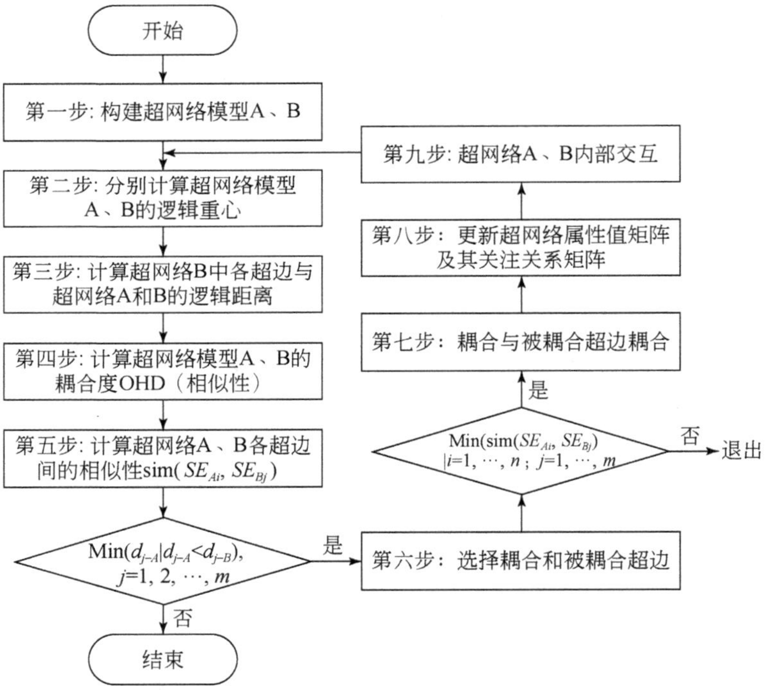

图 8-6　舆论超网络超边耦合算法的流程图

8.3.4　舆论超边耦合算法的具体流程

依据算法的构建原则和基本结构，本节选取舆论事件 A 的 n 维超网络作为被耦合事件，舆论事件 B 的 m 维超网络作为耦合事件，将舆论超网络超边耦合算法的流程细化如下（图 8-6）。

第一步：构建舆论事件的超网络属性值矩阵 $\boldsymbol{A}$、$\boldsymbol{B}$ 及其关注关系矩阵 $\boldsymbol{AL}$、$\boldsymbol{BL}$，分别如下。其中，A_{i1}、A_{i2}、A_{i3}、A_{i4}（$i=1, 2, \cdots, n$）和 B_{j1}、B_{j2}、B_{j3}、B_{j4}（$j=1, 2, \cdots, m$）分别表示超网络 A、B 的子网属性值；AL_{ij}（$i, j=1, 2, \cdots, n$）和 BL_{ij}（$i, j=1, 2, \cdots, m$）则取值 0 或 1。

$$\boldsymbol{A}=\begin{bmatrix} A_{11} \cdots A_{n1} \\ \vdots \quad\quad \vdots \\ A_{14} \cdots A_{n4} \end{bmatrix} \qquad \boldsymbol{B}=\begin{bmatrix} B_{11} \cdots B_{m1} \\ \vdots \quad\quad \vdots \\ B_{14} \cdots B_{m4} \end{bmatrix}$$

$$\boldsymbol{AL}=\begin{bmatrix} AL_{11} \cdots AL_{1n} \\ \vdots \quad\quad \vdots \\ AL_{n1} \cdots AL_{nm} \end{bmatrix} \qquad \boldsymbol{BL}=\begin{bmatrix} BL_{11} \cdots BL_{1m} \\ \vdots \quad\quad \vdots \\ BL_{m1} \cdots BL_{mm} \end{bmatrix}$$

第二步：计算 n 维超网络 A 和 m 维超网络 B 的逻辑重心，分别如下。

$$\mathrm{Barycenter_A}=\left(\frac{\sum_{i=1}^{n} A_{i1}}{n}, \frac{\sum_{i=1}^{n} A_{i2}}{n}, \frac{\sum_{i=1}^{n} A_{i3}}{n}, \frac{\sum_{i=1}^{n} A_{i4}}{n}\right) \tag{8-1}$$

$$\mathrm{Barycenter_B}=\left(\frac{\sum_{j=1}^{m} B_{j1}}{m}, \frac{\sum_{j=1}^{m} B_{j2}}{m}, \frac{\sum_{j=1}^{m} B_{j3}}{m}, \frac{\sum_{j=1}^{m} B_{j4}}{m}\right) \tag{8-2}$$

第三步：计算超网络 B 中各超边 SE_{Bj} 与超网络 A 和 B 的逻辑距离 $d_{j\text{-A}}$、$d_{j\text{-B}}$（$j=1, 2, \cdots, m$），以及超网络 A 和 B 的逻辑最大半径 $d_{\max\text{-A}}$、$d_{\max\text{-B}}$。其中，v_k（$k=1, 2, 3, 4$）表示社交、环境、心理和观点子网属性值的相应权重；超网络的逻辑最大半径是指其超边距离相应超网络逻辑重心的理论最大距离。

$$d_{j-\mathrm{A}}=\sqrt{\sum_{k=1}^{4} v_k \times \left(B_{jk}-\frac{\sum_{i=1}^{n} A_{ik}}{n}\right)^2}\ ,\ j=1, 2, \cdots, m \tag{8-3}$$

$$d_{j-\mathrm{B}}=\sqrt{\sum_{k=1}^{4} v_k \times \left(B_{jk}-\frac{\sum_{j=1}^{m} B_{jk}}{m}\right)^2}\ ,\ j=1, 2, \ldots, m \tag{8-4}$$

$$\sum_{k=1}^{4} v_k = 1 \tag{8-5}$$

$$d_{\text{max-A}} = \sqrt{\sum_{k=1}^{4} v_k \times \left[\max\left(\left(\frac{\sum_{i=1}^{n} A_{ik}}{n} - \min(A_k) \right)^2, \left(\max(A_k) - \frac{\sum_{i=1}^{n} A_{ik}}{n} \right)^2 \right) \right]} \tag{8-6}$$

$$d_{\text{max-B}} = \sqrt{\sum_{k=1}^{4} v_k \times \left[\max\left(\left(\frac{\sum_{j=1}^{m} B_{jk}}{m} - \min(B_k) \right)^2, \left(\max(B_k) - \frac{\sum_{j=1}^{m} B_{jk}}{m} \right)^2 \right) \right]} \tag{8-7}$$

第四步：计算超网络 A 和超网络 B 的耦合度 OHD（相似性），并对其进行归一化处理。其中，$d_{\text{A-B}}$ 以超网络间逻辑距离的形式表示舆论事件 A、B 的相似性。

$$d_{\text{A-B}} = \sqrt{\sum_{k=1}^{4} v_k \times \left(\frac{\sum_{i=1}^{n} A_{ik}}{n} - \frac{\sum_{j=1}^{m} B_{jk}}{m} \right)^2} \tag{8-8}$$

$$OHD = \begin{cases} 0，\text{当} d_{\text{A-B}} > d_{\text{max-A}} + d_{\text{max-B}} \\ 1 - \dfrac{d_{\text{A-B}}}{d_{\text{max-A}} + d_{\text{max-B}}}，\text{当} d_{\text{A-B}} \leqslant d_{\text{max-A}} + d_{\text{max-B}} \end{cases} \tag{8-9}$$

第五步：计算超网络 A 中各超边 SE_{Ai} 和超网络 B 中各超边 SE_{Bj} 的相似性 sim（SE_{Ai}，SE_{Bj}），并构建舆论事件 A 和 B 的相似性矩阵 $\boldsymbol{SIM}_{\text{AB}}$。其中，$v_k$（$k$=1，2，3，4）表示社交、环境、心理和观点子网属性值的相应权重。

$$\text{sim}(SE_{\text{A}i}, SE_{\text{B}j}) = \sqrt{\sum_{k=1}^{4} v_k \times (A_{ik} - B_{jk})^2} \tag{8-10}$$

$$\boldsymbol{SIM}_{\text{AB}} = \begin{bmatrix} \text{sim}(SE_{\text{A}1}, SE_{\text{B}1}) & \cdots & \text{sim}(SE_{\text{A}1}, SE_{\text{B}m}) \\ \vdots & & \vdots \\ \text{sim}(SE_{\text{A}n}, SE_{\text{B}1}) & \cdots & \text{sim}(SE_{\text{A}n}, SE_{\text{B}m}) \end{bmatrix} \tag{8-11}$$

第六步：比较超网络 B 各超边 SE_{Bj} 与超网络 A 和 B 的逻辑距离 $d_{j\text{-A}}$、$d_{j\text{-B}}$（j=1，2，…，m），找到“耦合超边”和“被耦合超边”。

计算 min（$d_{j\text{-A}}|d_{j\text{-A}}<d_{j\text{-B}}$），并将超网络 B 的相应超边 $SE_{\text{B}j}$ 定义为耦合超边

$$\text{Min}\ (d_{j\text{-A}}|d_{j\text{-A}}<d_{j\text{-B}}|\ j=1，\cdots，m) \tag{8-12}$$

计算 min（sim（$SE_{\text{A}i}$，$SE_{\text{B}j}$）|i=1，…，n），并将超网络 A 的相应超边 $SE_{\text{A}i}$ 定义为被耦合超边

$$\text{Min}\ (\text{sim}\ (SE_{\text{A}i}，SE_{\text{B}j})\ |\ i=1，\cdots，n；j=1，\cdots，m) \tag{8-13}$$

第七步：将“耦合超边 $SE_{\text{B}j}$”和“被耦合超边 $SE_{\text{A}i}$”相连（构建相互关注关系）并入

舆论超网络 A，并开始如下超网络间的耦合交互。

1）对于被耦合超边 $SE_{\mathrm{A}i}$ 的子网属性。

$$A_{i1}(t+1)=\begin{cases}A_{i1}(t), & A_{i1}(t)\leqslant B_{j1}(t)\\ B_{j1}(t), & A_{i1}(t)>B_{j1}(t)\end{cases} \tag{8-14}$$

$$A_{i2}(t+1)=\begin{cases}A_{i2}(t), & A_{i2}(t)\leqslant B_{j2}(t)\\ (1-OHD)\times A_{i2}(t)+OHD\times B_{j2}(t), & A_{i2}(t)>B_{j2}(t)\end{cases} \tag{8-15}$$

$$A_{i3}(t+1)=\begin{cases}A_{i3}(t), & A_{i3}(t)\leqslant B_{j3}(t)\\ (1-OHD)\times A_{i3}(t)+OHD\times B_{j3}(t), & A_{i3}(t)>B_{j3}(t)\end{cases} \tag{8-16}$$

$$A_{i4}(t+1)=\begin{cases}A_{i4}(t), & A_{i4}(t)\leqslant B_{j4}(t)\\ B_{j4}(t), & A_{i4}(t)>B_{j4}(t)\end{cases} \tag{8-17}$$

2）对于超网络 A 新融入的第 n+1 条超边 $SE_{\mathrm{A}(n+1)}$（原来的耦合超边 $SE_{\mathrm{B}j}$）的子网属性。

$$A_{(n+1)1}(t+1)=\begin{cases}A_{i1}(t), & A_{i1}(t)\leqslant B_{j1}(t)\\ B_{j1}(t), & A_{i1}(t)>B_{j1}(t)\end{cases} \tag{8-18}$$

$$A_{(n+1)2}(t+1)=\begin{cases}(1-OHD)\times B_{j2}(t)+OHD\times A_{i2}(t), & A_{i2}(t)\leqslant B_{j2}(t)\\ B_{j2}(t), & A_{i2}(t)>B_{j2}(t)\end{cases} \tag{8-19}$$

$$A_{(n+1)3}(t+1)=\begin{cases}(1-OHD)\times B_{j3}(t)+OHD\times A_{i3}(t), & A_{i3}(t)\leqslant \mathrm{B}_{j3}(t)\\ B_{j3}(t), & A_{i3}(t)>B_{j3}(t)\end{cases} \tag{8-20}$$

$$A_{(n+1)4}(t+1)=\begin{cases}A_{i4}(t), & A_{i4}(t)\leqslant B_{j4}(t)\\ B_{j4}(t), & A_{i4}(t)>B_{j4}(t)\end{cases} \tag{8-21}$$

第八步：更新舆论事件超网络属性值矩阵 $\boldsymbol{A}$、$\boldsymbol{B}$ 及其关注关系矩阵 $\boldsymbol{AL}$、$\boldsymbol{BL}$，分别如下。

$$\boldsymbol{A}=\begin{bmatrix}A_{11} & \cdots & A_{(n+1)1}\\ \vdots & & \vdots\\ A_{14} & \cdots & A_{(n+1)4}\end{bmatrix} \qquad \boldsymbol{B}=\begin{bmatrix}B_{11} & \cdots & B_{(m-1)1}\\ \vdots & & \vdots\\ B_{14} & \cdots & B_{(m-1)4}\end{bmatrix}$$

$$\boldsymbol{AL}=\begin{bmatrix}AL_{11} & \cdots & AL_{1(n+1)}\\ \vdots & & \vdots\\ AL_{(n+1)1} & \cdots & AL_{(n+1)(n+1)}\end{bmatrix} \qquad \boldsymbol{BL}=\begin{bmatrix}BL_{11} & \cdots & BL_{1(m-1)}\\ \vdots & & \vdots\\ BL_{(m-1)1} & \cdots & BL_{(m-1)(m-1)}\end{bmatrix}$$

第九步：实现 n+1 维超网络 A 和 m−1 维超网络 B 的内部交互。

1）n+1 维超网络 A 的内部交互。

$$A_{ik}(t+1)=\frac{\sum_{j=1}^{n+1}[AL_{ij}(t+1)\cdot A_{jk}(t+1)]}{\sum_{j=1}^{n+1}AL_{ij}(t+1)}，\ i=1，2，\cdots，n+1；\ k=1，2，3，4 \tag{8-22}$$

2）m−1 维超网络 B 的内部交互。

$$B_{ik}(t+1)=\frac{\sum_{j=1}^{m-1}[BL_{ij}(t+1)\cdot B_{jk}(t+1)]}{\sum_{j=1}^{m-1}BL_{ij}(t+1)}，\ j=1，2，\cdots，m-1；\ k=1，2，3，4 \tag{8-23}$$

第十步：依据上述规则再次更新 n+1 维超网络 A 和 m−1 维超网络 B 的属性值矩阵，计算新超网络 A 和 B 的耦合度 OHD 和相似性矩阵（详见第二步至第五步）。计算并比较新超网络 A 和 B 间 d_{j-A} 和 d_{j-B} 的大小，若"$\{j|d_{j-A}<d_{j-B}\}=\Phi$"结束，否则返回第六步继续循环。

8.3.5 算法的程序实现及其应用环境

为快速模拟突发事件网络舆论的耦合现象，本节以舆论超网络的超边耦合算法为基础，在 Visual Studio 2012 的集成开发环境下，采用 C++语言编写了超边耦合算法的运行程序，具体包括 4 项输入和 5 项输出。其中，程序的输入包括耦合事件和被耦合事件的超网络属性值矩阵 A、B 及其关注关系矩阵 $\boldsymbol{AL}$、$\boldsymbol{BL}$；程序的输出则包括每步循环过程涉及的耦合超边、被耦合超边及耦合事件和被耦合事件的实时属性值矩阵 A、B 及其实时关注关系矩阵。

鉴于超边耦合算法主要研究同一时刻，多起舆论事件的交互叠加关系。因此，本章应用案例的选取应充分考虑舆论事件的发生时间，即选取舆论事件较为集中、发展过程较为完整、媒介交互作用显著的时间作为案例研究时期，对同时发生的多起舆论事件进行超网络建模，获取超边耦合算法的 4 项输入。随后的案例研究应将上述 4 项原始数据输入超边耦合算法，通过分析每步循环过程得到的 5 项输出数据，对案例事件舆论间耦合的影响因素和耦合过程进行运算和分析，程序的具体应用将在 8.4 节予以呈现。

8.4 舆论超边耦合算法的仿真分析

在算法的实证部分，本节选取舆论事件较为集中、发展过程较为完整、媒介交互作用显著的 2011 年 7 月作为案例研究时期，对舆论耦合的影响因素和耦合过程进行仿真分析。

8.4.1 案例背景介绍

2011 年是中国网络媒体发展的关键时期，上网"发声"的阶层更为广泛，网民自觉、持续、高度警觉地关注着中国现实社会的各种热点事件。其中，2011 年 7 月是该年网络舆论的集中爆发时期，这主要是由于郭某某炫富、蛟龙号突破 5000m 深海、京珠高速客车起火及甬温动车追尾等社会事件的接连发生。这四大网络热点引发网上网下人声鼎沸，网民透过这些社会事件，展开对社会深层矛盾的讨论，主要涉及突发公共事件的“围观”、公权力监督、公民权利保护、社会公德伸张等。例如，在“甬温动车事故”中，网民主要对政府公信力、事故赔偿标准等问题发表意见。因此，本节选取舆论事件较为集中、发展过程较为完整、媒介交互作用显著的 2011 年 7 月作为案例研究时期。由于舆论超网络包括社交子网、环境子网、心理子网和观点子网，本节在案例事件选取时分别考虑到舆论事件在环境属性和心理属性方面的差别。对于环境属性，本节选取重大灾难事故类事件两起，具体包括“京珠高速客车起火事故”和“甬温动车事故”；选取名人炒作和形象工程舆论事件两起，分别为“郭某某炫富事件”和“蛟龙号突破 5000m 深海事件”。对于心理属性，本节同时选取了积极的社会舆论事件和消极的社会舆论事件。其中，积极的社会舆论事件为“蛟龙号突破 5000m 深海事件”舆论（表 8-2）。

表 8-2　2011 年 7 月发生的部分社会公共事件

事件名称	持续时间	事件类型	事件性质	事件关键词
郭某某炫富事件	2011-07-20～2011-07-31	名人炒作	消极新闻	郭某某、炫富、红十字会
京珠高速客车起火事故	2011-07-22～2011-07-31	重大灾难事故	消极新闻	京珠高速、客车、起火事故
甬温动车事故	2011-07-23～2011-07-31	重大灾难事故	消极新闻	温州/甬温、高铁、追尾事故
蛟龙号突破 5000m 深海事件	2011-07-26～2011-07-31	形象工程	积极新闻	蛟龙、5000m 深海、潜水器

8.4.2　案例数据获取

鉴于微博数据的完整性和可获取性，本节在案例研究环节主要采用事件的微博舆论作为研究对象。对于微博舆论主体样本的选取，本节从标签为财经类、传媒类、文学类、科技类、房产类、教育类、健康类、科普类、公益类和军事类博主中分别选取 100 名认证博主，构成包含 1000 名“大 V”的舆论主体样本。对于“甬温动车事故”“京珠高速客车起火事故”“郭某某炫富事件”和“蛟龙号突破 5000m 深海事件”，本节分别以“温州动车”“京珠高速”“郭某某”“蛟龙”为关键词，在“方正舆情智思系统”中对上述 1000 名认证博主在 2011 年 7 月内发表的微博进行检索，分别获取到 87 条、49 条、53 条和 45 条微博数据。随后，本节将同一博主对于同一事件的微博数据进行查重、整合等处理方式，并最终分别得到含有 50 条超边的被耦合事件 A（“甬温动车事故”舆论）、含有 45 条超边的耦合事件 B（“京珠高速客车起火事故”舆论）、含有 44 条超边的耦合事件 B′（“郭某某炫富事件”舆论）及含有 42 条超边的耦合事件 B″（“蛟龙号突破 5000m 深海事件”舆论）。依据舆论超网络的构建准则及其各层子网属性值的获取方式，本节采用人机交互的方式对上述舆论事件各条微博的社交、环境、心理和观点属性值进行评估，并采用“方正舆情智思系统”对微博博主的关注关系进行抓取，得到上述事件舆论超网络的属性值列表及关注关系网络图，具体的案例数据如表 8-3 和图 8-7，表 8-4 和图 8-8，表 8-5 和图 8-9，表 8-6 和图 8-10 所示。

表 8-3 "甬温动车事故"舆论超网络的属性值

博主	社交属性	环境属性	心理属性	观点属性	博主	社交属性	环境属性	心理属性	观点属性
xmz	0.000	0.500	0.400	0.125	hwf	0.200	0.520	0.400	0.200
hbdlj	0.000	0.500	0.200	0.273	yjr	0.000	0.500	0.200	0.190
jwzy	0.000	0.510	0.400	0.200	yzt	0.200	0.500	0.400	0.300
hzjq	0.000	0.550	0.400	0.000	qytw	0.080	0.500	0.320	0.146
jlx	1.000	0.590	0.800	0.563	gd	0.400	0.550	0.550	0.283
jyk	0.100	0.575	0.500	0.167	cly	0.200	0.500	0.400	0.333
jyh	0.000	0.550	0.400	0.000	qg	0.133	0.530	0.433	0.242
hxj	0.333	0.583	0.667	0.345	zj	0.100	0.510	0.300	0.214
df	0.000	0.520	0.600	0.000	zgqtx	0.000	0.500	0.300	0.125
dl	0.067	0.533	0.500	0.157	qwz	0.200	0.580	0.400	0.000
dzhqs	0.333	0.560	0.600	0.384	fz	0.000	0.500	0.400	0.286
aq	0.000	0.500	0.300	0.286	m1986	0.500	0.550	0.600	0.400
yj	0.400	0.580	0.600	0.400	zgww	0.200	0.600	0.400	0.375
cch	0.133	0.533	0.400	0.219	ggxd	0.800	0.550	0.800	0.200
yy	0.800	0.600	0.800	0.500	xyxdf	0.067	0.523	0.467	0.200
qs	0.200	0.520	0.400	0.308	lslh	0.100	0.500	0.350	0.362
zyj	0.333	0.533	0.467	0.217	zlswy	0.000	0.500	0.200	0.200
hhhy	0.200	0.500	0.400	0.000	ygtw	0.120	0.500	0.240	0.283
mch	0.800	0.600	0.800	0.700	cshlh	0.000	0.500	0.200	0.115
hlbbdw	0.000	0.520	0.400	0.444	jxx	0.000	0.500	0.300	0.300
wx	0.200	0.520	0.500	0.200	yz	0.800	0.600	0.800	0.500
wy	0.800	0.550	0.800	0.429	hzhzj	0.100	0.510	0.322	0.271
agzfj	1.000	0.600	0.800	0.800	xt	0.200	0.550	0.500	0.500
qjg	0.200	0.520	0.400	0.421	cygdz	0.000	0.500	0.200	0.300
ymh	0.000	0.500	0.300	0.417	lwr	0.800	0.600	0.600	0.400

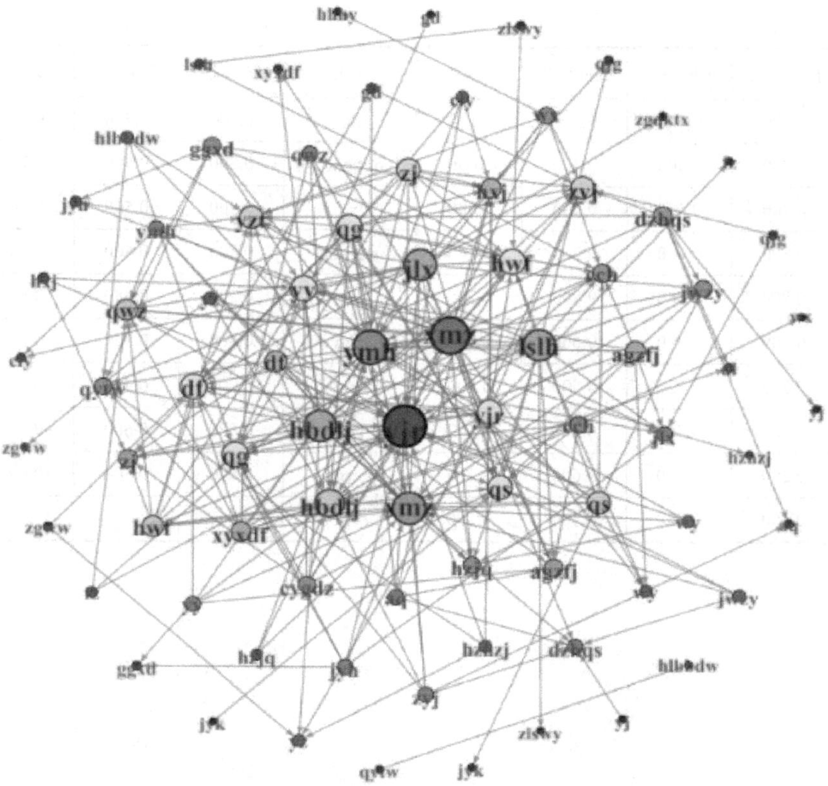

图 8-7　“甬温动车事故”舆论超网络的关注关系

表 8-4　“京珠高速客车起火事故”舆论超网络的属性值

博主	社交属性	环境属性	心理属性	观点属性	博主	社交属性	环境属性	心理属性	观点属性
xmz	0.000	0.500	0.600	0.200	trh	1.000	0.600	0.800	0.200
camtw	0.200	0.500	0.200	0.286	wxm	0.500	0.550	0.600	0.286
xxn	0.000	0.500	0.300	0.182	tzx	0.000	0.500	0.300	0.100
yp	0.000	0.520	0.400	0.000	wq99	0.000	0.500	0.200	0.267
dl	0.800	0.600	0.200	0.000	dcf	0.000	0.500	0.400	0.250
lqlw	0.000	0.500	0.400	0.167	alaa	0.000	0.500	0.400	0.111
qs	0.200	0.520	0.400	0.308	zzmls	0.200	0.520	0.500	0.200
zyj	0.000	0.520	0.400	0.091	mfljw	0.000	0.500	0.600	0.143
qg	0.800	0.600	0.800	0.286	zdym	0.000	0.520	0.300	0.167
lsjt	0.200	0.500	0.400	0.300	zlh	0.200	0.520	0.200	0.364
zgww	0.000	0.500	0.400	0.136	xj	0.000	0.500	0.200	0.063
wxb	1.000	0.600	0.900	0.600	dlss	0.000	0.500	0.200	0.077
cshlh	0.200	0.550	0.400	0.400	lzy	0.500	0.600	0.700	0.167

续表

博主	社交属性	环境属性	心理属性	观点属性	博主	社交属性	环境属性	心理属性	观点属性
hzhzj	1.000	0.600	0.750	0.187	hg	0.200	0.520	0.200	0.000
ysh	0.000	0.500	0.300	0.036	qqqcafs	0.800	0.600	0.700	0.250
lr	0.200	0.520	0.200	0.000	wxq	0.200	0.500	0.400	0.200
dpktx	0.800	0.600	0.700	0.143	zgzszl	0.800	0.500	0.300	0.091
wzj	0.800	0.580	0.800	0.200	hz	0.200	0.550	0.600	0.000
lmt	0.900	0.590	0.600	0.134	cyd	0.200	0.550	0.600	0.167
dzz	0.500	0.550	0.500	0.000	xlmy	0.000	0.500	0.400	0.385
wza	0.000	0.520	0.300	0.167	tttx	0.800	0.600	0.800	0.200
wsxmz	0.200	0.500	0.600	0.200	yxlxy	0.800	0.500	0.600	0.111
zxl	0.200	0.520	0.400	0.250					

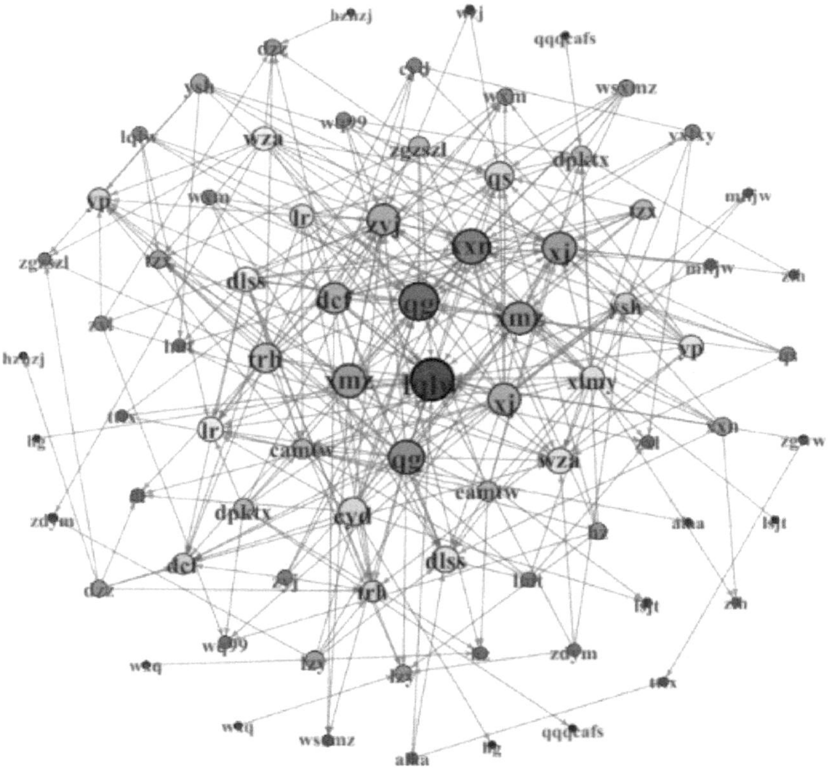

图 8-8 “京珠高速客车起火事故”舆论超网络的关注关系

表 8-5 “郭某某炫富事件”舆论超网络的属性值

博主	社交属性	环境属性	心理属性	观点属性	博主	社交属性	环境属性	心理属性	观点属性
xmz	0.200	0.800	0.200	0.600	shb	0.000	0.800	0.200	0.167
camtw	0.500	0.820	0.200	0.167	agzfj	0.000	0.800	0.500	0.143
sgq	0.500	0.850	0.400	0.706	zxs	0.000	0.800	0.200	0.381
yp	0.800	0.880	0.400	0.400	psy	0.200	0.800	0.400	0.250
bf	0.200	0.800	0.200	0.364	cxdls	1.000	0.900	0.600	0.333
lj	0.500	0.880	0.300	0.125	xxp	0.500	0.820	0.200	0.167
ly	0.500	0.820	0.300	0.182	qyjsd	0.200	0.818	0.325	0.305
hjx	0.000	0.800	0.200	0.143	cly	0.800	0.880	0.400	0.333
hxj	0.067	0.807	0.167	0.221	yjr	0.200	0.820	0.200	0.400
dzhqs	0.000	0.820	0.300	0.182	yboxz	0.000	0.800	0.200	0.333
yj	0.500	0.820	0.400	0.500	qlmwb	1.000	0.900	0.400	0.571
lcp	0.200	0.810	0.150	0.292	lwdzp	0.200	0.800	0.500	0.500
sp	0.200	0.820	0.300	0.182	lm	0.000	0.820	0.200	0.400
zql	0.000	0.810	0.100	0.417	swb	0.800	0.880	0.600	0.667
plyyy	0.200	0.800	0.200	0.333	iaf	0.000	0.800	0.500	0.000
cch	0.200	0.820	0.400	0.250	zlswy	0.800	0.850	0.400	0.667
yy	0.200	0.800	0.200	0.400	cshlh	0.067	0.800	0.000	0.114
mj	0.200	0.800	0.500	0.333	jxx	0.200	0.820	0.300	0.600
zyj	0.200	0.800	0.100	0.200	szpbj	0.000	0.820	0.200	0.000
zmxs	0.000	0.800	0.500	0.308	hy	0.200	0.820	0.200	0.667
mgy	0.200	0.820	0.000	0.400	hzhzj	0.500	0.850	0.400	0.667
wxdfw	0.200	0.820	0.200	0.400	hjxd	0.200	0.820	0.400	0.444

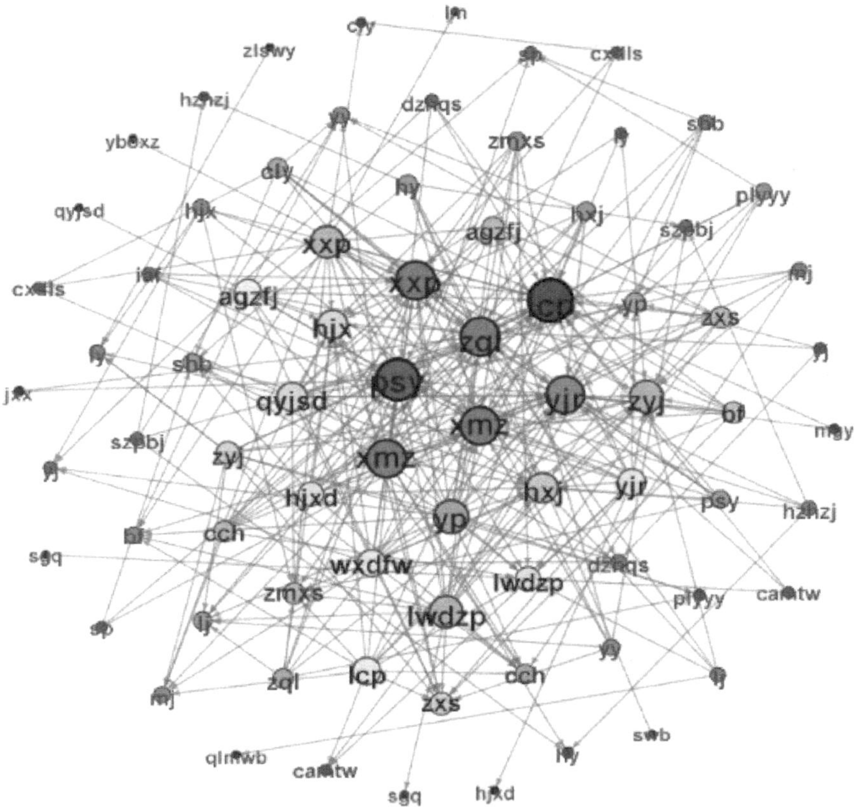

图 8-9　“郭某某炫富事件”舆论超网络的关注关系

表 8-6　“蛟龙号突破 5000m 深海事件”舆论超网络的属性值

博主	社交属性	环境属性	心理属性	观点属性	博主	社交属性	环境属性	心理属性	观点属性
jsyxx	0.800	0.850	0.500	0.444	ybmmtd	1.000	0.900	0.800	0.800
mds	1.000	0.900	0.800	0.600	tmcg	1.000	0.880	0.800	1.000
yz	0.200	0.800	0.400	0.286	zgq	0.500	0.850	0.600	0.667
zkq	0.900	0.880	0.800	1.000	zjx	0.800	0.880	0.700	1.000
cshlh	0.500	0.850	0.600	0.500	qcyh	1.000	0.900	0.800	0.800
yg	0.800	0.880	0.800	0.750	lmg	0.500	0.800	0.500	0.636
tf	0.200	0.850	0.600	1.000	xhr	0.200	0.800	0.600	0.636
txlwh	0.500	0.850	0.600	0.600	dmqfaa	0.800	0.880	0.800	0.500
sqfy	0.800	0.880	0.600	0.800	xgh	0.200	0.800	0.200	0.250
lsjgg	0.067	0.800	0.233	0.457	xzhpln	0.800	0.900	0.800	0.714
hy	0.500	0.850	0.500	0.600	jfblbh	1.000	0.900	0.800	0.667
fyjsy	1.000	0.900	1.000	0.875	sxj	0.800	0.820	0.600	0.333

续表

博主	社交属性	环境属性	心理属性	观点属性	博主	社交属性	环境属性	心理属性	观点属性
zlz	0.200	0.820	0.200	0.556	wdyfj	1.000	0.900	0.900	1.000
rjw	0.800	0.880	0.800	0.571	zyzx	0.800	0.850	0.600	1.000
cjc	1.000	0.900	0.800	1.000	ljzls	1.000	0.880	0.800	1.000
wjdw	0.800	0.880	0.800	0.667	dd	0.800	0.900	0.600	1.000
ykf	0.800	0.900	0.600	0.667	zjymd	1.000	0.900	0.800	0.857
cjc	1.000	0.900	0.800	1.000	ly	0.800	0.900	0.800	0.875
zh	0.800	0.880	0.800	0.667	zl	0.800	0.880	0.600	0.667
rzz	0.000	0.800	0.200	0.167	cyb	0.800	0.850	0.600	0.667
ACAO	1.000	0.900	0.900	0.778	dysmh	0.200	0.820	0.600	0.429

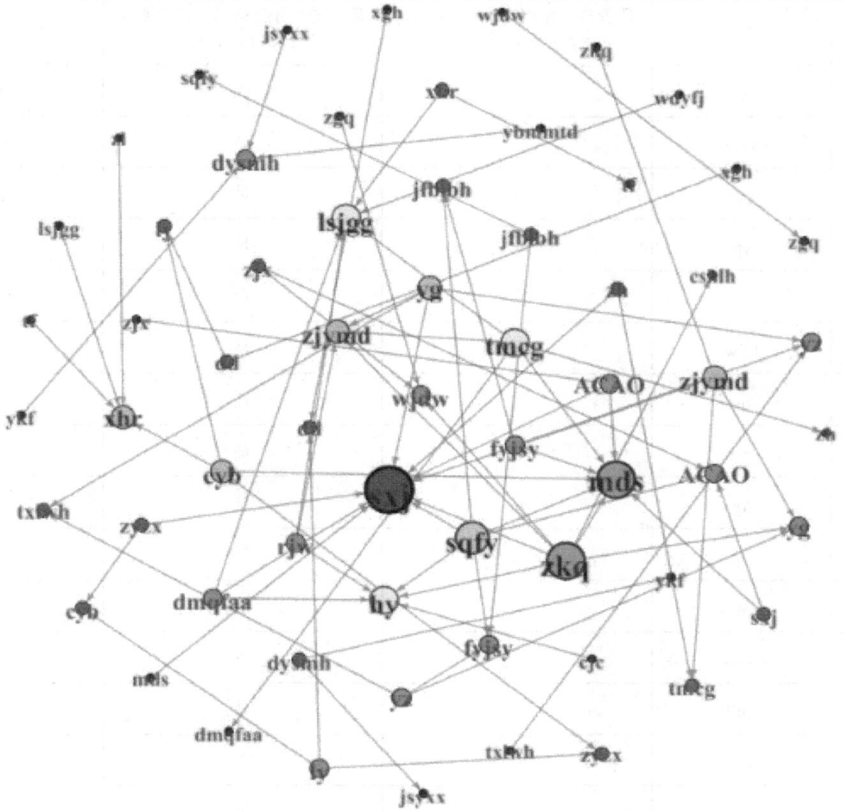

图 8-10　“蛟龙号突破 5000m 深海事件”舆论超网络的关注关系

8.4.3 算法验证及叠加效应趋势分析

8.4.3.1 耦合算法验证分析

将上述案例数据引入舆论超网络的超边耦合程序，得到 “京珠高速客车起火事故”“郭某某炫富事件”“蛟龙号突破 5000m 深海事件”与“甬温动车事故”的耦合过程。由于“京珠高速客车起火事故”与“甬温动车事故”的耦合过程较为持久，本节选取该过程和结果对超边耦合算法进行验证。首先，根据“京珠高速客车起火事故”舆论超网络的属性值及关注关系（表 8-4），定义相应的舆论超边 SE_1～SE_{45}。其次，选取 3.3.2 节的 30 名专家，通过专家评议的方式，判断各条超边对应的微博信息是否与“甬温动车事故”的舆论存在相互耦合现象。最后，通过超边耦合算法依次计算“京珠高速客车起火事故”与“甬温动车事故”存在耦合关系的超边，并进一步判断耦合算法的结果是否正确，见表 8-7。

表 8-7 “京珠高速客车起火事故”与“甬温动车事故”的耦合结果

超边序号	博主	是否与“甬温动车事故”耦合（专家评议）	是否与“甬温动车事故”耦合（耦合算法）	判断正确与否
SE_1	xmz	是	否	错误
SE_2	camtw	否	是	错误
SE_3	xxn	是	是	正确
SE_4	yp	是	是	正确
SE_5	dl	否	否	正确
SE_6	lqlw	是	是	正确
SE_7	qs	是	是	正确
SE_8	zyj	是	是	正确
SE_9	qg	是	是	正确
SE_{10}	lsjt	是	是	正确
SE_{11}	zgww	是	是	正确
SE_{12}	wxb	否	否	正确
SE_{13}	cshlh	是	是	正确
SE_{14}	hzhzj	否	否	正确
SE_{15}	ysh	是	是	正确
SE_{16}	lr	否	否	正确

续表

超边序号	博主	是否与“甬温动车事故”耦合（专家评议）	是否与“甬温动车事故”耦合（耦合算法）	判断正确与否
SE_{17}	dpktx	否	否	正确
SE_{18}	wzj	否	否	正确
SE_{19}	lmt	否	否	正确
SE_{20}	dzz	否	否	正确
SE_{21}	wza	是	是	正确
SE_{22}	wsxmz	是	否	错误
SE_{23}	zxl	否	是	错误
SE_{24}	trh	否	否	正确
SE_{25}	wxm	否	否	正确
SE_{26}	tzx	是	是	正确
SE_{27}	wq99	是	是	正确
SE_{28}	dcf	是	是	正确
SE_{29}	alaa	是	是	正确
SE_{30}	zzmls	是	是	正确
SE_{31}	mfljw	是	是	正确
SE_{32}	zdym	否	是	错误
SE_{33}	zlh	是	是	正确
SE_{34}	xj	是	是	正确
SE_{35}	dlss	否	否	正确
SE_{36}	lzy	否	否	正确
SE_{37}	hg	是	是	正确
SE_{38}	qqqcafs	否	否	正确
SE_{39}	wxq	否	是	错误
SE_{40}	zgzszl	否	是	错误
SE_{41}	hz	否	否	正确
SE_{42}	cyd	否	否	正确
SE_{43}	xlmy	否	是	错误
SE_{44}	tttx	否	否	正确
SE_{45}	yxlxy	否	否	正确

根据表 8-7 的统计结果，在“京珠高速客车起火事故”舆论超网络的 45 条超边中，有 22 条超边与“甬温动车事故”的舆论超网络存在耦合关系。基于超边耦合算法，本节则找到 26 条耦合超边。在上述两种方式得到的耦合超边中，有 20 条是相互重合的。因此，在“京珠高速客车起火事故”与“甬温动车事故”的耦合过程中，舆论超网络超边耦合算法

的准确率达 82.22%，可以相对有效地对舆论的耦合机理进行分析。

8.4.3.2 耦合叠加趋势分析：以 7•22“京珠高速客车起火事故”和 7•23“甬温动车事故”耦合为例

为进一步分析舆论耦合叠加的趋势，本节同样选取样本数据较为清晰、耦合过程较为持久的“京珠高速客车起火事故”和“甬温动车事故”为研究对象，通过对被耦合事件超边属性变化趋势的分析，总结超边耦合过程和阶段，并利用超边耦合算法，反演分析各耦合阶段的主要影响因素，为决策者开展多事件舆论引导提供依据。

（1）超边耦合阶段的划分

由于超网络各维度属性值越小，表示维度属性越消极。因此，若定义属性值小于 0.4 为负向超边，可计算各耦合步负向超边的比例值，该指标是对超边属性值的变形，且相对较容易表示。因此，本节选取“被耦合事件负向超边的比例”作为阶段的划分标准，可以综合反映被耦合超网络在耦合过程中属性值的变化。基于上述假设，本节将“京珠高速客车起火事故”和“甬温动车事故”超网络进行耦合，对各耦合步（$T_1 \sim T_{26}$）的超边属性值进行梳理，并统计 $T_1 \sim T_{26}$ 过程中被耦合事件超网络中负向超边的比例（图 8-11）。

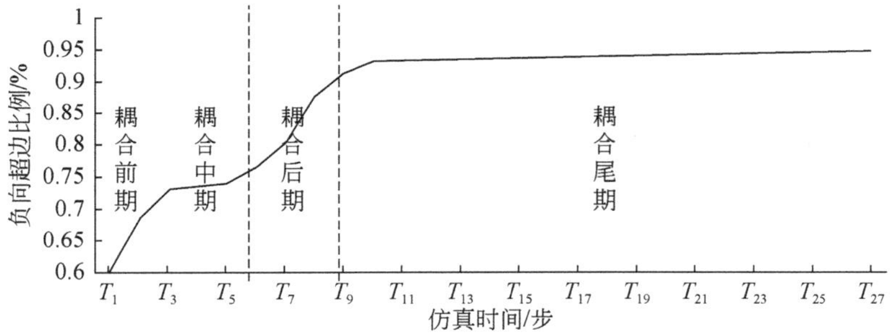

图 8-11 被耦合事件负向超边比例及超边耦合阶段的划分

如图 8-11 所示，在“京珠高速客车起火事故”和“甬温动车事故”耦合的全过程中，被耦合事件负向超边比例的变化趋势经历了几个主要发展阶段。本节依据负向超边比例变化速度和加速度的不同，将舆论耦合过程分为四个主要阶段，即耦合前期、耦合中期、耦合后期和耦合尾期。在舆论耦合前期，负向超边比例的上升速度较快，但加速度逐渐趋缓，舆论事件的耦合效应较为突出。在舆论耦合中期，负向超边比例的上升速度趋缓，加速度较低，舆论事件的耦合效应不明显。在舆论耦合后期，负向超边比例的上升速度再次提升，加速度呈现先变大后减小的趋势，舆论事件的耦合效应经历第二次高峰。在舆论耦合尾期，负向超边比例的上升速度再次趋缓，加速度较低，舆论事件的耦合效应不明显。

（2）耦合过程的反演分析

为揭示超边耦合各阶段的内在机理，本节以被耦合事件超边的属性值为纵坐标，对“京珠高速客车起火事故”和“甬温动车事故”的耦合过程进行反演。如图 8-12 所示，“甬温动车事故”超边属性的反演结果与图 8-11 耦合阶段图的变化趋势相互对应，“被耦合事件”超边属性值变化较为剧烈的时期，恰恰处于负向超边比例上升速度较快的耦合前期和耦合后期。因此，耦合过程的反演分析应着重对耦合前期和耦合后期的反演结果进行分析，具体包括微观和宏观两个层面。

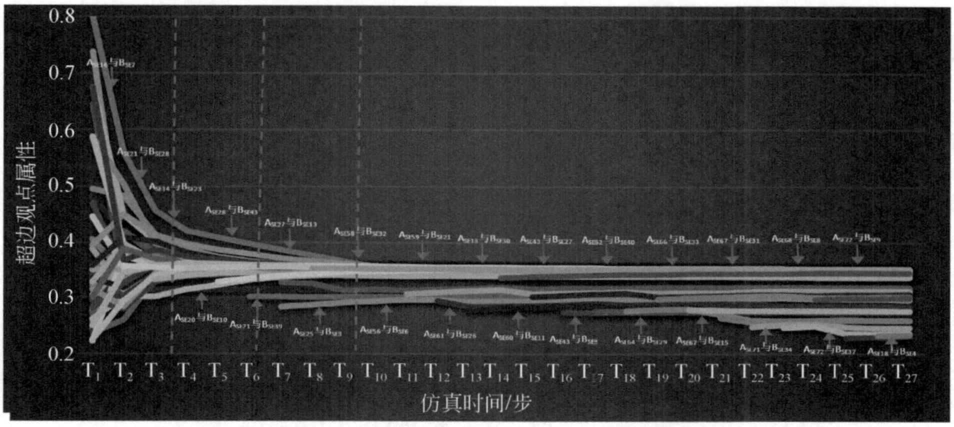

图 8-12　“被耦合事件”超边属性的反演结果

1）微观层面。由于舆论耦合前期和耦合后期是超边属性值变化较为剧烈的时期，相对应的被耦合超边分别为 A_{SE16}、A_{SE21}、A_{SE27}、A_{SE25}。这些超边的属性值分别为 0.357、0.355、0.223、0.304，均低于超边属性值的平均值 0.381，属于属性值较低的负向超边。此外，这些超边对应的博主为 qs、wx、yjr、ymh，其在网络图中的位置如图 8-13 所示。耦合前期对应的博主为 qs 和 wx，他们并非网络图出度最大的中心节点，而是次中心节点（图 8-13 实线圈）；耦合后期对应的博主为 yjr 和 ymh，他们是网路图出度最大的中心节点（图 8-13 虚线圈）。因此，若对相互耦合的舆论事件进行引导，初期应全面关注被引导舆论主要网络节点的超边属性，后期则应重点关注被引导舆论核心网络节点的超边属性，并采取针对性的引导策略。

2）宏观层面。为合理分析“京珠高速客车起火事故”和“甬温动车事故”耦合过程的宏观表现，本节将“蛟龙号突破 5000m 深海事件”和“甬温动车事故”的耦合过程定义为对照组。如图 8-14 所示，在实验组数据中，被耦合事件所有超边属性值变化的轮廓趋势呈现前期上扬、中期平稳和后期下坠的形状。T_1～T_3 时段的上扬趋势显示舆论耦合前期超边属性的变化多以被耦合事件原有超边自身属性值的降低为主，该阶段属性值的变化主要是由于在外部耦合事件的干扰下，舆论主体开始关注事故的干预问题，对政府在事故处置方面的表现极其不满。因此，舆论耦合前期的引导策略应以增加事故透明度和公开性为主。T_4～T_6 时段的平稳趋势显示舆论耦合中期超边属性的变化趋于平稳，该阶段的舆论态势将出现一定的异化趋势：若参与耦合的舆论事件不能引起网民对深层次社会矛盾的讨论，则耦合过程将结束；若参与耦合的舆论事件进一步引发网民对深层次社会矛盾的讨论，则耦合过程将进入属性值变化的另一个剧烈期，即舆论耦合后期。因此，耦合中期的引导策略则应着重对被耦合事件的舆论态势进行积极引导。T_7～T_9 时段的下坠趋势显示舆论耦合后期超边属性的变化多是由于新耦合进来的超边属性值较低，该阶段属性值的变化是由于同类事件的深度耦合引起网民对深层次社会矛盾的讨论。因此，当舆论处于耦合后期，政府的引导策略应着重防止类似问题再次发生。

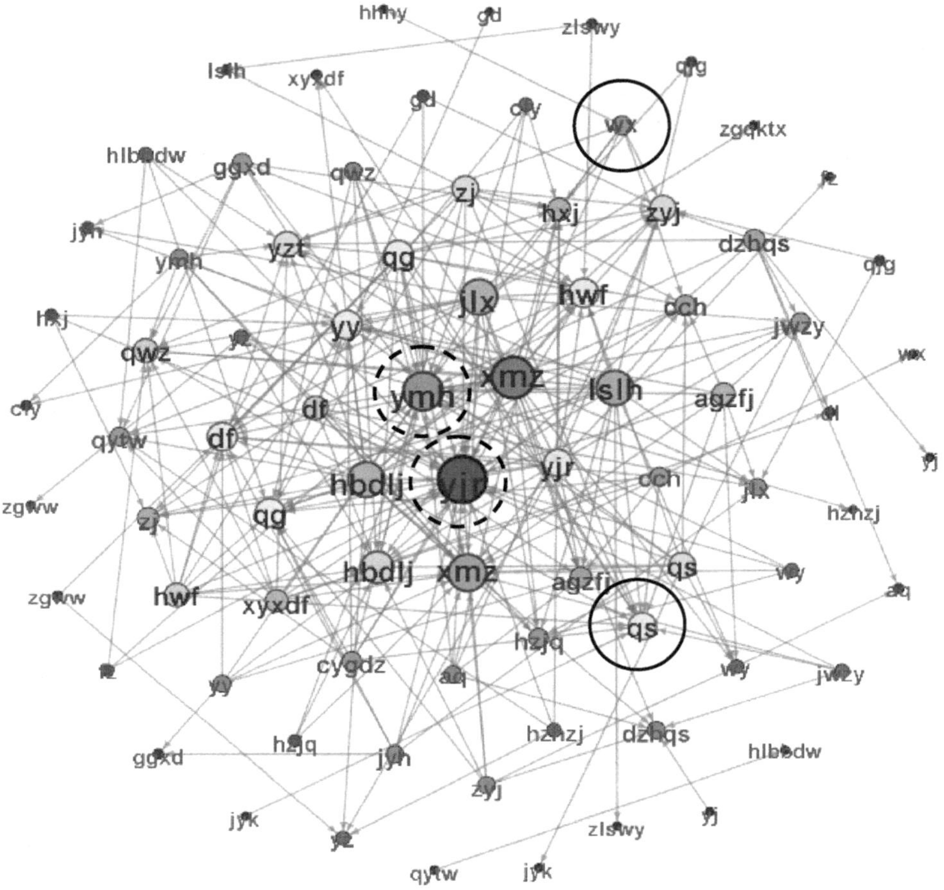

图 8-13　“被耦合事件”舆论主体的关注关系网络

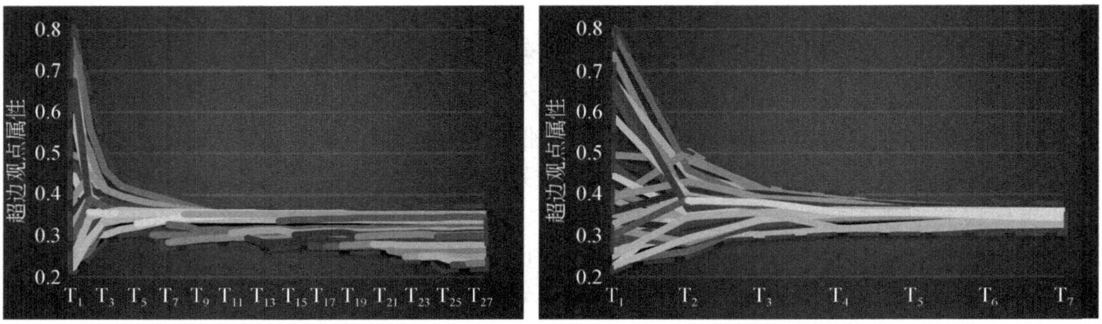

(a) 舆论耦合的超边属性变化态势　　(b) 舆论耦合的超边属性变化态势

图 8-14　舆论耦合的超边属性变化态势

注：图（a）为实验组数据，表示“京珠高速客车起火事故”和“甬温动车事故”舆论交互耦合后，被耦合事件超边属性变化趋势；图（b）为对照组数据，表示“蛟龙号突破 5000m 深海事件”和“甬温动车事故”舆论交互耦合后，被耦合事件超边属性变化趋势

8.4.4 舆论耦合影响因素分析

网络舆论超网络模型是由社交子网、环境子网、心理子网和观点子网组成的复杂系统，其演化过程受舆论内外部环境的双重影响。因此，舆论超网络的耦合机理是其外部环境属性和内部心理属性共同作用的结果。本节利用超边耦合算法对舆论耦合的内外影响因素分别进行分析。

（1）舆论耦合与环境属性的关系

舆论超网络的超边耦合算法是以舆论的引力法则为理论依据，即遵循网络舆论“同频共振，同质相吸”的原理。同样是对社会造成消极影响的网络舆论事件，若事件类型相似，则越有可能引起不同事件舆论主体的共鸣。本节分别选取发生于 2011 年 7 月中下旬“郭某某炫富事件”、7 月 22 日“京珠高速客车起火事故”、7 月 23 日“甬温动车事故”的微博舆论作为研究对象，对舆论耦合与环境属性的关系进行对比分析。上述三起舆论事件均属消极心理主导的事件，对社会造成一定的消极影响，但其事件类型却存在显著差异，“京珠高速客车起火事故”和“甬温动车事故”属于重大灾难事故，“郭某某炫富事件”则属于一般社会舆论事件。因此，若将“甬温动车事故”的舆论超网络定义为被耦合事件 A，将“京珠高速客车起火事故”和“郭某某炫富事件”的舆论超网络定义为耦合事件 B 和 B′，可利用超边耦合算法对舆论耦合与环境属性的关系进行定量分析，结果见表 8-8。

表 8-8　不同类型（环境属性）舆论事件与“甬温动车事故”的耦合结果

“京珠高速客车起火事故”与“甬温动车事故”耦合		“郭某某炫富事件”与“甬温动车事故”耦合	
超边序号	耦合顺序	超边序号	耦合顺序
SE_7	1	SE'_{24}	1
SE_{28}	2	SE'_{37}	2
SE_{23}	3		
SE_{10}	4		
SE_{43}	5		
SE_{39}	6		
SE_{13}	7		
SE_3	8		
SE_{32}	9		
SE_6	10		
SE_{21}	11		
SE_{26}	12		
SE_{30}	13		
SE_{11}	14		
SE_{27}	15		

续表

“京珠高速客车起火事故”与“甬温动车事故”耦合		“郭某某炫富事件”与“甬温动车事故”耦合	
超边序号	耦合顺序	超边序号	耦合顺序
SE_2	16		
SE_{40}	17		
SE_{29}	18		
SE_{33}	19		
SE_{15}	20		
SE_{31}	21		
SE_{34}	22		
SE_8	23		
SE_{37}	24		
SE_9	25		

根据上述超边耦合算法的统计结果，在“京珠高速客车起火事故”舆论超网络的 45 条超边中，有 26 条超边与“甬温动车事故”的舆论超网络存在耦合关系，耦合率为 57.78%；在“郭某某炫富事件”舆论超网络的 44 条超边中，有 2 条超边与“甬温动车事故”的舆论超网络存在耦合关系，耦合率仅为 4.55%。前者的耦合率是后者的 13 倍，因此，在事件其他属性（如心理属性）相当的情况下，事件环境属性，即事件类型，是事件舆论是否发生耦合的主要因素，这也定量认证了佘廉等学者关于舆论耦合外部驱动因素的定性描述。例如，事件发生后的两条微博分别源自“京珠高速客车起火事故”和“郭某某炫富事件”舆论超网络在 2011 年 7 月 29～30 日的数据。前者将相同事件类型的“京珠高速客车起火事故”和“甬温动车事故”相耦合，共同探讨重大灾难事故及其安全监管机制；后者则描述“郭某某炫富事件”发生后的红十字会危机，与“甬温动车事故”的网络舆论没有结合点。

（2）舆论耦合与心理属性的关系

舆论超网络的建模不仅涉及突发事件的环境属性，还考虑到事件心理属性的重要性。在心理学领域，个人观点的表述和演化同时受到突发事件及其社会影响、个人心理波动等多方面因素的作用。本节则着重探讨舆论耦合与心理属性的关系，分别选取发生于 2011 年 7 月中下旬“郭某某炫富事件”、7 月 23 日“甬温动车事故”、7 月 26 日“蛟龙号突破 5000m 深海事件”的微博舆论作为研究对象。上述三起事件对社会的影响存在显著差异，“甬温动车事故”和“郭某某炫富事件”均属于消极事件，“蛟龙号突破 5000m 深海事件”则属于积极事件。因此，同样将“甬温动车事故”的舆论超网络定义为被耦合事件 A，将“蛟龙号突破 5000m 深海事件”和“郭某某炫富事件”的舆论超网络定义为耦合事件 B 和 B′，可利用超边耦合算法对舆论耦合与心理属性的关系进行定量分析，结果见表 8-9。

表 8-9　不同心理（心理属性）舆论事件与“甬温动车事故”耦合结果

“蛟龙号突破 5000m 深海事件”与“甬温动车事故”耦合		“郭某某炫富事件”与“甬温动车事故”耦合	
超边序号	耦合顺序	超边序号	耦合顺序
SE_3	1	SE'_{24}	1
SE_{10}	2	SE'_{37}	2
SE_{20}	3		
SE_{13}	4		
SE_{28}	5		
SE_{30}	6		

根据上述超边耦合算法的统计结果，在“蛟龙号突破 5000m 深海事件”舆论超网络的 42 条超边中，有 6 条超边与“甬温动车事故”的舆论超网络存在耦合关系，耦合率为 14.29%；在“郭某某炫富事件”舆论超网络的 44 条超边中，有 2 条超边与“甬温动车事故”的舆论超网络存在耦合关系，耦合率仅为 4.55%。前者的耦合率约为后者的 3 倍，即在本节涉及的案例中，积极事件的社会舆论与消极事件的社会舆论更易发生耦合。因此，事件舆论耦合与其心理属性的关系相对复杂，耦合过程可能存在心理异化的现象。“蛟龙号突破 5000m 深海事件”本是一起对社会有积极影响的事件，但媒体对该事件过度解读，却忽略对“甬温动车事故”及其救援的报道，导致“蛟龙号突破 5000m 深海事件” 的舆论心理发生异化，转变为消极的舆论事件，并与“甬温动车事故”相互耦合。例如，事件发生后的两条微博分别源自“蛟龙号突破 5000m 深海事件”和“郭某某炫富事件”舆论超网络在 2011 年 7 月 28～29 日的数据。前者将“蛟龙号突破 5000m 深海事件”和“甬温动车事故”相耦合，利用讽刺性的表达方式，批评 CCTV 过多报道“蛟龙号”等国家正面形象工程，却忽略对动车追尾事故责任的追究和问责，这是媒体所应该承担的主要责任。后者同样只是描述郭某某事件发生后的红十字会危机，与“甬温动车事故”的网络舆论没有结合点。

8.5　本 章 小 结

在舆论事件情景演化过程中，两个或多个舆论事件的舆论场间通常具有交互性，当个别舆论事件的发生、演化及其影响力依赖于其他舆论事件发展及其传播动力时，两个或多个舆论事件的能量和社会影响力会相互叠加耦合，引发更广泛的舆论危机。本章以网络舆论危机的耦合机理为研究对象，在对舆论耦合表现形式和驱动因素进行归纳和总结的基础上，提出舆论超网络间的超边耦合算法，并对 7 • 22“京珠高速客车起火事故”和 7 • 23“甬温动车事故”的耦合叠加现象进行模拟分析，仿真分析的结果表明：

超网络的超边耦合算法具有 82.22%的精确度，可为网络舆论耦合机理的研究提供更加定量化的研究方法和工具；

在事件其他属性（如心理属性）相当的情况下，事件环境属性，即事件类型，是事件舆论是否发生耦合的主要因素；

事件舆论耦合与其心理属性的关系相对复杂，耦合过程可能存在心理异化的现象。

第三篇　政策建议篇

第 9 章　社会舆论危机演化的干预方向研究

当前，我国正处于经济社会改革的关键时期，各种社会矛盾、利益冲突导致的群体性突发事件频繁发生，其引发的社会舆论在互联网的催化作用下迅速演化，给社会稳定带来巨大挑战。第 5～第 8 章分别从不同的演化阶段和视角，探讨了舆论演化的发展扩散效应、异化极化效应和耦合叠加效应，这对于认识舆论演化内在机理具有重要意义。本章将对舆论演化机理的上述研究进一步扩展，即结合舆论机理分析获取的演化驱动因素，设计舆论危机演化干预机制，并以系统动力学仿真的方式，实现演化研究与干预研究的结合。

9.1　舆论危机演化的干预分析

9.1.1　舆论危机演化的干预方式

系统是由相互作用和相互依赖的若干组成部分结合而成的具有特定功能的有机整体（Bertalanffy，1968）。系统论要求人们从整体的观点出发，全面地分析系统中要素与要素、要素与系统、系统与环境、此系统与他系统的关系，从而把握其内部联系与规律，达到有效地控制与改造系统的目的（顾基发，2011）。社会舆论同样是一个具有一定组成、结构和功能的系统，具体是指在一定的时间、空间范围内，舆论主体及其在特定心理下于网络上发表的关于某社会事件的信念、态度、意见和情绪等的总和。因此，对社会舆论及其演化的干预需要同时兼顾系统的整体性和局部性：对于舆论系统整体演化态势的引导，需采用宏观干预的方式；对于舆论系统中舆论主体及其交互作用的引导，则需采用微观干预的方式。

（1）宏观干预方式

宏观干预是将舆论系统作为一个整体，通过分析系统与环境、此系统与他系统的关系，对待干预舆论事件实施的干预方式。舆论演化机理的阶段性分析表明舆论演化的主要外部驱动因素为公共事务议题、社会结构压力和政府干预缺失等。因此，对舆论演化系统实施宏观干预可采用提高政府公信力、增加事故信息公开度、完善相关应急预案等干预策略。

（2）微观干预方式

微观干预的客体则为组成舆论系统的要素或要素关系，即通过分析舆论系统中要素与要素、要素与系统的关系，对特定舆论要素实施的干预方式。舆论异化演化分析和耦合演化分析表明舆论要素演化的主要内部驱动因素为传统媒体参与、网络大 V 人物、网络媒体过滤、网民社会心理等。因此，对舆论演化系统实施微观干预应从传统媒体议程、网络媒体新闻、网络大 V 言论和网民社会心理的角度，展开舆论要素演化的微观引导，即采取隔离新闻、帖子、网民和话题等微观干预策略，降低社会舆论的讨论热度，并对舆论的走向进行引导。

9.1.2　舆论危机演化的干预路径

舆论风险源于社会事故的舆论关注，是舆论危机演化对社会产生的主要影响。舆论风险的形成和干预不仅受媒介内外部因素的制约，还受公共危机事故等级、类型和发生时间、人员密集度和安全意识等多方面因素的影响。在相同的社会背景下，事故等级越高、类型越敏感、人员密集程度越高，舆论风险形成的可能性就越高。本节以公共危机事件为分析始点，将舆论危机演化导致的舆论风险分为传统媒体风险、网络媒体风险和网络社区风险，并进一步将舆论演化的干预策略引入舆论危机风险机理的分析框架中，分别探讨舆论风险的干预路径（图 9-1）。

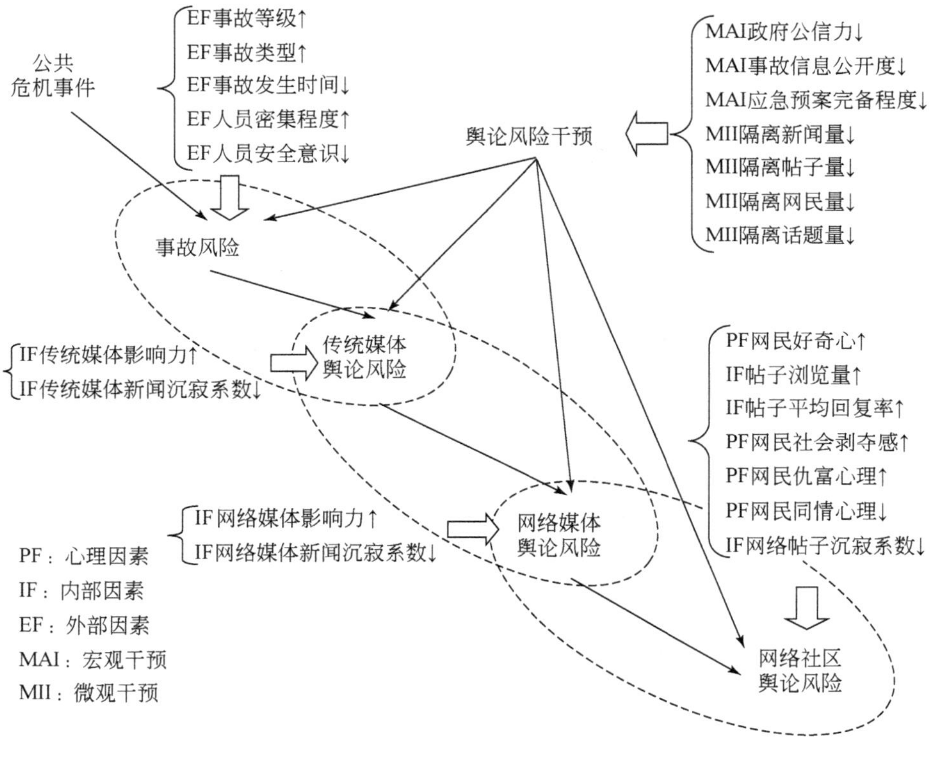

图 9-1　舆论风险的形成及干预路线图

（1）舆论风险的形成路径

如图 9-1 所示，舆论风险的形成以公共危机事件为导火索，经历事故风险、传统媒体舆论风险、网络媒体舆论风险和网络社区舆论风险环节，是舆论危机对社会产生影响的表现。事故风险是公共危机事件的直接社会风险，其风险等级随事故等级、类型、人员密集度和安全意识等外部因素的增加而提高，随事故发生时间的增加而降低。传统媒体舆论风险是事故风险在传统媒体上的衍生，随传统媒体影响力的增加而提高，随其新闻沉寂系数的增加而降低。网络媒体舆论风险是一个狭义的概念，是以网络新闻为主要载体，同时受事故风险和传统媒体舆论风险的影响。不同于网络媒体舆论风险，网络社区舆论风险是一种交互式的舆论风险，不仅受事故风险、传统媒体和网络媒体舆论风险的影响，还受网民心理因素和网络社区内部因素的影响。该舆论风险通常随网民好奇心、社会剥夺感、仇富心理、帖子浏览量和平均回复率等因素的增加而提高，随网民同情心理和帖子沉寂系数的增加而降低。

（2）舆论风险的干预路径

舆论风险的干预以政府为干预主体，对事故风险、传统媒体舆论风险、网络媒体舆论风险和网络社区舆论风险等进行干预。图 9-1 将风险干预的策略分为宏观和微观两个方面。宏观干预是指政府处置或引导社会舆论而采取的长期的、系统的干预策略，具体包括提高政府公信力、增加事故信息公开度、完善相关应急预案等。微观干预则是以舆论风险为干预对象，采取隔离新闻、帖子、网民和话题等微观策略，降低社会舆论的讨论热度，并对舆论的走向进行引导。

9.2　舆论危机演化干预的系统动力学建模

系统动力学（system dynamics，SD）是美国麻省理工学院福瑞斯特（Forrester）教授提出的一门认识系统规律和解决系统问题的交叉综合学科，是以因果关系图和流量存量图为研究工具，对复杂系统问题进行模拟仿真（Forrester，1994）。本节利用系统动力学分析方法，对社会舆论演化的干预路径进行因果分析、动力学建模和可视化处理等。

9.2.1　边界确定与基本假设

模型的研究对象是公共危机事件引发的社会舆论，具体的舆论主体包括传统媒体、网络媒体和网络社区三部分，为简化建模过程，做如下假设：①假设上述三个主体以公共危机事件为始点，彼此相互影响导致社会舆论的形成和演化，其他主体在此不予考虑；②假设模型仅考虑原发性危机事件，不考虑事件的衍生；③假设各类媒介信息的传输是通畅的，不会因为网络硬件问题影响舆论传播；④假设政府具有一定的舆论引导能力，但不会采取过于极端的行为干预媒体和网民的言论自由，禁止舆论的产生。

9.2.2　因果关系图和流量存量图分析

社会舆论演化干预的动力学模型主要包括传统媒体子系统、网络媒体子系统和网络社区子系统。这些子系统分别反映传统媒体、网络媒体和网络社区活跃新闻或帖子随时间的变化情况及社会舆论关注度，建模过程采用因果关系图和系统流量存量图进行描述。

（1）闭环因果关系图的构建

根据舆论的形成及干预路径，利用反馈环描述系统中变量的因果关联结构，可以构建社会舆论系统的因果关系图。本节以公共危机事件、政府及各类舆论主体形成的闭环舆论为研究对象，分别介绍社会舆论演化、干预及其闭环的因果关系图。

a. 舆论演化的因果关系图

在社会舆论形成的动力学模型中，考虑由传统媒体、网络媒体和网络社区组成的三级舆论演化系统，具体的概念模型如图 9-2 所示。

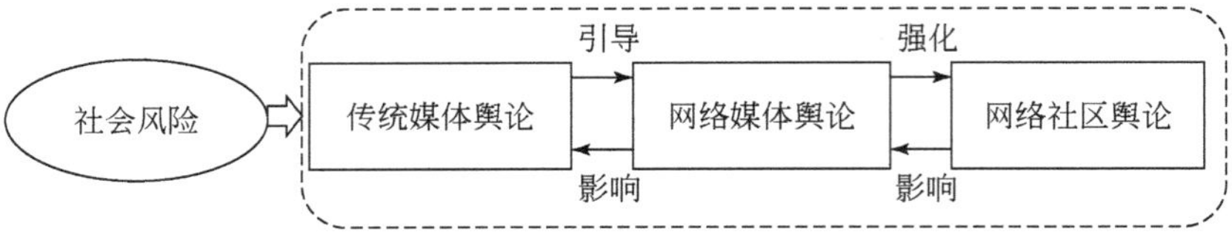

图 9-2　三级舆论演化系统

如图 9-2 所示，社会舆论的形成及演化始于公共危机事件，事件以社会风险的形式导致媒介舆论聚集，主要的因果回路如下：

事故社会暴露性→事故影响力→传统媒体新闻增加率→传统媒体活跃新闻数量→传统媒体新闻关注度

事故社会暴露性→事故影响力→网络媒体新闻增加率→网络媒体活跃新闻数量→网络媒体新闻关注度

事故影响力/网民好奇心等→网民关注度→帖子平均浏览量→网络社区帖子增加率→网络社区活跃帖子数量→网络社区帖子关注度

b. 舆论干预的因果关系图

舆论干预的动力学模型起始于政府的各类干预策略，具体包括宏观和微观两个方面。宏观干预的主要作用对象是传统新闻媒体和网络新闻媒体；微观干预的主要作用对象是网络社区。干预的主要回路如下：

政府公信力/事故信息公开度/应急预案→政府处理能力→新闻或帖子沉寂系数

新闻隔离/话题隔离→新闻干预能力→媒体新闻沉寂系数

帖子隔离/网民隔离/话题隔离→帖子干预能力→社区帖子沉寂系数

c. 舆论的闭环因果关系图

社会舆论演化和干预动力学模型之间的联系，主要是通过新闻或帖子的沉寂系数实现。政府通过宏观和微观干预策略的选择和执行，提高新闻和帖子的沉寂系数，进而干预和引导社会舆论的走向。此外，调整政府干预介入的时间，也可能影响社会舆论的趋势。因此，可以将社会舆论形成和干预的因果关系图整合为社会舆论闭环因果关系图，如图 9-3 所示。

（2）系统流量存量图的构建

因果关系图仅对系统反馈结构的基本情况进行描述，不能反映不同性质变量间的区别。因此，在因果关系图建立的基础上，需要构建社会舆论系统的流量存量图，分析影响反馈系统动态性能的积累效应及其改变的速率，如图 9-4 所示。

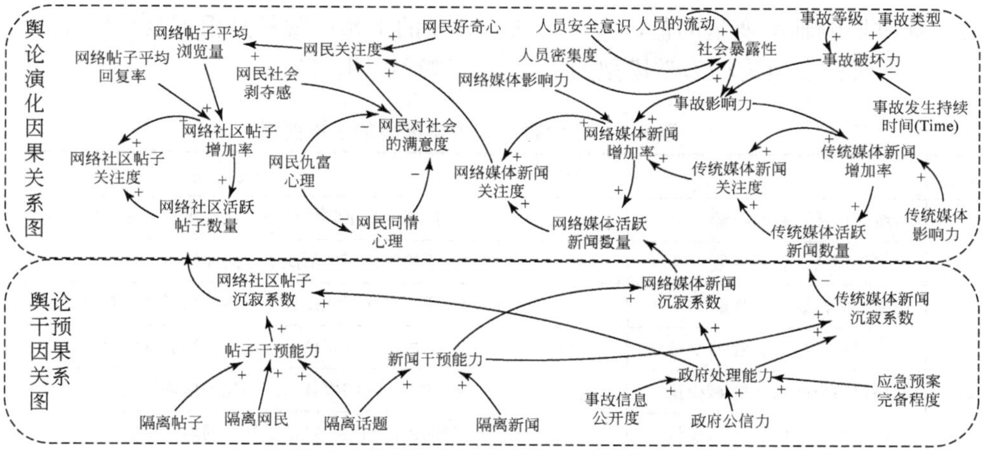

图 9-3　社会舆论的闭环因果关系图

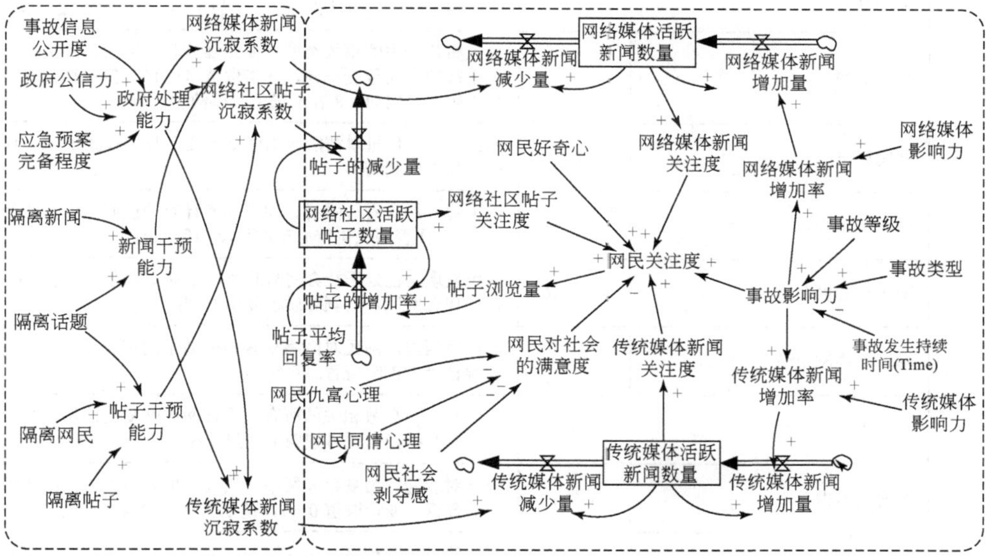

图 9-4　社会舆论动力学模型的流量存量图

9.2.3　模型变量集及主要公式

社会舆论动力学模型的流量存量图将不同性质的变量进行区分。根据模型建立的需要，本节对模型的变量集及主要公式进行说明。

（1）舆论动力学模型变量集

社会舆论动力学模型的变量集包括 3 个状态变量、6 个速率变量、24 个辅助变量、7 个决策/干预变量和 2 个常量。状态变量表示系统的存量，当前时刻的变量值等于上个时刻的值加上单位时间的变化量；速率变量反映状态变量值增加或减少的速度；辅助变量是由其他变量通过计算获得，其当前时刻的值和历史时刻的值相互独立；决策/干预变量是人为引入的，通过影响辅助变量的值，实现对状态变量的干预；常量是根据具体情况设定的固定值。表 9-1 对社会舆论动力学模型的主要变量进行说明。

表 9-1 社会舆论动力学模型的主要变量

变量类型	变量名	单位	变量说明
状态变量	传统媒体活跃新闻数量	个	电视、广播、报纸等传统媒体活跃事故新闻的累积量
	网络媒体活跃新闻数量	个	网络、手机等新媒体活跃事故新闻的累积量
	网络社区活跃帖子数量	个	贴吧、微博等交互式媒体活跃事故帖子及回复的累积量
速率变量	传统媒体新闻增加量/减少量	个/h	单位时间内，传统媒体活跃新闻的增加量/减少量
	网络媒体新闻增加量/减少量	个/ h	单位时间内，网络媒体活跃新闻的增加量/减少量
	网络社区帖子增加量/减少量	个/ h	单位时间内，网络社区活跃帖子的增加量/减少量
辅助变量	媒体新闻/社区帖子沉寂系数	无量纲	单位时间内，媒体或网络活跃新闻/帖子的消失率
	事故等级	无量纲	导致舆论产生的事故等级，参照社会安全事故的等级划分，变量取值 1～5，分别代表无/一般/较大/重大/特别重大事故
	事故类型	无量纲	导致舆论产生的事故类型，参照媒体和网民对各种类型社会安全事故的关注程度不同，变量取值 1～10，值越高代表事故类型越敏感。例如，8 表示民生类事故
	网民好奇心	无量纲	网民对公共危机事故的平均好奇程度，变量取值 0～1，代表好奇程度由低到高
	网民仇富心理	无量纲	网民对一切富者、强者、地位高者怀有的愤慨态度，变量取值 0～10，代表网民仇富心理的程度由低到高
	网民社会剥夺感	无量纲	网民发现自己处于社会劣势时所产生的受剥夺感，变量取值 0～10，代表网民社会剥夺感程度由低到高
	帖子平均浏览量	次	单位时间内，网民对网络社区相关帖子浏览数量的累计值，数据源自“方正舆情智思系统”
	帖子平均回复率	无量纲	某时间，与事故相关的所有帖子被网民回复的比例，变量取值 0～1，数据源自“方正舆情智思系统”
决策/干预变量	政府公信力	无量纲	公众对政府行为规范和网络的信任程度。借鉴人民网舆情监测室的数据，变量取值 0～1，值越大代表政府公信力越高
	事故信息公开度	无量纲	事故信息公开程度，由政府网站澄清事故的新闻量与事故新闻总量的比值表示，变量取值 0～1，值越大代表公开度越高
	应急预案完备程度	无量纲	政府处置社会事故的应急预案数量及其完备性，变量取值 0～1，值越大代表应急预案完备程度越高
	隔离新闻率	无量纲	表示政府隔离与事故相关的敏感新闻比例
	隔离帖子率	无量纲	表示政府隔离与事故相关的敏感帖子比例
	隔离网民率	无量纲	表示政府隔离与事故相关的敏感网民比例
	隔离话题率	无量纲	表示政府隔离与事故相关的敏感话题比例

（2）舆论动力学模型的主要公式

系统动力学的建模仿真，不仅需要描述变量间的因果关系，还需要构造变量间的方程关系。通过挖掘“方正舆情智思系统”的数据和借鉴人民网舆情监测室对相关变量的定义，利用 SPSS 软件对变量数据关系进行拟合和回归分析，得出社会舆论动力学模型的相关方程式。其中，主要计算公式描述如下：

1）事故因素=0.3×事故类型+0.7×事故等级；

2）事故影响力=STAN［事故因素×$e^{-(Time/50)}$］，STAN（）表示 0～1 标准化；

3）新闻增加率=DELAY1（事故影响力，x，0）×媒体影响力，DELAY1（）表示延迟函数；

4）新闻增加量=新闻增加率×活跃新闻数量；

5）新闻/帖子减少量=新闻/帖子沉寂系数×活跃新闻/帖子数量；

6）t+1 时刻活跃新闻数量 = t 时刻活跃新闻数量+新闻增加量-新闻减少量；

7）新闻媒体/网络社区关注度 = STAN（活跃新闻/帖子数量），STAN（）表示 0～1 标准化；

8）网民对社会的满意度 = STAN［-（0.25×网民仇富心理+0.5×网民社会剥夺感）+0.25×网民同情心理］，STAN（）表示-1～1 标准化；

9）网民关注度=事故影响力×网民好奇心×［0.2×传统媒体关注度+0.5×网络媒体关注度+0.15×网络社区帖子关注度-0.15×DELAY1（网民对社会的满意度，5，0）］；

10）网络社区帖子增加量 = 网络社区活跃帖子数量×帖子平均回复率+帖子平均浏览量；

11）隔离网民的影响 = 隔离网民量×网民的平均影响力；

12）帖子干预能力 = 隔离网民的影响+隔离帖子的影响+隔离话题的影响；

13）新闻/帖子沉寂系数 = 初始值+a×政府处理能力+b×新闻/帖子干预能力，a、b 是系数。

9.2.4　模型的 Stella 框架及人机界面

为实现模型的模拟仿真，本节利用 Stella 软件对社会舆论动力学模型进行可视化处理，包括建立舆论动力学模型的 Stella 框架和人机界面。

（1）舆论动力学模型的 Stella 框架

Stella 软件是以图形为导向的系统动力学模型发展软件，使用者可以将可视化的模型组件拖至面板，进行动力学模型的构建和可视化分析（Lindfield，1992）。考虑舆论风险因素、模型分析主体及风险干预策略，可以将社会舆论动力学模型在 Stella 软件中进行描述。如图 9-5 所示，框架左侧的功能区分别描述社会舆论演化的外部因素、内部因素和心理因素；框架中部的三个功能区则是传统媒体、网络媒体和网络社区的舆论风险；框架右侧的功能区从宏观和微观两个角度对社会舆论的干预策略进行构建。

（2）舆论动力学模型的人机界面

在 Stella 软件的界面层，可以构建相应的人机界面，用于控制和实现舆论动力学模型的实时仿真。如图 9-6 所示，该界面包括标题栏、输入组件、输出组件和控制按钮四部分。输入组件分布在界面的左下侧和右侧，包括风险因素输入框、干预策略输入框和微观干预转换器等。输出组件分布在界面左上侧、中下侧和上侧，包括舆论关注度输出图、舆论风险输出表格和新闻/帖子数量预警输出框等。

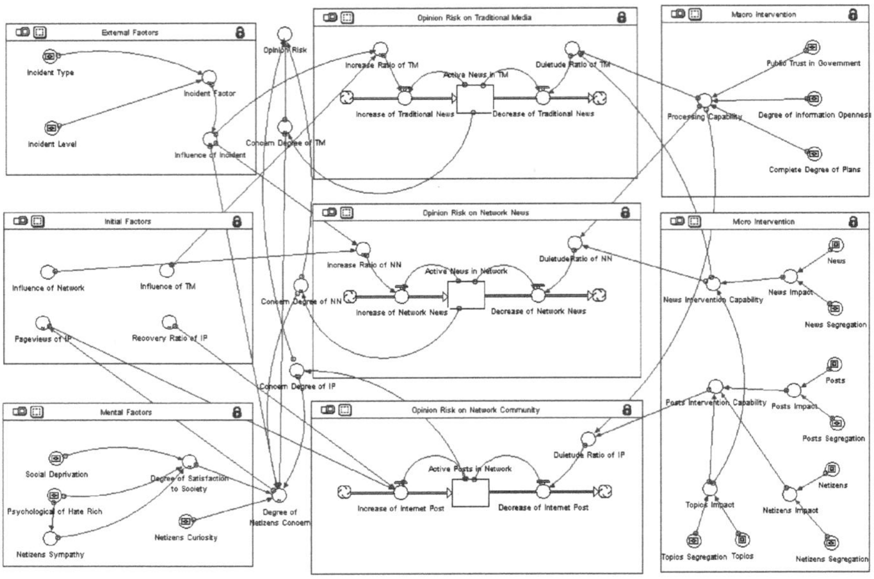

图 9-5　社会舆论动力学模型的 Stella 框架

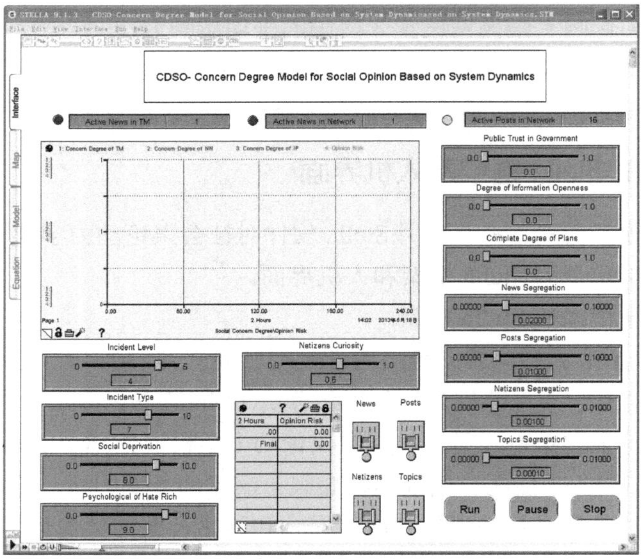

图 9-6　社会舆论动力学模型的人机界面

9.3　舆论危机干预动力学模型的仿真分析

9.3.1　案例背景回顾

本书各章选取同一案例进行仿真分析，其简要背景详见 6.4.1 节。结合动力学模型对事故变量的定义，“甬温动车事故”等级属于重大灾难事故，变量取值为 4；事故类型属于民生类安全事故，变量取值为 8。

9.3.2　事故仿真的拟合分析

事故发生后，媒体和网民借助报纸、电视、网站和微博等方式，高度关注事故处理进展。7 月 27 日，国务院召开常务会议，确定调查小组名单后，政府逐渐采取具体干预措施包括召开新闻发布会、公安部门辟谣等。在这些干预措施中，政府对“甬温动车事故”及舆论危机事件进行声明，其目的是提高事故信息透明度，挽回政府公信力，引导社会舆论。因此，对“甬温动车事故”的仿真拟合分析，应该采取考虑政府宏观干预后的预测值与舆情系统挖掘到的真实值进行对比。参考人民网舆情监测室的数据，本节认为政府宏观干预策略无效，故将政府公信力、事故信息公开度及应急预案完备程度等变量均取值为 0.2。

本节抽取“网络媒体活跃新闻数量”指标来验证舆论危机动力学模型的可靠性。其中，网络新闻数量的真实值采用百度指数 2011 年 7 月 23 日～8 月 11 日的“甬温动车事故”相关数据；预测值是通过系统动力学仿真得到的结果。图 9-7 描述了具体的曲线拟合图，其相关系数 R 为 0.93，拟合效果基本满意，可用于仿真分析。

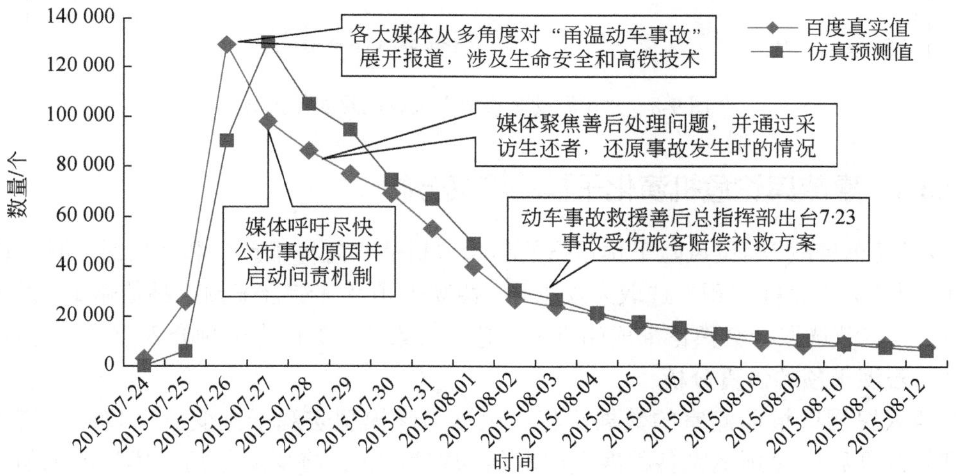

图 9-7　网络新闻数量预测值与真实值的拟合效果

9.3.3　事故舆论危机演化的仿真分析

为反映“甬温动车事故”舆论危机的演化规律，本节选取四个变量描述社会舆论，分别为传统媒体新闻关注度、网络媒体新闻关注度、网络社区帖子关注度和舆论风险。其中，关注度是各时刻新闻或帖子数量的标准化数据；舆论风险则是由新闻或帖子关注度表示。图 9-8 描述了“甬温动车事故”舆论风险的演化规律，曲线 1、2、3、4 表示的舆论关注度和舆论风险均在不同时刻达到最高值 1。通过对比分析，发现“甬温动车事故”传统媒体和网络媒体新闻关注度、网络社区帖子关注度分别在第 3 天、第 4 天、第 5 天达到最大值，且相互之间呈现逐级放大的趋势。网络社区帖子关注度升高斜率的绝对值最高，表明其对公共危机事件的反映较为敏感；传统媒体和网络媒体新闻关注度的演化曲线较为相似。此外，舆论风险的变化率在事后 20 天内发生多次变化，主要是由于不同媒介舆论关注度变化率不同导致的。

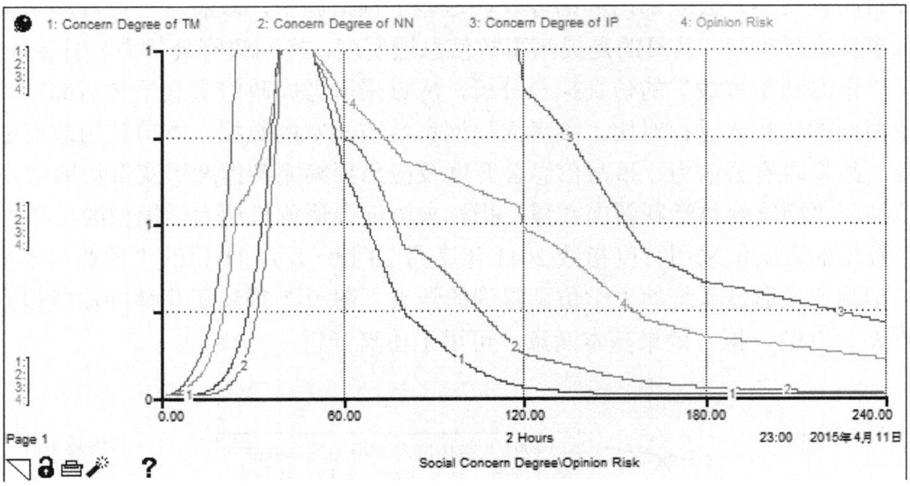

图 9-8　“甬温动车事故”舆论风险演化仿真

9.3.4　事故舆论危机演化干预的仿真分析

“甬温动车事故”舆论风险干预策略的仿真分析从“怎样干预”和“何时干预”两个维度展开。其中，“怎样干预”选取宏观干预、微观干预及其综合干预 3 种策略集。对于“何时干预”，本节选取社会舆论形成始点和峰值点（第 4 天）作为干预介入点进行仿真分析。

（1）宏观干预的仿真分析

参考人民网舆情监测室的数据，将舆论动力学模型宏观干预变量“政府公信力、事故信息公开度和应急预案完备程度”的取值均定为 0.6。将变量值输入模型的人机界面，得到宏观干预策略实施后“甬温动车事故”的社会舆论趋势（图 9-9）。图 9-9（a）表示在舆论形成始点采取宏观干预的仿真结果；图 9-9（b）表示在舆论峰值点采取宏观干预的仿真结果。

对比图 9-8 和图 9-9 的曲线，得到如下结论：宏观干预对传统媒体和网络媒体新闻舆论的干预效果较为显著；早期宏观干预对控制新闻舆论的演化具有较为显著的效果；舆论风险走势同时受到新闻和帖子关注度影响，且在始点干预后的第 3 天得到有效控制。

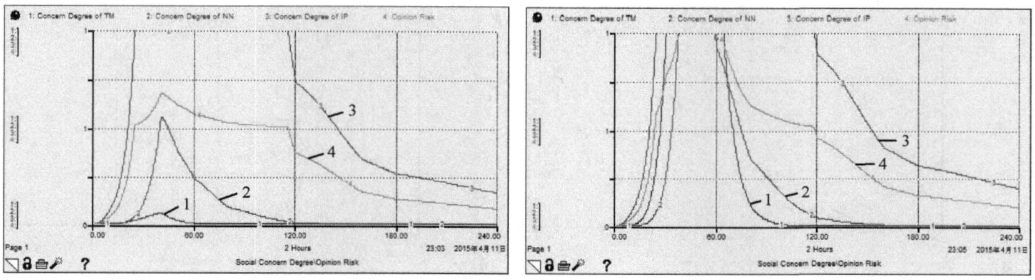

(a)　　(b)

图 9-9　宏观干预的仿真分析

（2）微观干预的仿真分析

参考网络帖子的回复关系数据，将模型微观干预变量隔离新闻率、隔离帖子率、隔离网民率、隔离话题率的取值分别定为 0.02、0.02、0.002、0.0002。将变量值输入模型的人机界面，微观干预策略实施后，“甬温动车事故”社会舆论的仿真结果如图 9-10 所示。图 9-10（a）表示在舆论形成始点采取微观干预的仿真结果；图 9-10（b）表示在舆论峰值点采取微观干预的仿真结果。

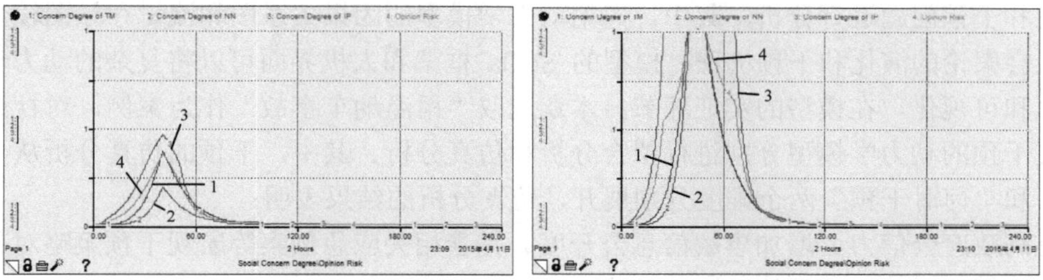

(a)　　(b)

图 9-10　微观干预的仿真分析

对比图 9-8～图 9-10 的曲线，得到如下结论：微观干预对各类媒介舆论的干预效果均较为显著，且对网络媒体的干预效果最佳；微观干预介入时间的选择同样可以影响社会舆论的干预效果，干预时间越早对舆论演化风险的影响效果就越明显。

（3）综合干预的仿真分析

综合干预指同时考虑宏观干预和微观干预策略，将干预变量取值同时输入模型的人机界面，对综合干预后“甬温动车事故”社会舆论的仿真结果如图 9-11 所示。图 9-11（a）表示在舆论形成始点采取各类干预策略的仿真结果；图 9-11（b）表示在舆论峰值点采取干预策略的仿真结果。

对比图 9-8～图 9-11 的曲线，得到如下结论：综合干预对各类媒介舆论的干预效果均较为显著，且干预效果显著高于宏观或微观干预；综合干预介入的时间越早，干预策略对社会舆论的作用效果就越明显；采取综合干预策略可以将新闻舆论控制在相对较低的水平。

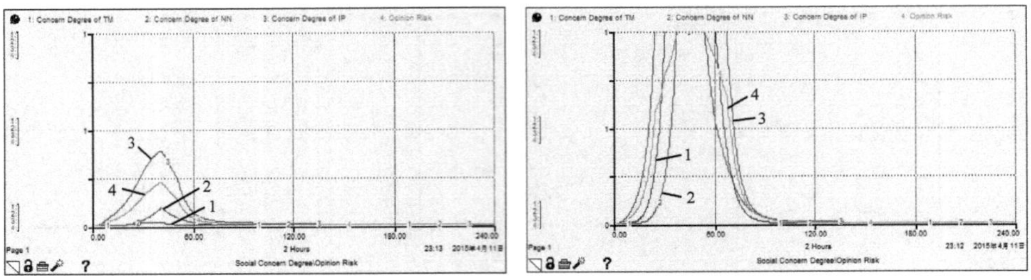

(a) (b)

图 9-11 综合干预的仿真分析

9.4 本 章 小 结

舆论干预强调政府对危机信息的引导和调控，是演化机理研究的进一步拓展。本章以舆论发展机理、异化机理和耦合机理内外驱动因素的分析为基础，对舆论风险演化的干预路径进行系统梳理。在理论建模环节，本章在国内外较早利用系统动力学理论对社会舆论的演化和干预问题进行分析。其中，舆论动力学模型的因果关系图和流量存量图较全面地反映社会舆论的演化和干预机理；模型的 Stella 框架和人机界面可以将复杂的动力学模型结构化和可视化。在模型的实证环节，本章选取“甬温动车事故”作为案例，对社会舆论演化及干预的动力学模型分别进行拟合分析和仿真分析。其中，干预的仿真分析从“怎样干预”和“何时干预”两个维度分别展开，仿真分析的结果表明：

提高政府公信力、增加事故信息公开度、完善相关应急预案等宏观干预策略对传统媒体和网络新闻媒体的干预效果较为显著；

隔离新闻、帖子、网民和话题等微观干预策略对各类媒介舆论的干预效果均较为显著，其中对网络媒体的干预效果最佳；

微观干预介入时间的选择同样可以影响社会舆论的干预效果，干预时间越早对舆论风险的影响效果就越明显。

第 10 章　社会舆论危机演化的干预机制研究

突发事件舆论信息借助网络社交平台迅速传播，大众参与积极性空前高涨，但网络言论通常良莠不齐，情绪化和非理性化的信息泛滥，严重影响到正常的社会秩序，尤其是在我国进入社会经济转型期之后，各类社会矛盾在网络端集中爆发，使得网络舆论干预研究尤为紧迫。突发事件网络舆论传播演化与线下事件的处置有着紧密的联系，突发事件实际应急处理的过程在网络上都会有相应的舆论反应。本章主要是对突发事件网络曝光之后的舆论传播和演化过程的干预机制研究，不涉及线下突发事件的应急处置。网络舆论的干预需要解决是否干预、何时干预、怎样干预和干预效果等问题，本章即从解决这四个问题的角度入手，具体设计突发事件网络舆论的干预机制。

10.1　突发事件网络舆论干预的原理

10.1.1　突发事件网络舆论干预的依据

突发事件网络舆论传播具有一定的规律，掌握其传播的规律是对其进行干预的基本依据。根据社会燃烧理论，舆论的形成通常经历常态期、潜伏期、活跃期、衰减期，然后回到新一轮的常态期。其中，活跃期包括在助燃剂作用下的加速，达到点火温度时的拐点，以及拐点之后的减速期。舆论形成的活跃期在网络上表现为突发事件关注量随时间变化的峰值过程。通过对具体突发事件日发帖量的统计，发现突发事件网络舆论整体趋势表现为单峰长尾状，其峰值过程的特征可总结为起峰速度较快，回落速度较慢，总体上呈现倒 U 形。由此可见，突发事件网络舆论演化过程总体符合生命周期理论，即“发生—发展—高潮—消亡”过程。

对于突发事件网络舆论的一般传播过程，事件关注量随时间的变化如图 10-1 所示，从

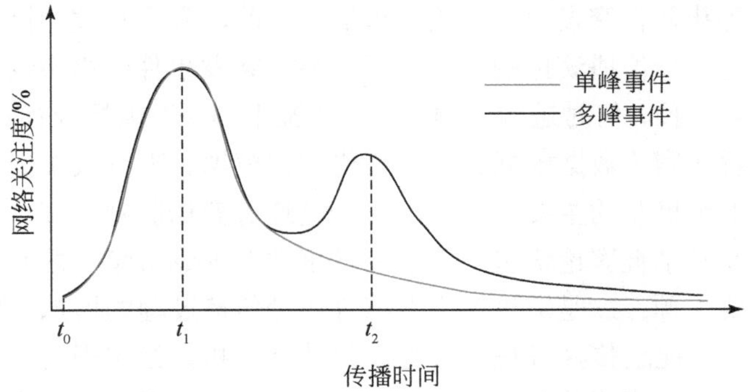

图 10-1　网络舆论传播过程示意图

t_0 时刻突发事件舆论信息开始在网络上传播，并在 t_1 时刻达到峰值，之后逐渐回落，如果在舆论回落过程中，舆论话题发生异化、耦合，衍生出新的主题，则会在 t_2 时刻出现另一峰值，如此往复，形成多峰值过程的舆论传播。无论是单峰还是多峰，其峰值过程都符合倒 U 形的传播规律，因此可以通过改变其峰值过程对网络舆论进行干预。

10.1.2 突发事件网络舆论干预的目标

突发事件网络舆论爆发后，良莠不齐的网络信息通常会夹杂着大量的谣言和非理性信息，给网络社会稳定带来诸多挑战。因此，舆论干预的主要目标是减少其对社会的影响，尽量控制其传播范围，缩短舆论传播的周期。从传播过程来说，舆论干预的目标可以分解为两个方面：一是降低其峰值的关注量，设定舆论关注量临界阈值，使其峰值关注量在可控范围内；二是缩短其峰值过程的持续时间，使得突发事件舆论尽快平息，防止话题转移即多峰过程的形成。

10.1.3 网络舆论干预机制设计的原则

突发事件网络舆论传播具有明显的动态特性，其演化过程通常包含诸多不确定因素。因此，舆论干预是一项复杂的系统工程，要达到干预的目标，其干预机制设计需要遵循两项基本原则，即可操作性原则和时效性原则。

1）可操作性原则。干预机制设计的实施过程应该是可行的，这是干预机制设计与理论研究的区别，舆论传播演化的理论研究为干预机制设计提供参考，而在实际操作过程中既要考虑理论上符合舆论演化和传播的一般规律，更需要在技术层面上满足实现相应条件的方案。

2）时效性原则。干预机制的运行过程必须是及时有效的，及时性反映在干预时机的选择方面，干预时机要选择在舆论危机形成之前，即需要对多传播过程进行准确的模拟。有效性反映在干预措施选择方面，应选择合理的干预措施，防止由于干预不当引起舆论反弹。

10.2 突发事件网络舆论干预的流程

干预机制设计主要是通过对突发事件基本属性及传播演化特征进行分析，监控其发展过程，预测其发展趋势，在突发事件舆论危机形成之前，应用有效的措施和手段，达到限制和阻止舆论信息进一步传播演化的一套运行体系。突发事件网络舆论干预机制的设计核心需要解决是否需要干预、何时进行干预、如何实施干预、干预是否有效四个环节的问题。在技术手段上需要解决舆论数据挖掘、传播演化过程模拟、干预效果评价等问题。因此，突发事件网络舆论干预机制的主要环节包括：一是通过舆论监测系统，对突发事件网络舆论进行实时监控，及时掌握舆论状态，建立突发事件舆论数据库，根据具体突发事件分类分级判断其是否需要干预；二是通过对突发事件舆论传播过程的模拟，确定具体突发事件舆论干预的时机；三是通过传播过程中关键演化节点分析，给出舆论干预措施集；四是通过干预之后其传播过程与模拟预测传播过程比较，对干预效果进行评价，进而修正以上三个环节中存在的问题。具体的干预流程如图 10-2 所示。

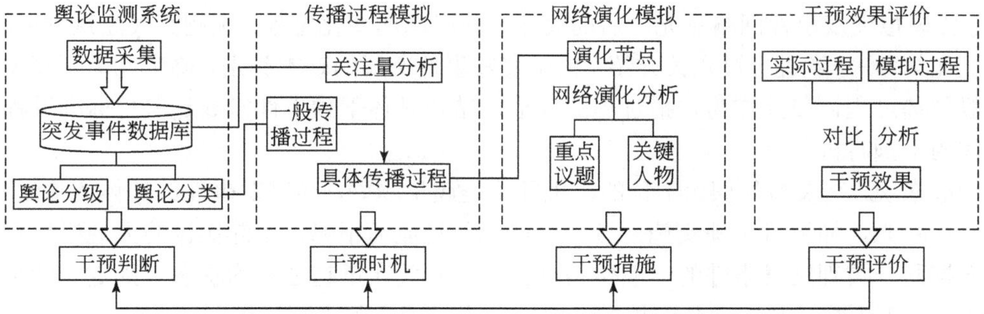

图 10-2　网络舆论干预流程示意图

干预机制设计的各个环节联系紧密，其中舆论监测系统主要为其他各环节的实施提供数据支撑，传播过程模拟是从时间序列掌握舆论发展过程，网络演化模拟是基于关键传播节点的网络演化分析，而干预效果评价是从最终结果对前三个环节中可能存在的问题进行修正，也是对整个运行机制有效性的评价。

10.2.1　舆论监测系统

舆论监测系统是通过信息采集和挖掘，得到舆论分析的基本数据，为整个干预机制的运行提供基本的数据支撑。监测系统包括数据采集、数据库建设、舆论分类、舆论分级四个方面。

数据采集主要是对突发事件基本属性数据及舆论传播演化数据的采集，需要确定采集范围、采集频率及对冗余信息的处理（Mayerbrown et al.，2016）。突发事件的基本属性信息采集主要来源于媒体对事件的报道，采集范围包括事件发生的时间、地点、死伤人数、影响地域范围等字段，舆论传播演化信息采集来源于网络社交媒体平台中网民对事件的讨论，采集范围包括信息内容、信息属性、发布人、发布时间、发布地点等字段。采集频率主要考虑计算设备的运算能力和信息内容的全面两个方面的平衡，既要保证采集信息的全面性，也要考虑硬件设备的正常运行。冗余信息的处理主要是对采集的信息进行筛选，去除广告、娱乐等与突发事件舆论无关的信息，保证获取信息的准确有效。通过信息采集，将初步处理之后的信息根据事件归属建立突发事件数据库。

根据突发事件数据库的基本属性和特征数据对突发事件进行分类分级界定。对突发事件的分类，主要考虑突发事件的基本属性，包括事发原因、过程、性质和危害对象等方面的特征，划分突发事件类别。对突发事件的分级，综合考虑突发事件影响，包括对国家政权稳定的威胁程度、对宗教民族关系的影响、对社会正常秩序的破坏性、对人民生命财产安全造成的损失等方面，划分突发事件影响级别。结合突发事件分类分级体系，判断具体突发事件舆论是否需要干预。

10.2.2　传播过程模拟

基于之前的突发事件舆论干预判断，对确定需要干预的突发事件舆论传播过程进行模拟，主要模拟突发事件网络曝光之后的关注量随时间的变化过程，预测其关注量发展趋势，本书已在第 6～9 章进行过相关介绍。根据突发事件所属的基本类别，确定此类别突发事件的一般传播过程，以此作为传播过程的标准，结合具体干预事件发展趋势与标准过程，确定具体的干预时机节点。

一般来说，突发事件舆论干预的时机并不是越早越好，在突发事件的具体传播过程中，事件一旦曝光，如果过早地实施干预，会造成信息流通不畅，引起舆论的大规模反弹。因此，根据同一类别突发事件的一般传播过程，当其关注量超过平均状态，则定义此事件的舆论演化进入不稳定状态，从而根据此时间节点，确定其干预时机。

10.2.3 网络演化模拟

网络演化模拟是对干预关键节点的演化网络进行分析，模拟和预测下一时刻其演化过程的关键人物和重点议题。关键人物即演化网络中的意见领袖，其言论直接影响舆论的发展方向。重点议题分析主要是辨别演化过程中的谣言和非理性信息。通过这两个方面的演化模拟确定舆论干预的措施，对关键人物根据其对演化过程的影响采取不同级别的干预措施，对谣言和非理性的信息采取舆论引导、释放理性信息及澄清谣言等手段进行干预。

突发事件舆论危机形成，伴随着大量的谣言和非理性信息，而在这些信息的传播过程中关键人物起到了重要的作用。2013 年网络“大 V”整治过程中发现，大多数突发事件舆论传播过程中重点的议题即谣言等信息，大多来自于“大 V”的言论。因此通过网络演化模拟，分析演化过程中的关键人物节点和重点议题，是突发事件舆论演化干预的关键。

10.2.4 干预效果评价

在传播过程模拟环节，通过对具体突发事件舆论传播过程的模拟，以此作为不实施干预的突发事件传播过程，并将其与干预之后突发事件舆论传播的实际过程进行对比分析，主要分析峰值关注量和峰值过程持续时间，据此评价干预措施的效果。如果与模拟过程相比，干预之后的实际过程其关注量和峰值过程持续时间都有明显的下降，则为干预成功，反之则为干预失败。

干预效果评价是整个干预机制的反馈，如果评价结果显示干预不成功，则从干预判断、干预时机、干预措施三个环节寻找其中的问题，进而修正整个干预机制，提高系统运行的准确性。

10.3 突发事件舆论干预的重点环节

对于干预机制的四个环节，舆论监测系统目前已经具有比较成熟的成形系统，主要针对舆论数据的采集和挖掘有许多专门的舆论监测产品，因此这一环节在技术层面相对比较完善。干预效果的评价主要是基于前三个环节，虽然比较重要，但在实施层面上来说相对简单。因此干预判断和干预时机的确定是整个干预机制设计的重点环节，下面分别从技术层面上分析这两个环节的实现方法。

10.3.1　干预判断的方法

突发事件网络舆论干预判断，主要是对突发事件舆论危害等级的确定，参照水文学中对洪水自然灾害等级划分的方法，即皮尔逊III型曲线界定方法。皮尔逊III型曲线在水文计算中主要是对径流发生频率的确定，即用径流量对应其发生频率，如百年一遇的洪水对应洪峰流量为 2000m³/s，在水库水坝设计中，如要求能经受住百年一遇的洪水，实际即经受住最大洪峰流量为 2000 m³/s。以上为皮尔逊III型曲线在水文计算中的应用。在网络突发事件预警方面同样可以借用此方法，即突发事件的参与人次对应其发生概率，当突发事件发生之后随着参与人次的增加，可以指定其阈值，即超过一定的参与人次，确定为小概率事件，从而采取干预措施，如果参与人次低于阈值，相对发生概率较高，对社会稳定的冲击较小，不予干预或者采取比较轻的干预措施。

选取皮尔逊III型曲线对突发事件的发生频率进行研究，需要确定两个方面的数据：

1）调查期的数据，即在调查的长时间序列中大规模小概率事件发生的时间，以及事件的规模，由于缺少这一方面的数据，因此需通过专家咨询，结合历史经验，建立突发事件概率分布标准，以确定其调查数据。

2）时间序列数据，即在一定范围内单位时间最大规模的突发事件属性数据，这部分数据从干预机制第一环节中突发事件数据库中获得。

通过这两方面数据的确定，构建突发事件皮尔逊III型发生概率分布曲线，根据突发事件的发生概率界定其干预等级范围，进而计算突发事件干预等级。

10.3.2　干预时机的确定

通过模拟突发事件的舆论峰值过程，确定对突发事件网络舆论进行干预的时机。具体方法如下。

假设某一类别突发事件网络舆论样本有 n 个，根据舆论峰值过程一般特征为倒 U 形，以（0，0）作为初始原点，因此选取截距为 0 的二次函数模拟其峰值演化过程，得到第 i 个样本的峰值演化过程中关注量 y 与时间 x 的关系为

$$y = a_i x^2 + b_i x \tag{10-1}$$

式中，$a_i<0$，$b_i>0$，确定其抛物线形态符合峰值过程特征，通过计算 n 个样本参数的平均得到这一类事件的标准曲线参数 a_s 和 b_s 分别为 $a_s = \frac{1}{n}\sum_1^n a_i$，$b_s = \frac{1}{n}\sum_1^n b_i$。标准曲线关注量 y 与时间 x 的关系为

$$y = a_s x^2 + b_s x \tag{10-2}$$

标准曲线关注量峰值为

$$y_s = \frac{-b_s^2}{4a_s} \tag{10-3}$$

根据标准曲线可以判断此类突发事件舆论应对时机，假设有件此类突发事件（如图 10-3 加粗实线所示），在 x_1 时刻其关注量和增长速度均超过标准曲线，则根据 0～x_1 时刻此事件的演化数据模拟得到其演化趋势为 $y=f(x)$（如图 10-3 虚线所示），标准曲线顶点切线与趋势线相交于 x_t 时刻为此事件的临界应对时机。

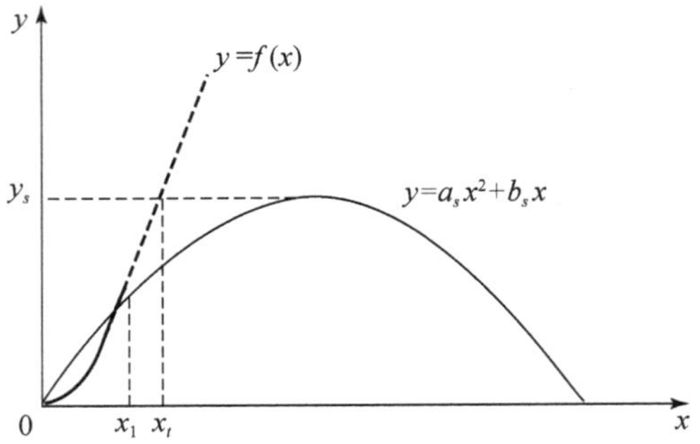

图 10-3 突发事件网络舆论应对时机

第 11 章　提升社会舆论干预水平的政策建议

11.1　社会舆论危机干预的重大意义

网络已经成为倾听民声、汇聚民意的重要渠道。网络舆论生态治理也是我国网络强国建设的基础保障，在维护社会、经济稳定中发挥日益突出的作用。党的十九大高度重视舆论生态环境治理，强调：“坚持正确舆论导向，高度重视传播手段建设和创新，提高新闻舆论传播力、引导力、影响力、公信力。加强互联网内容建设，建立网络综合治理体系，营造清朗的网络空间。”因此，对舆论进行成功干预，可使国家在经济、社会和政治等诸多方面获益。例如，在对伊拉克战争期间，美国实施了大量的舆论干预手段，通过科学的监测和有效的干预，在舆论形成的初期阶段就使之对战争有利，从而保障了战争的顺利进行。

当前，中国正处于“经济容易失调、社会容易失序、心理容易失衡、社会管理规则需要调整重建”的关键时期，异化的社会思潮、脆弱的自然基础、利益分配的不均、显著的贫富差异等将导致各种类型突发事件和社会危机事件的频繁发生。群体性突发事件引发的网络舆论发展迅速，其负面影响巨大，及时监控、准确研判、适当干预，已经成为政府治理群体性事件，正确引导舆论的重要先决条件。对群体性突发事件网络舆论治理的成功与否直接影响对群体性事件的治理结果，同时还可能影响政府形象和公信力，如何有效地治理群体性事件引发的网络舆论是政府无法回避的问题。

舆论干预就是指监督人们的舆论，引导人们的意向，从而干预人们的行为，使他们按照社会管理者制定的路线、方针、规章从事社会活动，以保障社会和谐稳定。舆论干预涉及众多学科领域的研究与合作（图 11-1），进行网络舆论干预研究在以下方面具有重大的意义。

1）理论方面。①完善网络舆论干预的研究。通过对网络舆论危机事件的研究，借助具体案例，分析网络舆论的产生及其演变规律，从而制定相应的网络舆论干预策略。②从政府角度出发研究其管理应对措施，力求探索并建立适合的管理机制，丰富网络舆论危机政府管理的理论成果。

2）实践方面。①提高政府网络舆论危机管理水平。基于对网络舆论危机事件的分析，对政府网络舆论管理的现状及存在的问题进行说明，可以在实践中对提高政府网络舆论危机管理水平有一定的参考价值。②有利于政府形象的维护和提升。通过为政府提供网络舆论危机管理的政策建议，保障政府对网络舆论危机的有效管理，从而推动政府的形象建设。③提升政府的创新社会治理水平。突发事件发生后会产生一定的社会舆论，包括传统社会舆论和网络社会舆论；而舆论对突发事件的发展起到影响作用。因此对舆论，尤其是网络舆论的干预可以引导突发事件的发展方向，使其朝着有利于社会和谐的方向发展，这是创新社会治理的重要方面（图 11-2）。

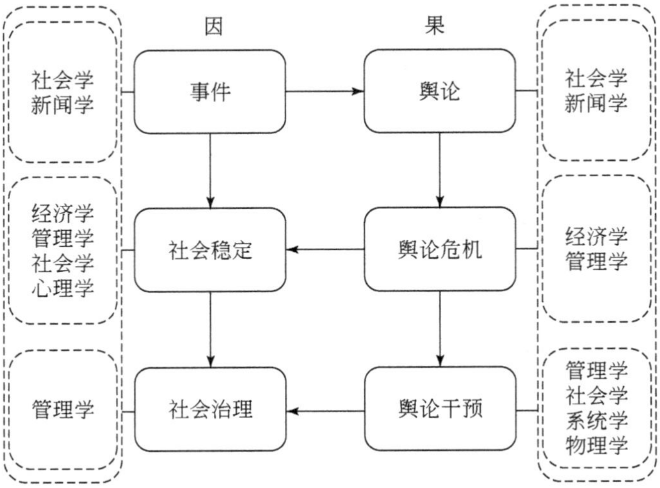

图 11-1　舆论干预的意义

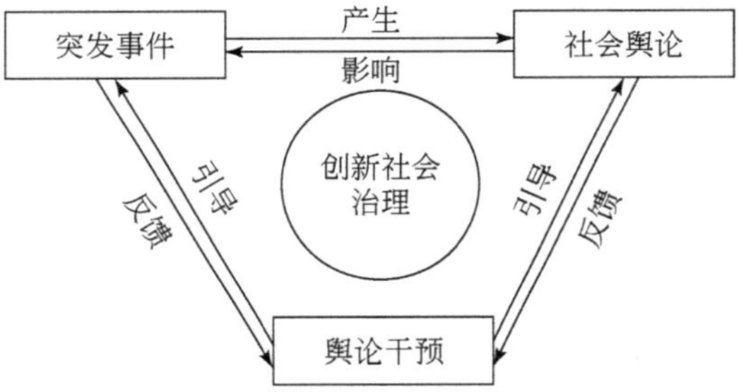

图 11-2　创新社会治理的三角模型

11.2　提升舆论干预水平的政策建议

随着我国经济和社会转型的深入，我国开始进入“经济容易失调、社会容易失序、心理容易失衡、社会伦理需要调整重建”的关键时期。频繁发生的各类突发事件成为社会矛盾和问题的集中体现，不同程度地损害了人民利益和社会稳定，是走向和谐社会过程中的不和谐因素。社会突发事件通过网络得到放大和加速传播，网民情绪、意见不断高涨，影响越来越大，进而影响正常的社会秩序。因此，对突发事件网络舆论传播的有效应对和干预，已成为创新社会治理的重要方面。

网络舆论干预需要建立“四位一体”的网络舆论调控手段。舆论主体、舆论环境、舆论心理和舆论观点是舆论系统中的重要组成要素，它们之间的互动和交织影响着舆论的演化过程和方向。建立“四位一体”的网络舆论调控手段，对舆论主体、舆论环境、舆论心理和舆论观点进行全面而系统的干预，方能达到理想的干预效果。

11.2.1　针对舆论主体的网络舆论调控

互联网上的意见领袖对网络舆论的影响巨大。培养正面的网络舆论领袖，通过他们的引导作用强化主流言论，孤立非主流言论，可以达到有效的舆论干预目的。在舆论形成过程中，大多数网民并不发表意见，他们上网看新闻，逛论坛，但从不发言，称为“潜水者”，还有一部分网民只是发表只言片语的观点，或者简单地附和、反对某一观点，很少系统、频繁地展开议论。网络意见形成的核心是“舆论领袖”。舆论领袖影响舆论的主题和倾向。网络上的舆论热点一方面是社会突发和重大事件，另一方面是和百姓生活息息相关的教育、医疗、食品和房价等问题。无论针对哪类话题，舆论领袖总能在网络中率先提出观点，抢占舆论先机。

网络舆论领袖更容易和网民展开在线交流，这是他们的独特优势。应该鼓励他们积极地建言。目前中国有影响力的网站、论坛都在培养自己的舆论领袖，舆论领袖有见地、有代表性的发言被媒体用醒目的字体放在网页突出位置。网民能够方便、即时地了解到权威观点和看法，使网民不但知其然，而且知其所以然，避免了非主流思想的传播和以讹传讹。网络舆论领袖和网民“平等”地沟通，拉近了彼此的心理和思想距离，同时增强了权威观点的影响力，强化了正确的舆论声音，潜移默化地引导网络舆论。

11.2.2　针对舆论环境的网络舆论调控

信息发布对于调控网络舆论具有不可替代的重要作用。通过对突发公共事件及时、准确、客观和全面的信息发布，营造正面的舆论环境，可以达到有效干预网络舆论的目的。事件发生的第一时间要向社会发布简要信息，随后发布初步核实情况、政府应对措施和公众防范措施等，并根据事件处置情况做好后续发布工作。突发公共事件信息的及时发布，可以消除社会公众的恐慌，稳定社会公众的情绪。日本核泄漏之后的“抢盐”事件正是因为政府与社会公众间的信息不对称，让谣言作为舆论的表现形式，困扰了社会公众的正常工作和生活，也让一些不法商贩谋取了不义之财。

在日常传播活动中，重建群众对政府和新闻媒介的信任对于调控网络舆论具有不可小觑的关键作用。这就需要依靠一个自由、民主和健康的舆论氛围，拓宽社会宣传渠道，缩小宣传禁区。宣传报道越真实，谣言就越少。构建一个公平和谐的社会环境不仅可以抑制谣言的滋生，同样，也可以提高政府在群众中的公信力与威望。公众可以通过多种渠道在互联网中获取信息，如果政府不及时公开信息，就有可能导致负面信息散布开来的风险，甚至产生谣言，加剧社会恐慌，对政府形象造成不良影响。政府主动发布权威信息，可以及时得到公众的反馈信息，共同寻找解决问题的途径，实现由政府议程设置向公众议程设置的转换，使公民充分行使表达权，从而使政府与公众可以共同应对危机。

11.2.3　针对舆论心理的网络舆论调控

社会道德是社会公众生活及行为的准则和规范。培养网民健康的道德情操，导向主流价值，加强网络道德建设是培养积极、正面的舆论心理的重要方法，可以达到干预网络舆论的目的。要把网络规范内化为网民内心崇高的道德准则。舆论活动在道德规范上的作用，相当于社会道德法庭的角色。因此，大力宣扬和引导社会公众建立良好的道德观，对社会公众判断和修正舆论的行为有着重要的作用。

价值观念是人们行为取向的标记，是人们对社会某一现象或问题进行评价的参照系。不同的社会有着不同的价值标准，不同的人群也有着不同的价值取向，但任何社会都会存在一个占主导地位的价值观。例如，我国强调的是爱国主义、集体主义和社会主义等。因此，在舆论价值观的引导上，就需要提倡社会主义所主导的价值观。

11.2.4 针对舆论观点的网络舆论调控

舆论调控的根本是对传播内容的控制。通过媒体的议程设置功能，反复播出某类新闻报道，强化该话题在公众心目中的重要程度，从而达到干预网络舆论观点的目的。媒体的议程设置功能在传统媒体舆论引导中已经得到广泛验证。网络媒体虽然是新兴的媒介形式，但本身仍然是一种大众媒介，网络媒体通过议程设置引导网络中的舆论仍然能够起到积极的作用。网络媒体的议程设置使媒体、网民自觉自愿地围绕新闻事件和议题进行报道、追踪，展开讨论，从而达到公众议程设置的目的，使议程所塑造的民意在公众中形成广泛的关注，在社会内部成员间获得强烈的认同感。同时，必须做到依法调控，严格按照法律规定执行对网络舆论的监督，不诽谤他人名誉，不侵犯他人隐私等。

第四篇　结论展望篇

第 12 章　本书研究结论

鉴于舆论演化过程的系统性和复杂性，本书从交叉科学的视角出发，依托复杂网络建模和系统仿真的思想，系统性地构建可以综合反映舆论主体、环境、心理和观点演化的超网络模型，并利用超网络的属性值矩阵，将复杂多变的社会舆论问题转化为可定量计算的多层网络关系，实现舆论发展机理扩散效应、异化机理极化效应及耦合机理叠加效应的理论建模和仿真分析，并进一步开展了社会舆论演化引导与干预机制的设计，相应的研究结论如下。

12.1　提出一套网络舆论演化的内在机理体系

随着公共危机事件的发展及其舆论要素的持续发酵，网络舆论在空间和时间范围内继续发展扩散，或导致新网络舆论话题的产生，或与其他网络舆论话题相互叠加耦合，形成更大范围的舆论危机。鉴于舆论演化过程的混沌性和复杂性，本书从定性、定量相结合的角度，对舆论的演化过程进行阶段划分，提出一套网络舆论演化的内在机理体系，即危机舆论演化的三阶段理论。随后，研究分三章对舆论演化的三阶段理论进行科学解析，并将演化机理的基本模式、效应和路径分为发展机理的扩散效应、异化机理的极化效应及耦合机理的叠加效应。

12.2　提出舆论发展扩散模型并对其驱动因素进行分析

网络危机的风险源于其舆论的发展与扩散，正确认识和评估舆论发展的态势，可为政府进行舆论监管提供决策的要素和依据。本书以网络舆论危机的发展机理为研究对象，通过对舆论发展表现形式和驱动因素的归纳和总结，提出和剖析了舆论发展扩散的一般性模型，并以“甬温动车事故”为例，对模型进行实证分析，结果表明：舆论发展前期的主要驱动力更多源于舆论议题的影响，此时舆论监管者应侧重对舆论环境的干预，增加事故处置的公开性和透明度；舆论发展中期的内外驱动力对舆论扩散发展的作用效果相当，此时舆论监管者在加强舆论环境干预的同时，还应侧重对网民心理的引导；舆论发展后期的主要驱动力更多源于社会公众的心理波动，此时舆论监管者应侧重对网民心理的引导和疏解。

12.3　提出舆论异化极化算法并对其驱动因素进行分析

在事件信息相互询问、交谈和转述的过程中，公众或网民易将其社会态度融入舆论话题，导致舆论危机出现分叉或转变，这种现象即为舆论异化。本书以网络舆论危机的异化机理为研究对象，对舆论异化的表现形式和驱动因素进行归纳和总结。鉴于舆论异化的主要表现为话题极化，本书结合社会影响理论和舆论异化机理超网络分析等，进一步构建了“舆论异化的极化算法”，并对“甬温动车事故”的话题极化现象进行仿真分析，结果表明：异化极化过程受舆论内外部环境各种因素的多重影响；舆论环境加速了事故话题的极化，负向环境会导致观点向消极方向持续偏移；高社会公信力水平可以减缓事故话题的极化速度；主体从众性越高，舆论话题的异化极化速度越快。

12.4　提出舆论超边耦合算法并对其驱动因素进行分析

在舆论事件情景演化过程中，两个或多个舆论事件的舆论场间通常具有交互性，当个别舆论事件的发生、发展、演化及其影响力依赖于其他舆论事件发展及其传播动力时，两个或多个舆论事件的能量和社会影响力会相互叠加耦合，引发更广泛的舆论危机。本书以网络舆论危机的耦合机理为研究对象，在对舆论耦合表现形式和驱动因素进行归纳和总结的基础上，提出舆论超网络间的超边耦合算法，并对“京珠高速客车起火事故”和“甬温动车事故”的耦合叠加现象进行模拟分析，结果表明：超网络的超边耦合算法具有较高的精确度，可为网络舆论耦合机理的研究提供更加定量化的研究方法和工具；在事件其他属性（如心理属性）相当的情况下，事件环境属性，即事件类型，是事件舆论是否发生耦合的主要驱动因素；事件舆论耦合与其心理属性的关系相对复杂，耦合过程可能存在心理异化等现象。

12.5　实现舆论危机演化干预策略的仿真及其效果评价

舆论干预强调政府对危机信息的引导和调控，是演化机理研究的进一步拓展，本书则以舆论发展机理、异化机理和耦合机理内外驱动因素的分析为基础，提出面向舆论危机演化过程的干预策略及其作用路径，并通过构建网络舆论演化干预的系统动力学模型，对各种干预策略的作用过程及其效果进行仿真分析，结果表明：提高政府公信力、增加事故信息公开度、完善相关应急预案等宏观干预策略对传统媒体和网络新闻媒体的干预效果较为显著；隔离新闻、帖子、网民和话题等微观干预策略对各类媒介舆论的干预效果均较为显著，其中对网络媒体的干预效果最佳；微观干预介入时间的选择同样可以影响社会舆论的干预效果，干预时间越早对舆论风险的影响效果就越明显。

12.6　提出社会舆论引导干预的主要流程和环节

突发事件舆论信息借助网络社交平台迅速传播，大众参与积极性空前高涨，但网络言论通常良莠不齐，情绪化和非理性化的信息泛滥，严重影响到正常的社会秩序。网络舆论的干预需要解决是否干预、何时干预、怎样干预和干预效果等问题，本书即从解决这四个问题的角度入手，具体设计突发事件网络舆论的干预机制，其主要环节包括：一是通过舆情监测系统，对突发事件网络舆论进行实时监控，及时掌握舆论状态，建立突发事件舆情数据库，根据具体突发事件分类分级，判断其是否需要干预；二是通过对突发事件舆论传播过程的模拟，确定具体突发事件舆论干预时机；三是通过传播过程中关键演化节点分析，给出舆论干预措施集；四是通过比较干预后的传播过程与演化路径，对干预效果进行评价，进而修正以上三个环节中存在的问题。

第13章　后续研究展望

社会舆论传播、演化机理研究是一项复杂的系统工程，本书虽然从舆论主体、环境、心理和观点的角度，对舆论发展机理、异化机理及耦合机理的驱动因素和演化效应进行了较为系统的仿真分析，同时也关注社会舆论引导干预的定量分析，但仍存在一定的不足，很多内容有待深入研究。

13.1　理 论 拓 展

舆论演化及引导研究是以特定学科下的理论方法为基础展开的，因此研究展望应首先对其理论进行拓展，主要涉及理论基础和理论方法两个层面。

（1）理论基础

舆论传播及演化研究涉及社会科学、自然科学和系统科学等领域的多个研究视角，具体包括新闻传播视角、社会心理视角、统计分析视角、物理建模视角、复杂网络视角和系统仿真视角等。每种研究视角均有效拓展了学界对舆论传播和演化机理的认识，但由于相关学科研究方法的局限性，不同视角下的舆论演化机理研究又具有一定的不足。鉴于此，本书主要采用交叉科学视角，即将社会物理学、复杂网络和系统仿真等学科方法交叉融合，开展舆论演化的建模与仿真分析。这只是舆论演化研究的一种理论交叉方式，后续研究还可将其他学科视角下的研究方法进行融合。例如，当演化研究强调舆论主体社会心理的演变过程时，需要将社会心理学、统计分析理论及系统仿真理论的学科方法交叉融合；当演化研究关注舆论话题的传播路径时，则需要将新闻传播学、复杂网络理论及系统仿真理论的学科方法交叉融合。

（2）理论方法

网络舆论的形成和演化涉及系统内外多级驱动因素的相互作用，传统的社会网络往往不能有效地刻画舆论演化的驱动关系，相关学者需要寻找一种更为全面、有效的复杂网络分析方法。作为“网络的网络”，超网络模型（李倩倩和刘怡君，2012；Ma and Liu，2014；Wang et al.，2015）可以有效地刻画危机舆论形成过程中各元素的相互关系，并对其演化的内外驱动力进行描述和定义。因此，为全面反映网络舆论系统的演化特征，本书提出可用于解释不同性质舆论事件相互作用的超网络模型，并首次对四层子网中节点和连边的属性值进行界定，将复杂多变的社会舆论问题转化为可定量计算的多层网络关系，为舆论演化研究提供方法和手段。这里扩展的舆论超网络模型虽然可以综合定义网民在四层子网的属性值，但仍缺少对不同子网间属性关系的分析，后续研究应以子网节点属性值为基础，通过对舆论超网络模型各层子网间交互关系的挖掘和描述，进一步扩展舆论演化的超网络模型。

13.2 算法改进

模型构建与算法设计是舆论演化研究及其仿真分析的核心，本书从系统科学的视角，对舆论演化的三种机理及其干预策略均进行了建模研究，相关算法的仿真结果虽然可以有效地解释舆论的演化效应，但仍然是基于一定的假设展开的，后续研究可对演化及其干预的算法和模型进行改进。

（1）舆论发展扩散模型的改进

鉴于舆论传播与创新扩散过程存在诸多相似之处，本书借鉴创新扩散理论、二级传播理论，对舆论的发展扩散过程进行建模，有效描述了舆论信息的扩散过程，但仍存在如下不足：首先，本书主要从宏观层面对舆论危机的扩散规律和驱动因素等进行分析，缺少微观层面舆论扩散效应的分析，后续研究可进一步对舆论发展的微观涌现效应等展开讨论；其次，本书主要考虑现实生活中较为普遍的单峰发展模式，而多峰发展模式则更为复杂、多变，后续研究可进一步对多峰发展模式的建模方式进行探讨；最后，本书的建模过程虽综合考虑网络舆论发展扩散的外部影响因子和内部影响因子等因素，但案例研究对各影响因子随时间变化趋势的讨论则相对较少，这虽然对模型的整体效果影响较小，但仍是未来进一步研究的突破点。

（2）舆论异化极化算法的改进

舆论异化机理的主要表现是话题观点的极化，本书结合社会影响理论、羊群行为理论和舆论超网络模型，构建了“舆论异化的极化算法”，有效实现了舆论话题极化现象的仿真分析，但仍存在如下不足：首先，对“超网络结构动态演化规则”的定义，极化算法假设舆论主体产生连边的依据是超边内容的相似性程度，后续研究可将超边的权威性（即节点超度）加入相似性度量；其次，对“超网络内容异化极化规则”的设计，极化算法定义超边观点值、环境因子、主体从众性和信任水平等交互变量，后续研究可对相关交互变量予以改进；最后，为简化算法的复杂性，本书将舆论话题抽象为超边观点值，后续研究可将具体的舆论话题作为研究对象，对其异化极化现象进行描述或分析。

（3）舆论超边耦合算法的改进

舆论耦合机理强调多起舆论事件的叠加演化，本书借鉴舆论系统的吸引力法则、蝴蝶效应理论，提出舆论超网络的超边耦合算法，有效反演了两起网络舆论事件的耦合叠加，但仍存在如下不足：首先，考虑算法设计和运算的复杂性，本书所设计的超边耦合算法，仅模拟两起网络舆论事件的耦合叠加，后续研究需进一步考虑三起或多起舆论事件的耦合仿真；其次，本书在计算超边相似性时，主要考虑每条超边四层子网属性值的相似性程度，未将超边的网络拓扑结构性引入相似性计算，后续研究应综合考虑各条超边所处的网络拓扑结构性，即将超边间结构的相似性与属性值的相似性结合，对耦合算法进行改进；最后，本书在超边耦合规则的设计中，假设各条超边的影响力是相同的，这是一种理想化的假设，后续研究可将超边的权威性（即节点超度）加入耦合规则，即权威性越高的节点，其交互影响力越大。

（4）舆论演化干预动力学模型的改进

舆论干预是演化机理研究的进一步拓展，本书以舆论演化内外驱动因素的分析为基础，构建网络舆论演化干预的系统动力学模型，并对各种干预策略的作用过程及其效果进行仿真分析。在案例分析环节，演化干预动力学模型的有效性虽高达93%，但仍存在如下不足：首先，本书提出的演化干预路径仅给出提高政府公信力、增加事故信息公开度、完善相关应急预案及隔离新闻、帖子、网民和话题七种干预方式，后续研究可进一步引入其他干预策略；其次，演化动力学模型在对舆论风险走势及其影响因素进行分析时，各影响因素间的逻辑关系并未详细探讨，后续研究应结合相关案例对动力学模型中各影响因素间的因果关系进行描述。

13.3 技 术 创 新

舆论演化机理的实证与仿真分析，需要两方面的技术支持，即数据采集和初步分析平台；舆情演化效应仿真平台。网络舆论演化研究的技术创新也应从这两个方面进行展望。

（1）数据采集和初步分析平台

数据采集是舆情演化实证分析的基础，本书案例数据的采集主要通过“方正舆情智思系统”获取，当前该数据挖掘平台存在一定的局限性。首先，“方正舆情智思系统”仅能对微博数据进行自动识别，未能考虑其他社交平台等的舆论数据，后续研究应拓展数据的采集范围，实现对境内、外互联网信息的实时采集、内容提取，并且对获取的信息进行全面检索、主题检测、话题聚焦、相关信息推荐等。其次，“方正舆情智思系统”在研究组本地的服务器存储容量有限，本书仅选取1000个微博用户作为研究样本，如果未来技术允许，后续研究应考虑更多的微博用户。最后，在数据可视化分析方面，“方正舆情智思系统”仅提供表格化的数据，缺少数据的可视化呈现，后续研究可参照北京大学开发的“PKUVIS 微博可视分析工具”（http：//vis.pku.edu.cn/weibova/weiboevents）及“清博舆情”的专业社会化数据平台（http：//yuqing.gsdata.cn）。

（2）舆情演化效应仿真平台

仿真平台关注舆情演化效应的可视化展示，本书对舆论异化极化算法、超边耦合算法及演化干预动力学模型的仿真分析，主要采用MATLAB、NetLogo、Visual Studio 2012、Stella等“系统集成仿真开发平台”进行编译。由于不同编译平台的开发语言存在差异性，这将对各种演化仿真分析的集成研究提出挑战，后续研究可将上述仿真程序统一集成到中国科学院科技战略咨询研究院治理与风险研究中心开发的“舆情大数据决策平台”中（图13-1）。此外，鉴于本书的理论基础是舆论超网络模型，演化效应的仿真分析也应以超网络模型的形式予以展示，即后续研究还应将超网络模型集成至上述仿真程序中。

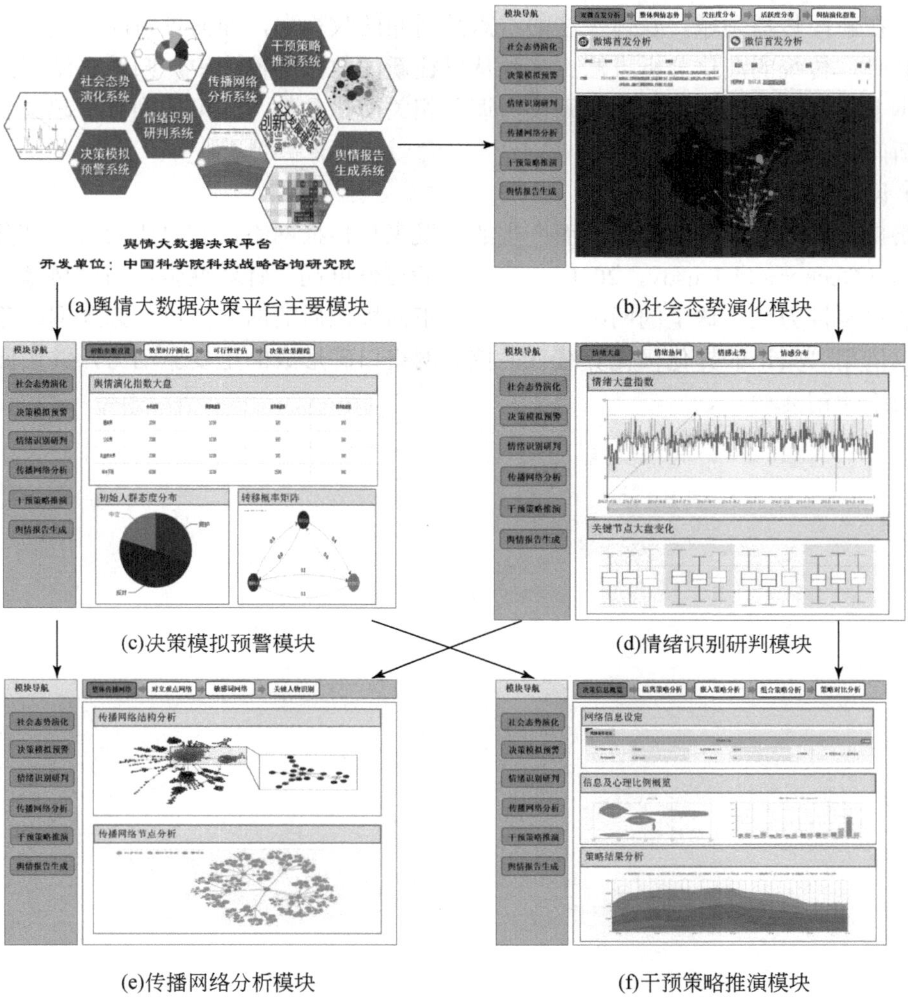

图 13-1　社会舆情大数据决策平台（部分截图）

13.4　应 用 推 广

本书提出的舆论演化模型或算法均是以超网络模型为基础设计的。由于超网络模型在网络营销、政治选举、新闻传播等领域同样具有适用性，后续研究应结合算法的开发环境和适用条件，将舆论超网络模型及其发展扩散模型、异化极化算法、超边耦合算法在新闻传播、网络营销等领域进行应用推广。

（1）新闻传播领域

舆论发展扩散是受网络舆论危机公共事务议题、网络大 V 或传统媒体、时空因素及网络社会系统等驱动因素共同作用的结果（Estrada and Rodríguez-Velázquez，2006）。新闻传播作为舆论发展的特殊形式，同样可以构建相应的发展扩散模型，对其传播的驱动因素进行分析。在新闻传播领域，媒体关注的重点是新闻的收视率，即何种新闻可以引起公众或网民的共鸣。传统的演化分析方法更多地从以往新闻数据的梳理中，归纳总结相关规律。若利用本书构建的发展扩散模型，则仅需调节相关演化参数，即可找到可引起公众或网民共鸣的新闻信息。

（2）网络营销领域

网络口碑是随着互联网的出现而产生的，发表与传播网络口碑已成为目前部分网民的主流活动（Decker and Trusov，2010）。由于口碑可信度高、针对性强，口碑传播已成为网络市场的决定性力量。这里的网络口碑相当于正向极化后的网络舆论，因此网络营销领域同样可以借用“舆论的异化极化算法”，挖掘网络口碑形成的主要驱动力，并由此开展针对性的网络营销活动。

参 考 文 献

曹学艳，宋彦宁，刘海涛，等. 2013. 基于最小二乘法的突发事件网络舆情演化规律研究［J］. 图书情报工作，57（24）：101-105.

陈安，陈宁，倪慧荟. 2009. 现代应急管理理论与方法［M］. 北京：科学出版社.

陈福集，李林斌. 2011. G（Galam）模型在网络舆情演化中的应用［J］. 计算机应用，32（12）：3411-3413.

陈力丹. 1999. 舆论学——舆论导向研究［M］. 北京：中国广播电视出版社.

程亮亮. 2007. 丁香小慧事件与网民的“群体极化”倾向［J］. 传媒观察，10：17-18.

程寅钊，徐涛，彭勤科，等. 2012. 具有社团和个体差异性的舆论传播动力学分析［J］. 系统工程学报，27（4）：431-438.

戴爱明，高学东，王立敏. 2011. 一个基于中心度的社团结构发现新算法［J］. 计算机应用研究，28（8）：2909-2911.

杜骏飞. 2004. 中国网络新闻事业管理［M］. 北京：中国人民大学出版社.

杜蓉，梁红霞. 2011. 公共危机事件中政府对网络舆论的引导仿真［J］. 情报杂志，30（11）：61-66.

段继红. 2013. 新形势下互联网舆论生态特点及综合治理［J］. 经济师，（12）：8.

樊鹏翼，王晖，姜志宏，等. 2012. 微博网络测量研究［J］. 计算机研究与发展，49（4）：691-699.

方付建，任一奇. 2012. 企业舆情危机事件：诱因、态势与应对［J］. 情报杂志，31（3）：25-28.

顾基发. 2011. 物理事理人理系统方法论的实践［J］. 管理学报，8（3）：317-322.

郭雷，许晓鸣. 2006. 复杂网络［M］. 上海：上海科技教育出版社.

哈肯. 1984. 高等协同学［M］. 郭治安等译. 北京：科学出版社.

韩少春，刘云，张彦超，等. 2011. 基于动态演化博弈论的舆论传播羊群效应［J］. 系统工程学报，26（2）：275-281.

韩晓辉，汪君. 2010. 论网络新闻发言人与网络舆论引导［J］. 新闻世界，12：141-142.

贺筱媛，胡晓峰，司光亚. 2012. 基于社会物理学的网络信息传播行为仿真研究［J］. 系统仿真学报，22（12）：2957-2962.

胡隆基，密启慧，许晶. 2012. 基于多智能体模型的微博舆论形成研究［J］. 情报杂志，31（8）：21-26.

胡晓峰，李志强，司光亚. 2008. 现代战争模拟研究的新方向：社会仿真［J］. 计算机仿真，25（1）：1-5.

胡艳丽. 2011. 在线社会网络中的舆论演化关键技术研究［D］. 长沙：国防科学技术大学.

蒋忠波，邓若伊. 2011. 网络议程设置的实证研究——以提升网络舆论引导力为视阈［J］. 新闻与传播研究，3：100-105.

李弼程，王瑾，林琛. 2010. 基于直觉模糊推理的网络舆情预警方法[J]. 计算机应用研究，27(9)：3312-3325.

李倩倩，刘怡君. 2012. 基于超网络的社会舆论演化及应用研究［J］. 中国科学院院刊，27（5）：569-577.

李伟. 2013. 新媒体时代群体性事件舆论引导研究［D］. 北京：中共中央党校.

李雯静，许鑫，陈正权. 2009. 网络舆情指标体系设计与分析［J］. 情报科学，27（7）：987-991.
李耘涛，刘妍，刘毅. 2011. 网络舆情灰色预警评价研究［J］. 情报杂志，30（4）：24-27.
林聚任. 2009. 社会网络分析：理论、方法与应用［M］. 北京：北京师范大学出版社.
刘常昱，胡晓峰，司光亚，等. 2007. 舆论涌现模型研究［J］. 复杂系统与复杂性科学，4（1）：22-27.
刘恒文. 2010. 基于网络语义挖掘的舆情监测预警研究［D］. 武汉：武汉理工大学.
刘建明. 2002. 社会舆论原理［M］. 北京：华夏出版社.
刘军. 2007. 社会网络分析法［M］. 重庆：重庆大学出版社.
刘慕仁，邓敏艺，孔令江. 2002. 舆论传播的元胞自动机模型［J］. 广西师范大学学报，1（2）：1-5.
刘怡君，李倩倩，牛文元. 2013. 舆论动力学模型综述［J］. 管理评论，25（1）：167-176.
刘怡君，李倩倩，田儒雅，等. 2012. 基于超网络的社会舆论形成及应用研究［J］. 中国科学院院刊，27（5）：560-568.
刘毅. 2012. 基于三角模糊数的网络舆情预警指标体系构建［J］. 统计与决策，2：12-15.
刘云，丁飞，张振江. 2010. 舆论形成和演进模型的研究综述［J］. 北京交通大学学报（自然科学版），34（5）：83-88.
罗伯特・希斯. 2004. 危机管理［M］. 王成译. 北京：中信出版社.
马宁，田儒雅，刘怡君，等. 2014. 基于动态网络分析（DNA）的意见领袖识别研究［J］. 科研管理，35（8）：83-92.
孟小平. 1969. 揭示公共关系的奥秘——舆论学［M］. 北京：中国新闻出版社.
牛文元. 2001. 社会物理学：学科意义与应用价值［J］. 科学论坛，54（3）：32-35.
牛文元. 2016. 社会物理引论［M］. 北京：科学出版社.
钱学森，于景元，戴汝为. 1990. 一个科学新领域——开放复杂巨系统及其方法论［J］. 自然杂志，13（1）：3-10.
邱沛篁，吴信训，向纯武，等. 1998. 新闻传播百科全书［M］. 成都：四川人民出版社.
沙莲香. 2002. 社会心理学［M］. 北京：人民大学出版社.
山玉段，徐勇，安利平. 2012. 一种复杂网络中社团划分的新算法［J］. 系统工程，30（2）：120-123.
邵培仁. 2002. 20 世纪中国新闻学与传播学（宣传学和舆论学卷）［M］. 上海：复旦大学出版社.
司夏萌，刘云，丁飞，等. 2004. 具有社团结构的有界信任舆论涌现模型研究［J］. 系统仿真学报，21（23）：7644-7647.
斯蒂文・芬克. 1987. 危机管理［M］. 韩应宁译. 台湾：台湾经济与生命出版社事业股份有限公司.
苏俊燕，孔令江，刘慕仁. 2006. 加权网络上的舆论演化模型研究［J］. 广西师范大学学报（自然科学版），24（2）：1-4.
谭伟. 2004. 网络舆论概念及特征［J］. 湖南社会科学，1：188-190.
滕朋. 2007. 从组织传播到大众传播——我国突发事件传播模式研究［D］. 武汉：华中科技大学.
童梅，杨晓光，吴志周. 2005. Netlogo——一个方便实用的交通仿真建模工具［C］. 中国智能交通年会.
汪小帆，李翔，陈关荣. 2006. 复杂网络理论及其应用［M］. 北京：清华大学出版社.
王飞跃. 2011. 基于社会计算和平行系统的动态网民群体研究［J］. 上海理工大学学报，33（1）：8-17.
王光辉，刘怡君. 2015. 网络舆论危机事件的蔓延扩散效应研究［J］. 中国管理科学，23（7）：119-126.

王青，成颖，巢乃鹏. 2011. 网络舆情监测及预警指标体系构建研究［J］. 图书情报工作，55（8）：54-57.
王铁套，王国营，陈越. 2012. 基于模糊综合评价法的网络舆情预警模型［J］. 情报杂志，31（9）：47-58.
王伟，许鑫. 2009. 基于聚类的网络舆情热点发现及分析［J］. 现代图书情报技术，（3）：74-79.
王文. 2009. 基于社会网络分析的网络舆情研究［D］. 武汉：华中科技大学.
王众托. 2011. 关于超网络的一点思考［J］. 上海理工大学学报，3：11-15.
王众托，王志平. 2008. 超网络初探［J］. 管理学报，5（1）：1-8.
翁文斌. 2011. 网络舆情演进的周期性特征及其监管体系研究［D］. 杭州：浙江工商大学.
吴青峰，程庆华，刘慕仁. 2006. 噪声影响下舆论传播的建模与仿真［J］. 长江大学学报（自科版）理工卷，3（1）：59-62.
肖海林，邓敏艺，孔令江，等. 2005. 元胞自动机舆论模型中人员移动对传播的影响［J］. 系统工程学报，20（3）：225-231.
谢海光，陈中润. 2006. 互联网内容及舆情深度分析模式［J］. 中国青年政治学院学报，3：95-100.
熊菲，刘云. 2011. 有记忆的舆论传播建模与仿真［J］. 系统仿真学报，23（7）：1446-1450.
杨梅. 2008. 网络舆情热点发现的研究［D］. 北京：北京交通大学.
余秀才. 2012. 网络舆论：起因、流变与引导［M］. 北京：中国社会科学出版社.
俞国良. 2011. 社会心理学［M］. 北京：北京师范大学出版社.
喻国明. 2010. 网络舆情热点事件的特征及统计分析［J］. 人民论坛，287：24-26.
喻国明，刘夏阳. 1993. 中国民意研究［M］. 北京：人民大学出版社.
曾润喜，王晨曦，陈强. 2014. 网络舆情传播阶段与模型比较研究［J］. 情报杂志，33（5）：119-124.
张立. 2010. 舆论演进中个体策略选择仿真研究［J］. 系统仿真学报，21（12）：3518-3522.
张立，刘云. 2008. 网络舆论传播的无标度特性及其衰减模型的研究［J］. 北京交通大学学报，32（2）：67-70.
张一方. 2000. 社会协同学［M］. 北京：科学出版社.
张一文，齐佳音，马君，等. 2010. 网络舆情与非常规突发事件作用机制——基于系统动力学建模分析［J］. 情报杂志，29（9）：1-6.
张玥，孙霄凌，朱庆华. 2014. 突发公共事件舆情传播特征与规律研究——以新浪微博和新浪新闻平台为例［J］. 情报杂志，33（4）：90-95.
郑魁，疏学明，袁宏永. 2010. 网络舆情热点信息自动发现方法［J］. 计算机工程，36（3）：4-6.
周耀明，李弼程，张慧成，等. 2012. 基于云模型的网络舆情预警方法［J］. 情报学报，31（8）：861-874.
朱国东. 2009. 关于网络舆论演进的若干问题研究［D］. 北京：北京交通大学.
朱毅华，郭诗云，张超群. 2013. 网络舆情研究中的仿真方法应用综述［J］. 情报杂志，（10）：29-35.
Abuelenina S M，Abul-Magd A Y. 2012. Effect of unfolding on the spectral statistics of adjacency matrices of complex networks［J］. Procedia Computer Science，12：69-74.
Albert R，Barabási A L. 2002. Statistical mechanics of complex networks［J］. Reviews of Modern Physics，74（1）：47-97.
Albert R，Jeong H，Barabási A L. 1999. Internet：Diameter of the world-wide web［J］. Nature，401（6749）：130-131.

Atkinson W W. 1906. Thought Vibration or The Law of Attraction in the Thought World [M] . Whitefish: Kessinger Publishing Co.

Augustine N R. 2001. Crisis Management [M] . Beijing: China Rennin University Press.

Barabási A L. 2004. Virtual round table on ten leading questions for network research [J] . European Physical Journal B, 38 (2): 143-145.

Barabási A L, Albert R. 1999. Emergence of scaling in random networks [J] . Science, 286 (5439): 509-512.

Bass F M. 1969. A new product growth model for consumer durables[J]. Management Science, 15(5): 215-227.

Beck U. 1986. Risk Society: Towards a New Modemity [M] . London: SAGE Publications Ltd.

Bertalanffy L V. 1968. General System Theory: Foundations, Development, Applications [M] . New York: Braziller.

Bhattacharya G, Ghosh K, Chowdhury A S. 2011. An affinity-based new local distance function and similarity measure for kNN algorithm [J] . Pattern Recognition Letters, 33 (3): 356-363.

Breiger R, Carley K M, Pattison P. 2003. Dynamic Social Network Modeling and Analysis: Workshop Summary and Papers. Committee on Human Factors, Board on Behavioral, Cognitive, and Sensory Sciences [M] . Washington, D C: National Academy Press.

Bringmann L F, Lemmens L H, Huibers M J, et al. 2015. Revealing the dynamic network structure of the Beck Depression Inventory-II [J] . Psychological Medicine, 45 (4): 747-757.

Byrne D, Griffitt W. 1973. Interpersonal attraction [J] . Annual Review of Psychology, 24: 317-336.

Carley K M. 2002. Summary of key network measures for characterizing organizational architectures [J] . Unpublished Document: Carnegie Mellon University.

Carley K M. 2005. Dynamic Network Analysis for Counter-Terrorism [R] . Pittsburgh: Carnegie Mellon University.

Carley K M, Lee J S, Krackhardt D. 2001. Destabilizing networks [J] . Connections, 24 (3): 31-34.

Castellano C, Fortunato S, Loreto V. 2009. Statistical physics of social dynamics [J] . Reviews of Modern Physics, 81 (2): 591.

Cavalli-Sforza L L. 1986. Cultural evolution [J] . American Zoologist, 26 (3): 845-856.

Chu Y H, Bratton M, Lagos M, et al. 2008. Public opinion and democratic legitimacy[J]. Journal of Democracy, 19 (2): 74-87.

Clarke H, Sanders D, Stewart M, et al. 2011. Valence politics and electoral choice in Britain, 2010 [J] . Journal of Elections, Public Opinion and Parties, 21 (2): 237-253.

Clifford P, Sudbury A. 1973. A model for spatial conflict [J] . Biometrika, 60 (3): 581-588.

Coldwell D A L. 2017. Social physics, crowdsourcing and multicultural collaborative research practice in the social sciences: E pluribus unum? [J] . Electronic Journal on Business Research Methods, 15 (1): 17-28.

Crable R E, Vibbert S L. 1985. Managing issues and influencing public policy [J] . Public Relations Review, 11: 3-16.

Dabbagh N, Kitsantas A. 2012. Personal learning environments, social media, and self-regulated learning: A natural formula for connecting formal and informal learning [J] . Internet & Higher Education, 15 (1): 3-8.

Dagum P，Galper A，Horvitz E. 1992. Dynamic network models for forecasting［C］. Proceedings of the eighth conference on Uncertainty in Artificial Intelligence，41-48.

Daniel R. 2010. The Matthew Effect：How Advantage Begets Further Advantage［M］. New York：Columbia University Press

David M，Blei J D，Lafferty. 2006. Dynamic topic models［C］. Proceedings of the 23rd International Conference on Machine Learning，113-120.

Davis J M. 1984. Attraction to a group as a function of attitude similarity and geographic distance［J］. Social Behavior and Personality：an International Journal，12（1）：1-5.

Decker R，Trusov M. 2010. Estimating aggregate consumer preferences from online product reviews［J］. International Journal of Research in Marketing，27（4）：293-307.

Deffuant G，Neau D，Amblard F，et al. 2000. Mixing beliefs among interacting agents［J］. Advances in Complex Systems，3：87-98.

Ebel H，Mielsch L I，Bornholdt S. 2002. Scale-free topology of e-mail networks［J］. Physical Review E，66（3）：035103.

Erdös P，Rényi A. 1960. On the evolution of random graphs［J］. Publications of the Mathematical Institute of the Hungarian Academy of Science，5：17.

Estrada E，Rodríguez-Velázquez J A. 2006. Subgraph centrality and clustering in complex hyper-networks. Physica A：Statistical Mechanics and its Applications，364：581-594.

Faloutsos M，Faloutsos P，Faloutsos C. 1999. On Power Iaw Relationships of the Internet Topology［M］. Proceedings of the Conference on Applications，Technologies，Architectures，and Protocols for Computer Communication. New York：ACM Press.

Fan Y D，Shi P J，Zhi Hui G U，et al. 2004. A method of data gridding from administration cell to gridding cell［J］. Scientia Geographica Sinica，24（1）：105-108.

Farazmand A. 2001. Handbook of Crisis and Emergency Management［M］. New York：Marcel Dekker Inc.

Farkas I，Helbing D，Vicsek T. 2002. Social behaviour：Mexican waves in an excitable medium. Nature，419（6903）：131-132.

Farkas I，Helbing D，Vicsek T. 2003. Human waves in stadiums. Physica A：Statistical Mechanics and its Applications，330（1）：18-24.

Feldman S. 1988. Structure and consistency in public opinion：The role of core beliefs and values［J］. American Journal of Political Science，32（2）：416-440.

Forrester J W. 1994. System dynamics，systems thinking，and soft OR［J］. System Dynamics Review，10（2）：245-256.

Fortunato S. 2005. Damage spreading and opinion dynamics on scale free networks［J］. Physica A，348：683-690.

Galam S. 1986. Majority rule，hierarchical structures，and democratic totalitarianism：A statistical approach［J］. Journal of Mathematical Psychology，30（4）：426-434.

Galam S. 2002. Minority opinion spreading in random geometry［J］. The European Physical Journal B-Condensed Matter and Complex Systems，25（4）：403-406.

Galam S. 2008. Sociophysics：A review of Galam models［J］. International Journal of Modern Physics C，19（3）：409-440.

Ginneken J V. 2003. Collective Behavior and Public Opinion：Rapid Shifts in Opinion and Communication［M］. New Jersey：Lawrence Erlbaum.

Grabowski A. 2009. Opinion formation in a social network：The role of human activity［J］. Physica A：Statistical Mechanics and its Applications，388（6）：961-966.

Granovetter M. 1978. Threshold models of collective behavior［J］. American Journal of Sociology，83（6）：1420-1443.

Gutowitz H A. 1990. A hierarchical classification of cellular automata［J］. Physica D Nonlinear Phenomena，45（1）：136-156.

Hegselmann R，Krause U. 2002. Opinion dynamics and bounded confidence models，analysis，and simulation［J］. Journal of Artificial Societies and Social Simulation，5（3）：1-33.

Hell B，Jakobsson M. 2011. Gridding heterogeneous bathymetric data sets with stacked continuous curvature splines in tension［J］. Marine Geophysical Research，32（4）：493-501.

Ho J Y，Dempsey M. 2010. Viral marketing：Motivations to forward online content［J］. Journal of Business Research，63（9）：1000-1006.

Ising E. 1925. Beitrag zur theorie des ferromagnetismus［J］. Zeitschrift für Physik A Hadrons and Nuclei，31（1）：253-258.

Jeong H，Mason S P，Barabási A L，et al. 2001. Lethality and centrality in protein networks［J］. Nature，411：41-42.

Kacperski K，Hołyst J A. 1999. Opinion formation model with strong leader and external impact：A mean field approach［J］. Physica A：Statistical Mechanics and its Applications，269（2-4）：511-526.

Kacperski K，Hołyst J A. 2000. Phase transitions as a persistent feature of groups with leaders in models of opinion formation［J］. Physica A：Statistical Mechanics and its Applications，287（3）：631-643.

Katz E. 1957. The two-step flow of communication：An up-to-date report on a hypothesis［J］. Public Opinion Quarterly，21（1）：61-78.

Kelman H C. 1958. Compliance，identification，and internalization：Three processes of attitude change［J］. Journal of Conflict Resolution，2：51-60.

Kiesler C A，Pallak M S. 1975. Minority influence：The effect of majority reactionaries and defectors，and minority and majority compromisers，upon majority opinion and attraction［J］. European Journal of Social Psychology，5（2）：237-256.

Krackhardt D，Carley K M. 1998. PCANS Model of Structure in Organizations［M］. Unpublished Document：Carnegie Mellon University.

Kurata H，Matsuura S. 2013. Characterization of multispherical and block structures of Euclidean distance matrices［J］. Linear Algebra and its Applications，439（10）：3177-3183.

Latané B. 1981. The psychology of social impact［J］. American Psychologist，36（4）：343.

Lazarsfeld P F，Berelson B，Gaudet H. 1965. The People's Choice：How the Voter Makes Up His Mind in a

Presidential Campaign [M]. New York: Columbia University Press.

Liggett T M. 1999. Stochastic Interacting Systems: Contact, Voter and Exclusion Processes [M]. New York: Springer.

Likert R A. 1932. A technique for the measurement of attitudes [J]. Archives of Psychology, 140: 1-55.

Lin S, Zheng J, He F N. 2008. The approach for gridding data derived from historical cropland records of the traditional cultivated region in China [J]. Acta Geographica Sinica, 63 (1): 83-92.

Lindfield G R. 1992. The role of the STELLA software package in simulation and modelling [J]. International Journal of Mathematical Education in Science and Technology, 23 (6): 865-880.

Liu Y J, Li Q Q, Tang X Y, et al. 2014. Superedge prediction: What opinions will be mined based on an opinion supernetwork model? [J]. Decision Support Systems, 64: 118-129.

Lorenz J. 2007. Continuous opinion dynamics under bounded confidence: A survey [J]. International Journal of Modern Physics C, 18 (12): 1819-1838.

Lorenz J, Urbig D. 2007. About the power to enforce and prevent consensus by manipulating communication rules [J]. Advances in Complex Systems, 10 (2): 251-269.

Ma N, Liu Y J. 2014. SuperedgeRank algorithm and its application in identifying opinion leader of online public opinion supernetwork [J]. Expert Systems with Applications, 41 (4): 1357-1368.

Malhotra Y, Galleta D. 2003. Role of commitment and motivation in knowledge management systems implementation: Theory, conceptualization, and measurement of antecedents of success [C] //Sprague R H. Proceedings of 36th Hawaii International Conference on Systems Sciences. Los Alamitos, CA: IEEE Computer Society Press: 36-62.

Mason W A, Conrey F R, Smith E R. 2007. Situating social influence processes: Dynamic, multidirectional flows of influence within social networks [J]. Personality and Social Psychology Review, 11 (3): 279-300.

Mayerbrown S, Lawless C, Fedele D, et al. 2016. The effects of media, self-esteem, and BMI on youth's unhealthy weight control behaviors [J]. Eating Behaviors, 21: 59-65.

McCombs M. 2004. Setting the Agenda [M]. Cambridge: Polity Press.

Merton R. 1968. The Matthew effect [J]. in Science, Science.

Milo R, Shen-Orr S N, Itzkovitz S, et al. 2002. Network motifs: Simple building blocks of complex networks [J]. Science, 298: 824.

Nagurney A. 2006. On the relationship between supply chain and transportation network equilibria: A supernetwork equivalence with computations[J]. Transportation Research Part E: Logistics and Transportation Review, 42 (4): 293-316.

Nagurney A, Dong J. 2002. Supernetworks: Decision-making for the Information Age[M]. Cheltenham: Edward Elgar Publishing.

Nagurney A, Dong J. 2005. Management of knowledge intensive systems as supernetworks: Modeling, analysis, computations, and applications [J]. Mathematical and Computer Modelling, 42 (3): 397-417.

Newman M E. 2003. The structure and function of complex networks [J]. SIAM Review, 45 (2): 167-256.

Newman M E. 2004. Detecting community structure in networks [J]. The European Physical Journal

B-Condensed Matter and Complex Systems，38（2）：321-330.

Newman M E，Watts D J. 1999. Renormalization group analysis of the small-world network model［J］. Physics Letters A，263（4）：341-346.

Noelle-Neumann E. 1974. The spiral of silence：A theory of public opinion［J］. Journal of Communication，24（2）：43-51.

Pan Y，Li D H，Liu J G，et al. 2010. Detecting community structure in complex networks via node similarity［J］. Physica A：Statistical Mechanics and its Applications，389（14）：2849-2857.

Prettejohn B J，Berryman M J，McDonnell M D. 2013. A model of the effects of authority on consensus formation in adaptive networks：Impact on network topology and robustness［J］. Physica A：Statistical Mechanics and its Applications，392（4）：857-868.

Ren D H，Zhang X，Wang Z H，et al. 2014. WeiboEvents：A crowd sourcing Weibo visual analytic system［C］. In Pacific Visualization Symposium（PacificVis）Notes，2014 IEEE，330-334.

Rogers E M，Everett M. 1995. Diffusion of Innovations［M］. New York：The Free Press.

Santana-Jiménez Y，Hernández J M. 2011. Estimating the effect of overcrowding on tourist attraction：The case of Canary Islands［J］. Tourism Management，32（2）：415-425.

Sheffi Y. 1984. Urban Transportation Networks：Equilibrium Analysis with Mathematical Programming Methods［M］. New Jersey：Printice-Hall.

Simons H W，Berkowitz N N，Moyer R J. 1970. Similarity，credibility，and attitude change：A review and a theory［J］. Psychological Bulletin，73（1）：1-16.

Singh R，Ho S Y. 2010. Attitudes and attraction：A new test of the attraction，repulsion and similarity-dissimilarity asymmetry hypotheses［J］. British Journal of Social Psychology，39（2）：197-211.

Stauffer D，Meyer-Ortmanns H. 2004. Simulation of consensus model of deffuant et al on a Barabasi-Albert network［J］. International Journal of Modern Physics C，15：241.

Steven F. 1986. Crisis Management：Planning for the Inevitable［M］. Bloomington：iUniverse.

Stewart A，Chen L，Paiu R，et al. 2007. Discovering information diffusion paths from blogosphere for online advertising［C］Proceedings of the 1st International Workshop on Data Mining and Audience Intelligence：46-53.

Strang D，Tuma N B. 1993. Spatial and temporal heterogeneity in diffusion［J］. The American Journal of Sociology，3：614-639.

Suchecki K，Eguiluz V M，Miguel M S. 2005. Voter model dynamics in complex networks：Role of dimensionality，disorder，and degree distribution［J］. Physical Review E，72（3）：036132.

Sznajd-Weron K，Sznajd J. 2000. Opinion evolution in closed community［J］. International Journal of Modern Physics C，11（6）：1157-1165.

Tone H J，Zhao H R，Yan W S. 2014. The attraction of online games：An important factor for Internet Addiction［J］. Computers in Human Behavior，30：321-327.

Trigg R. 2000. Understanding Social Science：Philosophical Introduction to the Social Sciences［M］. Hoboken：Wiley-Blackwell.

Vallacher R R，Read S J，Nowak A. 2002. The dynamical perspective in personality and social psychology［J］. Personality and Social Psychology Review，6（4）：264-273.

Venkatesh V，Davis F D. 2000. A theoretical extension of the technology acceptance model：Four longitudinal field studies［J］. Management Science，46：186-204.

Wakolbinger T，Nagurney A. 2004. Dynamic supernetworks for the integration of social networks and supply chains with electronic commerce：Modeling and analysis of buyer–seller relationships with computations［J］. NETNOMICS：Economic Research and Electronic Networking，6（2）：153-185.

Wan X J，Yang J W. 2007. Learning information diffusion process on the web［C］.Proceedings of World Wide Web Conference Series. 1173-1174.

Wang G，Liu Y，Li J，et al. 2015. Superedge coupling algorithm and its application in coupling mechanism analysis of online public opinion supernetwork［J］. Expert Systems with Applications An International Journal，42（5）：2808-2823.

Watts D J. 1999. Small Worlds：The Dynamics of Networks Between Order and Randomness［M］. Princeton：Princeton University Press：13-56.

Watts D J，Strogatz S H. 1998. Collective dynamics of "small-world" networks［J］. Nature，393（6684）：440-442.

Windsor D. 2001. Public affairs，issues management，and political strategy：Opportunities，obstacles，and caveats［J］. Journal of Public Affairs，1（4）：382-415.

Xiong F，Liu Y，Zhu J，et al. 2011. A dissipative network model with neighboring activation［J］. The European Physical Journal B，84（1）：115-120.

Yuan S T，Fei Y L. 2010. A synthesis of semantic social network and attraction theory for innovating community-based e-service［J］. Expert Systems with Applications，37（5）：3588-3597.

Yu-Song T，Sousa A O，Ling-Jiang K，et al. 2005. Sznajd model with synchronous updating on complex networks［EB］. cond-mat/0501629，2005-05-26.

Zipf G K. 2012. Human Behavior and the Principle of Least Effort：An Introduction to Human Ecology［M］. Eastford：Martino Fine Books.

后　记

本书是我五年来学术研究成果的总结和提炼。在本书付梓时刻，我又想起了我的恩师牛文元先生。能跟从先生学习是我一生最大的荣幸，先生大家的气度、深邃的思维、广阔的视野、渊博的学识、严谨的治学态度，是我终生学习的楷模。先生不仅授予我科研的理论和方法，还处处培育我做人的品质与修养，先生教导的"敬畏、感恩、宽容"六字箴言，如迎风飘扬的旗帜，在科研和人生道路上时刻激励我不断前行。本书部分研究成果是在先生悉心关怀下完成的，其理论基础之一"社会物理学"也是先生一直推崇的，仅以此书向先生致以衷心的感谢和无限的思念。

本书的顺利完成，还得益于中国科学院数学与系统科学研究院顾基发研究员和中国科学院科技战略咨询研究院刘怡君研究员的悉心指导和关怀。顾基发老师学问高深又和蔼可亲，能够得到顾老师的指点和教诲是我终生难忘的事情，在本书选题及其部分章节的撰写过程中，顾老师提出很多宝贵的改进意见，在此向顾老师表示真诚的感谢。刘怡君老师五年来对我学术上的精心指导和生活上的点滴关心历历在目，刘老师为我提供了一切可能的学习和锻炼机会，可以说我的每一步成长，每一点成绩都凝聚着刘老师的帮助，谨向刘老师致以深深的谢意。

中国科学院科技战略咨询研究院浓厚的学术氛围、自由的学术环境为本书的撰写和出版提供了良好的研究平台，在此向中国科学院科技战略咨询研究院党委刘清副书记、陈建明研究员、李建平研究员、陈安研究员、赵作权研究员、杨多贵研究员、郑爱丽老师、邹乐乐副研究员、李倩倩副研究员、石彪副研究员、赵璐副研究员、王红兵博士、马宁博士、迟菲博士、肖冰博士等致以衷心的感谢。

本书的修改、完善还得益于学界同行的指导和帮助，感谢国家发展和改革委员会国土开发与地区经济研究所刘洋副研究员对我亦师亦友般的提携和关怀，同时还要感谢中央社会主义学院陈首巡视员、北京大学城市与环境学院蔡运龙教授、北京大学环境科学与工程学院宋豫秦教授、中国科学院大学赵燕副研究员、国家发展和改革委员会国防动员研究发展中心刘鹤副研究员、国家发展和改革委员会国土开发与地区经济研究所王丽副研究员、安徽大学管理学院姜景博士、中国标准化研究院黄远博士、中国农业科学院田儒雅博士、河南财经政法大学陈真玲博士、北京劳动保护科学研究所倪慧荟和李季梅等老师和朋友对我的关心和帮助。

本书的撰写并继以完善出版是一项非常耗费精力的事情，没有家人的支持是很难完成的。为此，我要深深感谢我的父母，是你们给了我整个世界，你们“面朝黄土背朝天”的辛勤耕作，让我懂得了生活的不易，更让我明白了如何坚持自己的科研梦想。我还要感谢姐姐、姐夫，感谢你们多年来对我无私的支持和照顾。此外，我还要特别向我的妻子致以深深的谢意，你的理解给予我无限的力量，你的支持给予我前进的动力，科研路上有你的鼓励不会孤独，然然的出生给我们这个本就温馨的家庭增添了更多的快乐和幸福。最后，谨以此书向所有给予我指导、关心、帮助和支持的各位师长、亲人和朋友致以最深切的谢意！

王光辉

2018 年 9 月于北京中关村